编委会名单

顾　问　陈春声　陈平原　林　岗
主　编　张培忠　肖玉华
副主编　孔令彬

编　委（以姓氏笔画排序）
江中孝　李　彬　李伟雄　吴亚南
余海鹰　张　超　林　茵　林洁伟
赵松元　段平山　黄景忠　曹亚明

韩山师范学院2017年省市共建中国语言文学
重点学科经费资助

广东省普通高校人文社科重点研究基地
岭东人文创新应用研究中心阶段性成果

张竞生集

第七卷

主　编　张培忠　肖玉华
副主编　孔令彬
本卷主编　肖玉华

生活・讀書・新知 三联书店

Copyright © 2021 by SDX Joint Publishing Company.
All Rights Reserved.

本作品版权由生活·读书·新知三联书店所有。
未经许可，不得翻印。

图书在版编目（CIP）数据

张竞生集／张竞生著．—北京：生活·读书·新知三联书店，2021.1
ISBN 978－7－108－06928－3

Ⅰ.①张…　Ⅱ.①张…　Ⅲ.①社会科学－文集
Ⅳ.①C53

中国版本图书馆 CIP 数据核字（2020）第 145000 号

1932年《小世界》杂志所载张竞生像

1927年《图画时报》所载张竞生（右一）在上海出席友人婚礼合影

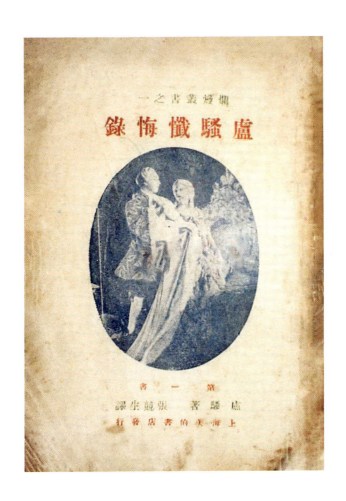

张竞生译《卢骚忏悔录》封面

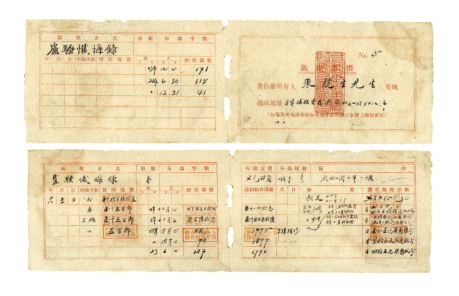

张竞生译《卢骚忏悔录》1931—1935年版税签领表

本卷说明

本卷为张竞生翻译卷。收录了《卢骚忏悔录》《卢骚小传》《哥德自传》《哥德随军笔记》。

《卢骚忏悔录》译本第一章最初于1928年初成形，并于同年5月作为"烂漫派丛书"由上海美的书店出版，1928年11月旅欧译述社将第一、第二、第三章合订再版，1929年9月译完全部十二章交由世界书局作为"世界名著丛书"出版，1931年再次出版（严格说来，1931年这次出版只能算是重印，而非再版），其后有多种翻印或重印版，这是张竞生所翻译的著作中出版次数最多的一部，影响也极大。本次收录所据版本乃是1929年世界书局译本，这也是张竞生翻译的《卢骚忏悔录》最早的全本（需要说明的是，这一《忏悔录》译本虽然完整呈现了卢梭《忏悔录》的章节，但部分章节正文有大量省略未译内容，译者并未对省略原因做特别解释，据省略内容判断，似因译者个人好恶之故）。为便于学者研究之必要，所以将美的书店版、旅欧译述社版和世界书局版的《序》一并收录。

《卢骚小传》其实并非译著，乃是张竞生自己所写为普通读者介绍卢梭（即卢骚）的文字，原刊于《读书中学》杂志1933年第1卷第3期，因与《卢骚忏悔录》内容相关，故收录于此。

《哥德自传》乃张竞生第二次旅法时所译，世界书局1930年出版。

《哥德随军笔记》（今译为《随军征法记》）原刊于《读书杂志》

1932年第2卷第4期。

本次录入，以保持原书原文的原貌为原则。因原书或原文乃繁体竖排版，今转录时则根据体例需要，对原书的标点符号按照规范做了必要的调整和修改，并将原书中包括文字上的讹误等做了订正。《卢骚忏悔录》《哥德自传》等为自传体著作，为了便于读者阅读，凡所涉及的人名、地名、作品名等，尽量根据现在通行的译法做了必要的校注。同时，为尊重作者本人的写作风格和行文习惯，同时也最大程度地保留那一时期的文体风貌，本书在编校时对字词、语句等尽量保持原貌，只对典型讹误进行了修改，特此说明。

目　录

卢骚忏悔录　1

序　3

卢骚忏悔录再版序　5

卢骚忏悔录三版序　7

第一书（一七一九～一七二三年）　9

第二书（一七二八～一七三一年）　38

第三书（一七二八～一七三一年）　68

第四书（一七三一～一七三二年）　99

第五书（一七三二～一七三六年）　117

第六书（一七三六年）　133

第七书（一七四一～一七四九年）　154

第八书（一七四九～一七五六年）　176

第九书（一七五六～一七五七年）　190

第十书（一七五八～一七六〇年）　218

第十一书（一七六一～一七六二年）　226

第十二书（一七六二～一七六五年） 232

　　卢骚小传 243

　　哥德自传 251

译者导言 253

第一书 255

第二书 260

第三书 266

第四书 269

第五书 271

第六书 279

第七书 283

第八书 286

第九书 288

第十书 292

第十一书 297

第十二书 300

第十六书 305

第十七书 308

第十八书 312

第十九书 315

第二十书 318

目 录

哥德随军笔记 *321*

节译《哥德随军记》后一点话 *323*

一七九二年八月廿九日 *324*

九月三日 *324*

九月四日 *326*

九月十三至十七日 *326*

九月十九日夜至二十日昼 *326*

九月廿四日 *327*

十月五日 *328*

十月廿五日 *328*

卢骚忏悔录[1]

张竞生译

---

[1] 卢骚,今译卢梭,全名为让-雅克·卢梭(Jean-Jacques Rousseau,1712—1778),法国启蒙思想家、哲学家、教育家、文学家。

序[1]

这第一本的《卢骚忏悔录》，由我几日来，从原文（法文）所译成。当笔一持起时，小孩来，保姆来，朋友来，用人来，一气来或陆续来，来搅乱我的工作。幸而这是我前时稍读熟的书，故此遭译笔虽草率，而于原意不错误；文字虽不佳，自信尚足以达旨。至其所以急于出版者，不是为名，也不为利，不过为社会急切的需求与"美的书店"的信用而已。（因书店已宣告此书出版好久，以致来问者甚多。）

卢骚的文字极为醇厚，而且在醇厚中，觉得他的尖锐。我个人则爱他的"双扣语法"，即一句中常含有二个相成或相反的意义在内。可惜此种句法在中文极难译出。不善用笔者反而变成为俗套的"仗句"，或称为拖沓的繁文。我曾请友人译此书，及文成，觉得其拖沓不可用。但我不知自己的文又已经流入于俗套未曾？

可是，我们介绍此书的目的，不仅在文字已也，又希望卢骚之魂来降临于此邦。诚以卢骚为自然主义，及浪漫派，与情感文学的首领。他的《民约论》[2]为世界革命的前锋。他的《野美儿》[3]为自然教育的先声。他的具有文学与哲理两长的《忏悔录》实集情感派的大成。他的功勋岂是一班胸有成见的古董所能污蔑抹煞？一个天才而又

---

[1] 此《序》乃《卢骚忏悔录》作为"烂漫派丛书第一书"由美的书店于1928年5月初版时所作。
[2] 今译《社会契约论》（*Du Contrat Social*，1762）。
[3] 今译《爱弥儿：论教育》（*Émile, ou De l'éducation*，1762）。

富于奋斗的卢骚,当然不能全璧无瑕,岂能因其些错误而遂忘其大德?我人为崇拜其学说而钦仰其人,岂必学其恶而遗其善?故我们不妨为浪漫派,但不必学卢骚的放下五个子女于育婴院(除非到儿童公育之时)。我们不妨主张自然主义,但不必效他反对文明。我们崇仰情感,但不必去蔑视理智。卢骚有他的伟大,我们有我们的伟大,正不必相模仿,也正不必因卢骚有些错误而蔑视其伟大!知乎此理,然后可与谈卢骚。

> 卢骚之魂来兮,
> 浪漫又烂漫兮,
> 烂漫之花已开遍了;
> 浪漫潮流的轰击,
> 尚无已时,将无穷期!

民国十七年时正仲春,百花盛开,春潮正涨之时,也正日兵屠杀济南之日,感怀世事,聊歌以当哭耳。

卢骚忏悔录再版序[1]

这三本合订书,原是单本发行的。溯第一书初版于本年仲春,不久,报上载有被英捕房检举之消息,此乃通讯者有意中伤,故作谣言。若论此书系纯粹文学,毫无一点有授人以隙之机会也。

关于介绍此书之目的,我已在初版的序上说及,大意是说卢骚为自然主义及浪漫派与情感文学的首领。他的《民约论》为世界革命的先锋。他的《野美儿》为自然教育的先声。他的具有文学与哲理两长的《忏悔录》实集情感派之大成。他的功勋岂是一班胸有成见的古董先生们所能污蔑抹煞?一个天才而又富于奋斗的卢骚当然不能全璧无瑕,岂能因其些少错误而遂忘其大德?我人为崇拜其学说而钦仰其人,岂必学其恶而遗其善?故我们不妨为浪漫派,但不必学卢骚放下五个子女于育婴院,虽则在他也有相当的理由。我们不妨主张自然主义,但不必效他反对文明。我们崇仰情感,但不必去蔑视理智。卢骚有他的伟大,我们有我们的伟大,正不必相模仿,也正不必因卢骚有些错误而遂蔑视其伟大!知乎此理,然后可与谈卢骚。

以上云云,自信极为持平之论。卢骚个性当然甚显,可是断不会如他们仇人所传的荒唐。仇人说他放下子女于路旁听畜牲撕食,这也似法国乡下婆给我讲及他少时听到教士说中国父母将婴孩喂猪的故事同一样奇谈。仇人说他忘恩负义,仇人说他不通,说他所做的书皆是

---

[1] 此序原为旅欧译述社1928年11月版之序言。

剽窃。究竟仇人之言岂足凭信？近有人说卢骚的《忏悔录》太过于描写自己的好处，不知他正要以此对付仇人之太过于说他不好处耳。

做好人已难，做有革命性之人更难。你想他若是庸庸碌碌当然不能得盛名。他的得名乃在他的特见伟论，这个当然不免于惊世骇俗而引起一班仇人反对了。人说卢骚晚年犯了"恐怕仇人病"，到一处就疑有人驱逐他，遇一人就想其必与仇人合谋陷害他。这正足以证明他受社会压迫力之大与仇人之多以致激成这样过度的反动性。可是公道自在人心，迨法国革命起时，卢骚之名，一变而为全世界所崇拜的救世主了。毁誉原无一定的。凡大思想家类多受诋于当时而获直于后世者。世人蠢蠢固不知贤者之心情，而贤者正不必求世人之谅解。其或有能谅解的，又因妒忌之故而不肯说句公道话，以致贤者不能获直于当时，使其怀抱不能全展，社会因此亦大受其亏。究竟是社会害贤人，抑贤人害社会呢？

这部《忏悔录》供给我们许多人情世故，可以由此知道古今中西之人心原是一样，这已值得一读了。况且有许多奇事逸致，非在十八世纪的法兰西不能得到，更使读者得了无穷之宝藏。故我于单行本初版之后，认为有再版合订本之必要，料想读者必能于我表同情。

十七年十一月七日西湖被逐后两个月之纪念日[1]

---

[1] 十七年即公历1928年。是年夏，张竞生因出版《性史》及美的书店事遭时任浙江省政府委员兼省教育厅厅长蒋梦麟等所忌，在杭州被捕入狱，后被释放，同时被驱逐出杭州。

卢骚忏悔录三版序[1]

在这第三版上,有一要事应报告者:就是我们已在欧洲设立编辑部,努力将世界名著介绍东来。今承世界书局盛意,先将世界名著丛书问世。

关于介绍此书之目的,我已在初版的序上说及,大意是说卢骚为自然主义及浪漫派与情感文学的首领。他的《民约论》为世界革命的先锋,他的《野美儿》为自然教育的先声,他的具有文学与哲理两长的《忏悔录》实集情感派之大成。他的功勋岂是一班胸有成见的古董先生们所能污蔑抹煞?一个天才而又富于奋斗的卢骚当然不能全璧无瑕,岂能因某些小错误而遂忘其大德?我人为崇拜其学说而钦仰其人,岂必学其恶而遗其善?故我们不妨为浪漫派,但不必学卢骚放下五个子女于育婴院,虽则在他也有相当的理由。我们不妨主张自然主义,但不必效他反对文明。我们崇仰情感,但不必去蔑视理智。卢骚有他的伟大,我们有我们的伟大,正不必相模仿,也正不必因卢骚有些错误而蔑视其伟大!知乎此理,然后可与谈卢骚。

以上云云,自信极为持平之论。卢骚个性当然甚显,可是断不会如他们仇人所传的荒唐。仇人说他放下子女于路旁听畜牲撕食,这也似法国乡下婆给我讲及他少时听到教士说中国父母将婴孩喂猪的故事

---

[1]《卢骚忏悔录》第一书曾由上海美的书店于1928年5月出版(是为初版),后由旅欧译述社于1928年11月再版,再由世界书局于1929年9月作为"世界名著丛书"第三次出版,1931年又一次出版(严格说来,1931年这次出版只能算是重印,而非重版)。

同一样奇谈。仇人说他忘恩负义，仇人说他不通，说他所做的书皆是剽窃。究竟仇人之言岂足凭信？近有人说卢骚的《忏悔录》太过于描写自己的好处，不知他正要以此对付仇人之太过于说他不好处耳。

　　做好人已难，做有革命性之人更难，你想他若是庸庸碌碌当然不能得盛名。他的得名乃在他的特见伟论，这个当然不免于惊世骇俗而引起一班仇人反对了。人说卢骚晚年犯了"恐怕仇人病"：到一处就疑有人驱逐他，遇一人就想其必与仇人合谋陷害他。这正足以证明他受社会压迫力之大与仇人之多以致激成这样过度的反动性。可是公道自在人心，迨法国革命起时，卢骚之名，一变而为全世界所崇拜的救世主了。毁誉原无一定的。凡大思想家类多受诋于当时而获直于后世者。世人蠢蠢固不知贤者之心情，而贤者正不必求世人之谅解。其或有能谅解的，又因妒忌之故而不肯说句公道话，以致贤者不能获直于当时，使其怀抱不能全展，社会因此亦大受其亏。究竟是社会害贤人，抑贤人害社会呢？

　　这部《忏悔录》供给我们许多人情世故，可以由此知道古今中西之人心原是一样，这已值得一读了。况且有许多奇事逸致，非在十八世纪的法兰西不能得到，更使读者得了无穷之宝藏。故我于单行本初版之后，认为有再版合订本之必要，料想读者必与我表同情。

民国十七年十一月

第一书（一七一九～一七二三年）

我现在来成就一个前无伦而后无继的计划，在把一个人十足的天真给予世看。这一个人将来一经写就了，就是我。

唯有我，才知我自己的心情。又我识人多，确知自己与别人不同，敢说恐与全世界之人类不一样。我或者不会比人好，但至少，是另外一个人。造物与我独厚耶，抑独薄？请看完此书后才去下判断未迟。

不管在何时我的挽歌一唱，我即持此书不愧地向那最高的裁判者说："我，就是这样做，这样想，这样人。善与恶，我均一样说出不欺瞒。好的不添多，劣者也不减少；若有时笔下稍为润饰些，这不过偶因记忆力不全，故不得不求助于修词以补漏。我或将本无其事者误会以为有，但终不肯明知其假者武断以为真。可鄙与可恶，善良、慷慨与高尚，一如其事以直书。揭开我心使你看如看你自己的心一般的明了。自然之神呵！请你召集无数的人类来听我供招。使他们鄙视我的不端。使他们悲悯我的困苦。又使他们各各如我一样诚实不欺地供招于你神的坛前，我不知其中有一人敢否这样说：我比这个人较佳呵。"

我生于日内瓦（瑞士国大城，说法国话。——译者）时在一七一二年，父母均为此地的市民。一个薄产又分为十五份，父所得的几等于零，唯有全靠其精良的钟匠艺术以生活，母是主教之女较为富裕，而且甚智慧与美丽。我父得她甚为艰难。他们爱情可说与生俱来：八九岁大常同散步，到十岁时已经彼此不能分开。相怜与同心，由亲密的过从遂而又增加了一层的同情。他俩生来都是温柔与情感的，只待时候一到，彼此就成为一体的和谐；实则，这个时候已到好久，他俩心心相印已经许多时了。无情社会虽不准这样容易成功，有定姻缘正因其愈挫折而愈真挚。年少情男不能得到他的情女以至于憔悴悲哀。她劝他游历以忘忧。他遵命而终不能忘怀，及其回时比前更加多情。她呢，对他照前一样温柔与贞正。经过这番试验，他俩更觉彼此非终身相爱不能互相慰藉；他们以此自誓，上天也赞助他们这样的成功。

说来真巧妙，我母的弟弟又与我父的妹妹相爱，可是，我这个姑母须要她的哥哥能与她情人的姊姊成婚然后允许他成为伴侣。"爱能调和一切的"，两对少年，各如其愿，同日竟然结婚。如此，我的舅父变为姑母的丈夫，两造子女成为双料的表兄妹。成婚一年彼此各生了一个小孩，随后两位丈夫又不能不离开他们的爱妻。

舅父是工程师，服务于匈牙利，在伯格拉一役[1]曾著战功。我父于生我唯一的哥哥之后，遂往土耳其京城为皇室钟匠。在此别离时间，我母的美丽、智慧与才思，曾引动了许多人的鉴赏。法国代表拉格罗西[2]对她尤为倾倒。试想三十年后，他对我谈及她时尚有余情，这也可以见出他当时热烈的情感到何种地步了。但我母贞操自守，真实爱她的丈夫。她催他回家。他放弃一切立即回来。我便是这回所生的悲果。十月之后，羸病的我虽出世，但我母竟因产育而亡去，我一生的惨剧，也就从此开始矣。

我不知我父怎样忍受此种损失，我只觉他永无安慰之期。他见我似有他的爱妻在内，他又永不忘我是害死她之人。当他抱我亲吻我时，我常觉得他叹气窒息，无穷怨恨在无限温柔的抚摩中，愈使我觉

---

[1] 今译贝尔格莱德（Belgrade），现为塞尔维亚共和国首都。卢梭出生前后，贝尔格莱德正处于被奥地利与奥斯曼帝国来回争夺时期，文中所说的伯格拉一役即指此。

[2] 指时任法国驻日内瓦专员德·拉·克洛苏尔。

得这样抚摩分外慈善。当他对我说："若克[1]儿，我们谈你母亲吧。"我常这样答："呵！父亲，我们一同哭泣也"；仅这句话，已使他泪落如麻。"嗄！"他悲哀向我说："把她还我，使我对她有所安慰，望你填满她对我所欠缺的心灵。我爱你岂只因你是我的儿子呢？"自他妻死四十年之后，他虽在后妻的腕上瞑目，但对于前妻之名念不绝口，她的印象已镂入在他的心中。

生我者就是这样的人。许多恩典上天所给他们的，只有一个善感的心，是由他们给我遗下。这个善感的心，在他们虽是幸福的根源，在我呢则为一切悲惨的结果。

我生时几等于死；极少希望有保存的可能。禁尿病产下就有，到老愈利害，有时虽偶然好些，但同时又生出了较凶的别种病来。幸有一姑母，用她慈善与智慧和大功夫将我救活。当我写此时，她尚在人间，八十老媪，仍然服事比她较年少而犯有酒精病的丈夫。可敬的姑母，我原谅你使我生存，又怨恨我不能将你昔日养育之恩报答在你垂暮之年！我的保姆也尚健在。你这双使我张目之手，定能为我死时闭眼之用！

"我未能思想，就先有感觉"：人类本是如此的，而我比他人特别为然。说起五六岁前的事情，我现今记不来。我又不知怎样习读，今只记得一些读本与其效果而已，这也算是我认识自己的起源。我母放下许多小说，父亲与我晚餐后一同取观。初始不过使我从这些趣味书中练习字句；不久，兴味愈来愈大，父亲与我互相诵读，夜夜如此不辍，每执一卷非读到结束不休。有时，父亲闻晨燕呢喃梁间，惭愧地说："我们去睡吧，我比你更小孩气了。"

在短时间中，从这样危险的方法，使我不但对于书句太易上嘴念，与太易用耳听，而且使我——七岁小孩，独一的聪明完全为情欲所操纵。对于事物，我一无所知；但一切情欲，我又一无不知。我全

---

[1] 卢梭小名约翰·若克。

无感悟，我只有感觉。这样混乱的冲动使我一桩一桩地放在心头。此时理智尚未发生，故无妨害。但使我另外构成一种观念，以为人生应当完全如小说人物一样的奇怪与荒唐。虽在后来有了种种的经验与回思，但终不能解除我这个小说式的人生观。

一七一九～一七二三——在一七一九年之夏，小说全读完。其年之冬，另有别种读本。母亲的遗籍已看尽，遂求助于外祖父的藏书。幸而这回有许多好的，这是一个贤慧的主教所收藏，此中不少杰著，自也理属当然。虑叟的《教会与帝国历史》[1]、波士涌的《全史》[2]、玻璃达的《名人传》[3]、南尼的《卫丽西史》[4]、奥密诗集[5]、拉不吕耶格言[6]、风多冷儿的《科学世界》与其《死的问答》[7]，及莫利耶[8]的几部剧本。这些书，当我父亲作工时，我皆一人独自取阅。玻璃达的《名人传》入我尤深。时时喜看这部名著医好了我先前不少的小说迷。由此使我渐渐喜欢历史上的英雄豪杰比小说中的生旦丑净更甚。由这些历史人物的趣事与我父亲的教训，遂养成我的自由思想与民主精神；这不可节制与骄傲的性格，及这不甘屈服于人的脾气，又使我到处不能混俗而和光。我神所交的是一些希腊、罗马的大人物。我身所禀受的是自由的公民与爱国成癖的父亲的血统，我觉得历史的大人物是自己最好的模范；我自信，我便是这样的希腊罗马大人物的代身；我已将书本之人格移易成为与我一体了。当我将他们的言行演出时，不觉

---

[1] 虑叟，今译勒苏厄尔（1606—1692），法国著名教会史作家。
[2] 波士涌，今译雅克-贝尼涅·博须埃（1627—1704），法国作家，演说家。《全史》指其《世界史讲义》。
[3] 玻璃达，今译普鲁塔克（约46—120），罗马帝国时代的希腊作家，哲学家，历史学家。
[4] 南尼（1616—1678），意大利史学家。《卫丽西史》即《威尼斯史》。
[5] 指古罗马诗人奥维德（约前43—17）的《变形记》。
[6] 拉布吕耶，今译拉布吕耶尔（Jean de la Bruyere, 1645—1696），法国作家、哲学家和道德家，主要作品是讽刺性的《品格论》。
[7] 风多冷儿，今译丰特奈尔（Bernard Le Bovier de Fontenelle, 1657—1757），法国哲学家。其著作《科学世界》今译《关于宇宙多样性的对话》，《死的回答》今译《死者对话录》。
[8] 今译莫里哀（1622—1673）。

目光闪烁,声音粗厉,一如我所要模范之人。有一日我在桌上演到硕瓦拉[1]的浪漫事时,我手执温炉挺身而前,恰似其人的姿势,使见之者甚为惊惶。

我的独一哥哥,长我七岁,跟我父亲学习钟业。父因太看顾我,未免有些疏忽他。因此教育不周,而使他少小已习非为。自家教养已觉无法,遂使他跟别家学,结果,他也如在父家一样的逃工。我虽不能常见他,但爱他甚挚。他的爱我,好似狂童的爱玩物一样的不足重轻。记得有一次,父亲老实愤怒,将他鞭打。我即时加入劝解,后竟遮住哥哥身上,代他受罚;因我的悲啼及哀恳,与免我受苦,使我父亲终于放手。事后,哥哥逃去已不复返,有知他是往德国者,但终未来一信,以至于今音息渺然,而我不幸竟成为一家的独子了!

这可怜的小孩虽受这样缺点的教育,若论他的弟弟则全不然,皇家子弟恐无我在幼年所受教养的骄贵,尤其幸的这个骄贵是高尚而不是放纵。我幼时未曾一次一个人独自在街上与那些狂童荒荡;大人们对我也终用不着多言。我自然有小孩子的缺点,如喜说话,贪食,有时且撒谎。我或者偷窃水果、点心,及家常物品;但未曾有故意糟蹋和抛弃物件,及冤枉人,与戕虐禽兽诸恶端。仅有一次曾在邻媪的锅内放小便,当她正在祈祷时。这事使我现时尚好笑。这邻媪固是好人,不过为我生平未曾见过的最喜欢骂人者。这就是我独一在儿童时期所做的歹事。

我怎能成为歹人呢?触我眼者皆是温柔的事情,周围我的均为良善的人物。我的父亲、姑母、保姆、亲戚、朋友、邻人,都是爱我而又不是放纵我的人。我对他们所报答的也只有爱情。不好的脾气当然无从而生,可以说我不知有这样一回事。除了伴我父读写及和保姆散步外,我所亲近的只有姑母,看她挑绣,听她唱歌,坐在或侍在她的身旁,我已快乐一切了。她的天生成愉快的心情,温柔的性格,与美

---

[1] 今译西伏拉,罗马青年英雄,相传因夜间行刺入侵者国王时错杀了他人而悔恨交加,便将自己右手置于火上烧灼以示自惩。

丽的面庞，其感动我之深切，使我今日尚能忆起她的娇音笑貌与态度，和深深保存有她对我抚摩的遗痕。至于她怎样穿着，如何梳头，将两绺顶发覆于额上的时装，于今也历历在我的眼前。

我又当承认姑母乃独一引导我后来喜欢音乐的兴趣——热烈的兴趣之人。她晓得极多的歌曲，唱起来好不温柔。静逸的韵致，使近她的人，忘却忧愁和烦闷。那些曲调的轮廓，不但使我深深保存在，而且前时所忘记的句子，愈老愈能记起来，而愈使我觉得其香甜。谁信我这样的老耄心神，悲哀残躯，有时竟使我哭得如小孩一样声嘶音颤独自漫歌这些小调？今有一歌其曲调完全记得，可惜有一半的歌句已被忘却。下所写的即其首段以及我所能记得者！

> 狄子，我不敢，
> 再同你坐在篱边，
> 听你芦荻的吹音；
> 人言藉藉
> 已传播了这乡间。
> ⋯⋯⋯⋯⋯⋯
> ⋯⋯⋯⋯⋯⋯
> ⋯⋯一个牧童，
> ⋯⋯已经定婚；
> ⋯⋯并无危险，
> 常常尖刺扎在玫瑰花的唇。

我试一思为何这首歌曲感动我到这样深？其实，也不过一种随意的寄兴而已，但每当念此曲时又不能使我免于泪垂。我曾想写信往巴黎，问人有无晓识上曲所忘的句子。可是，我敢预料如我知道除我姑母外，尚有别人能唱此曲，则我对此曲的高兴大半必定消灭了。

这就是我初入世时所受的慈爱与温柔，由此开始培成了一个又骄傲而又卑顺的心情与一个女性化而又不易屈服的性格；这样介立于柔弱与刚德之间的矛盾生活，使我一生既不能得到节制与智慧，又不能享用纵欲与骄奢。

为因一事的突袭而使我这样的教育中断，同时影响到我的一生。这因我父与一法国军官不睦，此无聊的人自放鼻血后，诬控被我父所伤残。照律，我父当入狱，但他要求原告者，照律也当同进牢。继见不能得此要求，他宁可离祖国而不愿被囚以损害他的名誉与自由。

于是，我不得不往受舅父的保护，他此时已回来服务于日内瓦的炮台。他的长女已逝，存有一子与我同年。我们二人遂往堡塞寄宿在南贝西耶教师之家，而受拉丁文及一些乱七八糟的那时所谓的教育。

二年光阴的这样乡下生活，医治好了我的一些浪漫的早熟病，而复归于小孩的自然。先前在父家（日内瓦），无拘束，无强迫，读书本是我唯一的快乐。到堡塞来，读书已成为固定的功课，而使我不得不取偿于他种的消遣。乡下风景，在我从城里来的人觉得完全新奇。此后我对它的兴趣，永久未曾消灭过。这个自然的鉴赏，使我成年后以至今日常常懊悔不能再多领略此间的趣味。南先生是极有理智之人，对我们教育不疏忽，也不太困难，遂使我们虽受行动拘束之苦，但并不生厌恶读书之心。我在此得益虽不多，但凡所受的不觉繁重，而且不至于忘记。

有这么美的自然环境，使我诸事得益都大，尤其是在养成爱情的一项，我先前所受的乃是一些空虚的而渺茫的感情。我今既与表兄弟同住已久，遂使我与他生了一种实在而可靠的友爱。不久我爱他比在前爱我哥哥更利害，而且此种爱永久能够保存在。他瘦似麻秸，心灵的柔顺一似身体的衰弱。他不因其为我保护人的子所受的优待而骄傲。我们的工作、玩耍、嗜好，一律相同；我们唯有二人，又同岁数，彼此都需要一个小朋友；我们想到如有一人离开，那一人，也必同归于尽了。虽极少有机会使我们表出这样真挚的感情，但这个感情实在来得大。我们不能一时彼此离开，并且想这个离开的事情永久不会有。彼此都是喜受人的奖誉而乐与人亲善的，故二人在各事上的意见均极和谐。由教师看来，我比表兄弟强，但自我看来，他又比我乖。他书背不来，我暗示音声；我文已做好，就代他促成。在玩耍时，我又往往立于主动与引导的地位。这样结合自堡塞到日内瓦至五年之久，我们亲爱的热忱，到这种境地：虽偶有相打不用他人来调和，自然不久会同归于好；我们的争执永久不会超过一刻钟，就同归于谅解；而且我们永久不会彼此互相控诉于他人之前。这些虽是小孩子气，但这样友爱，恐自有小孩朋友以来，得未曾有过。

这样生活，若能再继续下去，自足养成我终生的性格。温柔的心情，恬静的生活，愉快的环境，俱足以为我人生的基础。我以为世上无一个人比我更诚实自然。一边，我所受的是天上的乐趣；一边，我又享尽人间的温柔。能够为亲近的一切人所怜爱，乃是我唯一的希望。我性温良，表兄弟也然，教我们的南先生及其妹也好脾气。一直至二年之久，我未受过一次的厉色与恶声。凡我心所感受的皆是一些自然的事情。独一使我快乐的，也只在见到众人喜欢我，与其各顺乎自然的生活。记得有一次，在教堂背《圣经》时，偶见南小姐对我表示忧虑愁闷的状态，我即时觉得比我背不出《圣经》的丢丑更难为情。我不甚注重他人对我的夸奖，但极怕在众人之前丢丑，可是南小姐的忧愁，比较在人前丢丑又更使我难承受。

南先生兄妹对我们管束极严，但管理得法，我虽觉得不便，但终不敢反动。我最怕人对我不悦，不悦的辞色，比责罚我笞打我更来得利害。这个心理似乎难以解释，但我不能不在下头说一说，意在使世之治儿童教育者，见其老法的失败，应该采求别法以为补救之方。我今所要说者，便在求解决一些较有利益的教育方法。

南小姐对我们雅有母亲般的慈爱，她也具有母亲的威权，如遇我们的不是,她也如母亲们对待人子般一样的严厉。有一次她不但对我威吓,而且实行打罚。但在打罚实行之前,她的威吓实在使我觉得极骇怕。及一经实行后,我又觉得打比吓更轻微。尤奇怪的,在她这次的打中我又觉得她打的温柔。我觉得在痛苦及丢丑之下,实有一种性趣的快乐在内。因为她实在爱我,与我实在和善,故我虽愿再受这种责罚而不可得,否则,我愿她日日打我了。这个要求,当然含有我的"性的早熟",与"和异性接触的快乐"的二个自然原因在内。她的哥哥如打我时,或者我不会觉得这样打的兴趣了。南先生良善人,他若打我,定不利害,当然不会使我怕。但我终不愿受他或她的责罚,独一原因为的是恐怕南小姐因此生气呢。这是为善意而使我为善,不是怕刑罚而使我为善。我一生的反动,都是如此。

第二遭的受笞,不是我故意做错的,偶因意外的过失,遂致动起南小姐第二回的玉手。但这回也算为最末次了。她底里必定见到这样刑罚的无效,不过在外面上,仅诿说她太辛苦行此事,愿以后再不动手了。前此我们睡在她房内,一入冬天有时尚睡在她床里。自此次打后二日,她把我们移睡到别房去,从此时起,我已得到她待我如看待一个长成的大孩子一样的光荣。

谁肯相信,这样八岁大的小孩,受三十岁女人的刑罚,能使我得到这样的嗜好、愿望,与情欲,以及影响于终身不自然的人格?如猛火一般的肉欲,常被我的意志与羞怯拘束到不容易燃烧。我生来可说就有强烈的性欲,但我保持童贞到极成熟之年,而终未被这个早熟的欲念所污染。虽然是常常为无目的而烦闷,往往邂逅美人而艳羡;但我所要的,不是如世人的好淫,我自有我的想头:我的艳福,仅仅要能长如此时和南小姐一样纯净的热爱就够了。

当我春情发动之期,我爱女子至于几变成色狂,但我终不至于与女子发生性的关系,这个不得不承认教育的功劳。我的教育,可说是比何人都较贞正的,环伺于我者有三个姑母,虽然不能称为模范的女子，但不是时下的妇人所可比。我父亲虽风流自喜，但对待女性极有礼貌，永未说句粗话使所亲爱的女子害羞。在家中或在我面前，一向终未说出那些于小孩不宜听的事情。南先生家更加谨慎，一个女佣因为对我们说了一句粗话致被辞去。以是，一直到我成人之时，我不知"性交"是怎样，而且视它为丑恶与可憎。至于妓女，我对她们厌恶更甚。遇见嫖客，又极鄙视而惊怕他。我厌恶鄙视他们至于路上见有那些狗交者，同时就联想到这和那班浪荡男女在萨贡奈山凹处的野合者，同是一样卑贱。

这种教育虽然不好，若论其价值就在阻止我这个如火如荼的性欲的生长。此外又加之我的性感格外锐敏，也足以代替性欲的发泄。我唯求怎样足以使我得到快乐的性感就够了。不管性念如何沸腾，我唯忍受，而取偿于梦想的艳福，终不敢去得罪人。无论如何痴想，与相思，及一些离奇的动作，我最多不过在我脑中假托一些女人的影子，但终不知除此之外，天壤间尚有所谓男女的实际行为者。

这样的早熟的性，与热烈易刺激的心情，不但在我少年时，我对女性的希望，都是与待南小姐一样的纯净；即在我成年之后，也不会因此早熟与热烈的性情而使我对待女子有不合法的行为。这样小孩期对于女性净洁的嗜好，愈老来愈加浓厚。再加上我怕羞的本性，不敢大胆多说与多做，以致极少得到女子的欢心。在他人所首先要得到的性趣，在我不过为最后的目的。我虽有心而不能好好表出，又何怪夫普通的女子终不能谅解我这样的心情。当我愈爱一人，愈不敢出诸口，外面既不敢表示，我唯求诸内心的满足。我心常想跪在爱人之前，受她教训，向她谢罪，为无穷大的快乐。这样梦想能使我热血沸腾，同时使我于实行上更加胆怯。试想这样用爱当然不能迅速成功，但于"性德"上又极有益。我虽不能多得女子，但我自有我的艳福，这个艳福不在实际，而全在梦想之中。由此可见我的性感锐敏与我怕羞的性格及浪漫的心情彼此调和起来帮助我成为高尚的情感，与端正的行为。若以此热烈心情，而稍偏于大胆，则我不知又变为何等的浪荡了。

我起首来说出这样离奇的忏悔，其实在这全部《忏悔书》中，自首到末，最多的都不是罪恶，乃是这类可笑与可羞的事情。我今已年老，但这样小孩的冲动尚未停止。于今若使我爱一人，其热烈的程度还是必至于目不能视，耳不能听，一切感觉全失，而全身起了颤动，而又终不敢向此人有所表示我这样的热情，与要求一些的亲密。我一生中只有一次在小孩期中，曾经实行过大胆的表情，因为这还是由女子方面的主动呵！

若要考问我这样善感的性情，作何归宿？我只能答这个善感的分子，外面看起来，虽互相矛盾，实在是互相为用。因为善感的构造，若不从其和合点上而观察，则觉得种种的离奇。譬如我心灵的刚强与感觉的柔弱不相合。又如：谁能相信我这个女性化而又极怕羞的小孩，有时能够做那样强顽的抵抗如下头所说的那桩事情？

说起这事，是因有一日，我独自一人在近厨房之一房内用功。女佣恰巧将南小姐梳子放在铁片上晒干。及她来收时，见有一梳子的齿全行折断。谁做这个淘气？除非我曾入此房之外，别人未见来过，人当然唯我是问，但我竭力否认有做这回事。南先生与南小姐一同极严厉地审问我，威吓我，可是我依然不承认。这样顽抗，愈使他们疑我有心开始欺骗，遂将这事看得甚重大。因为这不止是恶意，而且有说谎与固执二层罪在里头。南小姐固然不再打我，只有写信请我舅父来。表兄弟又遇有一件过失；我们一道受极严厉的处罚。但我前已说过："人要以凶恶的手段改正我的过失，未有不失败者；若对我好好，又使我有回思的余地，人又未有不成功者。"因此，无论他们怎样苛待我与屡次的胁迫，我终不能屈服。虽以死刑临我，终不能使我怕。到底大人的威力不能克服这样小孩子的固执。我虽受种种的磨折，而终得到最后的胜利。

回想今日已去此事五十年之久，我当不怕受这个刑罚了，但我敢对天宣誓，我实在无罪。我并未折断梳子，且并未碰到，又并未到那晒梳子之所在，甚且我不知有梳子在晒干这回事。若问梳齿怎样会折断，我完全不知，而且根本不懂。我所知的只是我实在无罪而受冤枉。

试想这个平时极温和的性格，而对于情感又极热烈骄傲不能受制之小孩；他素来所受的又是合乎理性的教训，他所接触的是温良，公道与和颜悦色；他实在不懂得"不公道"这件事是什么意义。而今竟然头一次身受这样的冤枉，而且这些冤枉他者便是他素所亲爱与敬重之人。试想这是何等使他心绪不宁，情感激动；试想我的心，我的脑，我的全人格又搅乱到什么地步！人们试想这种结果吧。至于我，我实在不能计算此遭在我影响的分量若何之大了。

我尚年少，对于他人的毁谤，与诬蔑，尚不在意。但在内心上，我则觉得这次受罚于我实在不应当。身体的痛苦尚属细事，我心中最难过的是不平、怨恨、与失望，一齐打来。我的表兄弟也因无意的过失而受责，一肚子气与我同病相怜。我们二人在一床中，彼此紧紧抱得好似全身拘挛，气儿也咽住得不相接续。到我们衰弱的心腔已稍宽松能把怒气发泄出时，我们起来坐在床上，连接若干次这样的尽力叫喊：刽子手！刽子手！刽子手！

当我今日写此时，我尚觉得筋脉紧张，这个情状虽在千百年后，如我一日生存，我终觉得在我眼前。这头一遭的横暴及不公道已深深印入脑内，使我后来遇到这等事，即时就引起我这第一次同样的反动。这个反动几乎变成为我第二的天性。这完全不是为我个人利益的，而使我后来见到世间有一不平之事常常好似我身受一样的难过。当我读到暴君的凶虐，与恶劣教士的阴险时，我就要挟白刃去刺杀他们，纵死也不悔。我每每汗流浃背，为的是赶走或用石打开一只雄鸡、一头雌牛、一只狗、一只兽，当其在恃力欺负它的同类时。这虽然是我的一种天性，但这头一次所受的不公道的深刻，确使这个仗义的天性发展得分外厉害。

至此，我的小孩期的安静日子已过去了。此后我不能再有前时恬静的快乐了。我今思及，也认我的幸福已终于此了。我们尚留在南氏家几个月。我们好似虽在天国，但终已失去了先前的乐园。外面看来与前无异，底里则完全两样。亲爱、尊敬、甜蜜、信用，种种美德已不能存立于学生与教者之间。我们看南氏兄妹二人已不是神明能够明了我们的心情。我们做了歹事不如先前的害羞，但所怕的，只在恐人识破而已。我们起始藏起来做事，自甘暴弃与不怕撒谎。一切非为之事已经污染我们清洁的心灵，并且丑化我们的美感。这个乡间的风景，也失去它从前打动我们心灵的美感与纯净；它已无异于沙漠的灰色，其上好似有黑云将美丽的日光对我们遮起来。我们也无兴趣去种园，治草，莳花。我们再不去抓地，再不去在地上寻求一粒种子发芽的欢喜。我们已失了生趣；人们对我们也已厌恶。到后，我舅父来带我们回家。我们与南先生兄妹彼此已够受了，故对此遭别离的情愫丝毫不觉一点会难过。

自离这个堡塞已有三十年之久，而尚使我乐于记忆这其间许多愉快的纪念。中年以后，日就暮境，而我这个小孩时期的回忆愈觉愉快。好似老来各种希望已不可得，而不得不追取幼时的欢娱以资补偿者。即细至一些不足挂齿的往事，只要是为此时期的事情，也足使我留恋。我愿追忆那些处所，那些人物，那些光阴。我眼前浮现那女佣、男仆，站在房中，一只燕子从窗飞入，一个苍蝇栖在我手上，当我正在背书之时，我了然我们房子的布置；南先生的书桌在右手旁，一张教皇像的挂画、一支寒暑表、一张大日历，野桑树的浓荫由园中高处浸淫到建在园后端的屋子窗上去，有时直穿到窗里来。我知读者看此不足轻重，但在我则甚关紧要。应该说的尚有许多极有兴味的故事使我想起来就神驰肉颤。若全说出来可有五六端，五端吧，但我只说一件，只求细细说出来，也足抵得全说出的快乐了。

若为你们读者欢喜起见，我当说当萨君王[1]驾过时，南小姐的"后面"[2]从小阜跌下去，当场出彩的喜剧；虽然我此时与她几同母子

---

[1] 今译撒丁国王。
[2] "后面"指的是南小姐的臀部。

之爱情，不免为她心惊与肉颤。但为我的快乐计，我且放下这个客观的喜剧。而来说及我的主观对于植树的经过。

阅者诸君，要识这植树的大事记，请听这个悲剧吧，又请勿至于太过吊场而悲伤！

在园门之外，有一块小高原为我辈午后栖息之所，可惜无树荫。南先生为此亲在其中植一株核桃树。这个植树的典礼甚为隆重，这两个寄宿小孩就是它的保护人。当撒土填固树脚时，我与表兄弟两人手持树身，一同唱起了胜利之歌。为灌溉计，于树脚的周围做成一圈凹池。为因日日来看视溉水的结果，我们二人想植一小树在阜头上好似竖一大旗在战场中，我们就暗中实行这个计划。

我们割取一段杨树植在小阜之上，与高大的核桃树相离有八至十步之遥。我们于树脚四围的土上也学作一凹状如小池。最难解决的当然是水的问题。树去水源远，而且人们不许我们去取。后经种种方法，得到数日有水，居然树枝吐芽发叶，虽树大不及一尺，而我们时时临视以为不久就可得到庇护我人的茂荫。

为这树，使尽我们心力，终日状如发狂，毫无心机读书。大人们见这个样子，以为我们在外做什么事，遂把我们禁得极难出门。结果，我们见到树已无水，势非坐视其槁死不可，这使我们怎样伤心。"需要是工业之母"，我们就此发明了一个新法子，以免坐视我们与树的死刑。这是在地上掘一小沟，将溉核桃的水暗中偷运来。这个工作，虽甚着力，初始未曾见到成功。所开的小沟高低不合法，以致水不能流到目的地。泥土受水便见放松，遂将暗沟塞满，入口处更是狼藉不堪，到此这事完全宣告失败。可是，毫不能使我们由此灰心。"努力工作战胜一切。"我们再把暗沟与凹池深深掘好，以便水容易流通。又将一些盒子劈成小片砌成暗沟为三角形。在与核桃树的旁边处，再放入有小孔的薄木片以为澄清来泥之用。此种底里工作做好后，又极细心地将黏土遮盖其上。诸事完成，我们只有耐心待到灌溉核桃之时，希望水到渠满可以成功。终于溉桃之时已到，南先生也如平常一样亲来监视。我们在他背后，用身遮蔽不令他眼见到杨树，幸而他亦未曾一行转身。

当头一桶水倒下地时，我们见到杨树凹池也得些余润，不觉之中狂喜叫喊，使南先生惊异回视。他正在惊喜他的核桃的地土怎样松放而能够吸食这样多水量之时，忽然见到有二个凹池，不免他也狂叫起来，既知我们的阴谋所在，遂持一把锹，只一下子把我们暗沟二三薄片挥到天上，连声大喊："一条水道！一条水道！"他随处挥锹，每下一次锹，无异打碎我们一次的心窝。不一时，薄片、暗沟、凹池、杨树，同归于尽。在这样极悲惨的蹂躏中，他不说别句话，仅连连的叫："一条水道，一条水道！"

你料我们必不免于惩罚？不，平安无事。南先生对我们不说一句抱怨话与表示一些不悦的颜色，只听他入室时告诉他姊妹时的笑声；他的笑声素来闻得极远的。尤可异的，我们并不以此自馁，仍然于别处植种他树。不过我们在此次所受的感触甚大，每每我们二人极骄矜地叫着："一条水道！一条水道！"这时我尚保留有"我即罗马大人物"的夸张。在此事上使我自大狂更露出来。由我手中建筑这样罗马大工程——水道——和植立一树与大核桃相颉颃，我真认以为无上的光荣。在十岁大时已有这样成绩，我几疑罗马大恺撒在三十岁时尚不能比较我此际的功勋了。

这个故事与那个核桃树的栽植的回忆，使我于一七五四年到日内瓦时，极愿想到堡塞一看视那三十年来的纪念树不知长大有几许了。我对他们回想的滋味真无穷大：以致身虽不能往，而心中未曾一刻不念念勿忘。我尚望有机会，使我重到这个儿童的乐园。若此核桃树依然无恙，则愿将我无限眼泪作为它灌溉之需。

自回日内瓦后二三年间，只盼望人怎样安置我。舅父拟使其子学工程，故使他习绘画与初等几何学。我伴随他学，觉得绘画为我所最喜欢，至于我的问题，有主张学习钟表业者，有主习法政，或为教士者。在我偏喜欢为教士可以向人宣传。但因小小资产，不足供给学费。又值我年尚幼，似无急切决定何种职业的必要，所以我不免在舅家流连，他也实在无钱可送我去到读宿的地方去。

舅父也如父亲一样的喜欢快乐，但不如父亲肯尽责任，我们的教育由此大见放松。舅母为迷信宗教之人，她整日念经，终不管儿童。我们有无穷的自由，幸尚不至乱用。我与表兄弟二人相处既久，彼此尽足慰藉，用不着在外与狂童开玩笑，而且家中玩耍之事极多，我们又无需求之于外。我们制造鸟笼、笛、纸鸢、鼓、房子、炮、弓袋。又将大父[1]存下的器件，拆为制造钟表之用。尤我们所特嗜的，是将纸来用为糊裱，或图画，或浸湿，或烧掉，或涂上各种的颜色。那时到日内瓦来的有一意大利走江湖者，我们曾一度去看，就不再往。他有影戏人子，我们就照样制造。他的影戏人子会演喜剧，我们也照样扮演，我们嚷破喉咙模仿小旦的娇音，引逗得舅父母孜孜的笑憨。一日，舅父在家，作一宗教的演说，我们就学习这样的演说。这些这些，当然不是十分的趣事，不过使人见到如我们教育的指导能得其法，实易于操纵我们使成为指教者的理想的人物了。我们与表兄弟二人的友谊亲密到不想再交别个小孩，见到有别处的儿童群，也不愿加入去。彼此既相爱，故虽无意义的事，只要我们一同做去，就觉得为无上的快乐。

彼此既长久不相离地一同行走，就不免引起别个儿童的注意。况且我身短而他极长，合起来又觉其不伦。他的一条长脸，又加面上煮过后的苹果的色彩，颓唐的神情与不整的服装，愈使小孩们乐于取笑。他们给他花名为巴拉巴达拉[2]。我们一出门，就听见满处巴拉巴达拉的笑声。他尚能忍受，我则怒气勃勃，拟与他们相打，这本是这班狂童所求之而不得者。交绥之下，我被打败。表兄弟虽竭力帮助，但他太懦弱，一拳被打倒在地不能翻转。我愈奋激，而所受的拳头愈

---

[1] 大父指祖父。
[2] 当地土话，意为"任人牵着走的驴"。

多。其实他们的目地不在我而在巴拉巴达拉。我气到无法,只好我们乘他们上课的时候才敢出门。

以我这样侠士,不可没有美人,我居然有二个。我常往尼勇省视我父亲,此地的人于爱他之余,推惠及于他的小孩。当我在那儿住了些时,大受人家的欢迎。威逊夫人爱我更为备至,并使其女将我作为小情人看。什么情人?不过将一个十一岁的小孩作为一个二十二岁的女子顽耍顽耍罢了。但在我竟认为实事。掬出我十二分的至诚心,不够,乃献出我全副的热肠!我爱她的热诚热到热昏了我的小头袋。我的癫狂、痴迷、刺激、怨怒种种,愈使人笑破了肚肠。

我曾领受过二种恋爱的滋味。她们彼此虽都热烈,但性质不相同,与普通的友谊也不一样。我一生为这两种恋爱所割据,有时也曾同时全得到。若就现在说,我爱威逊姐的热度与凶横到不能再许别一个人亲近她的身旁。同时我又爱上一位小姐名胶东者,虽为时甚暂,但爱情也极热烈。胶东姐仅说来教我念书。交情如此而已;但使我得到了无限的艳福,并使我知道男女社交的神秘,故我不曾向威逊姐说明我和胶东姐的爱情,一如她有情男而向我遮掩同样的欺瞒。但无论如何秘密,不知是我或是她的漏嘴,我们相爱的心情不久已被人发觉,而至于拆散。

胶东姐真是一位特别的人材。她貌并不甚美,但有一个可爱的面庞,而使我到此时的老疯子尚念念不忘。她的眼神、腰身,与姿势,似乎与其幼稚之年龄不相称。她有一种高贵而不可欺侮的态度,这个态度〈是〉引起我第一次爱她的媒介。最奇怪是她甚大胆,而又极深密,使人不易测其真意之所在。一切狎亵之事,她都许过我,但无一件肯与我实行。她待我如小孩。我想她已成年,不,大概尚是小孩,所以不知此中的危险而敢于冲犯。

我全副精神已被这二位女子所占尽。但和其中的一个正在欢谈快意时,我便忘记了此外另有他的一个。她们在我的情感中全不相同,若使我终身亲近威逊姐,不会有一刻讨厌而离开。当亲近她时,我所得到的是一种安静的愉快而不会有所刺激。我最喜欢和她与众人一块，他人对我们的讥笑、困辱，以至于妒忌，使我觉得她愈可爱，愈有趣味的可寻。在她侮辱别个男子向她求爱之时，我更觉得自己胜利的真价值。我也虽受别人种种的摧残，但我极喜欢这样的磨折。欢呼的拍掌、鼓励的声音、笑语的喧哗，使我爱她热血也同时更加浓厚。在群众中，我对她的爱情格外奋激强盛，而得到爱的美妙也格外高深。若使我们二人独自私语之时，我或者觉得冷淡，甚且至于烦闷。实在，我真为她相思：她病使我愁，我愿代她病，还给她的健康，我太知道病的苦恼与健康的可爱了，故对她愿这样的交换。离开她，使我郁闷如有所失。她的抚摩深深印入我的心坎，不仅留在皮肤上面而已也。我与她甚有礼貌与客气。她许我一切所应该要求的事，但若我见她对他人也这样的慷慨，我就忍受不起。我愿以兄弟资格去爱她，但我对她的妒性，证明我已是一位情人了。

如我只要幻想胶东姐爱别人如爱我一样，我就气得如土耳其人，如狂，如虎狼。我以为胶东姐的爱是不可轻易允许，当用我的膝头跪求出来的。我亲近威逊姐时，我虽感动，不会癫狂。若我仅要眼光一触及胶东姐，我就眼花缭乱，一切感觉全行波动与浪翻。与威逊姐虽熟识而不致放纵。对胶东姐一见面就心荡。如我与她长久一块，我想断不能再生存，连呼吸恐也不能。她俩的娇嗔都使我恐怕的，可是，我对威逊的怨怒，尚可用谄媚的手段以挽回；而对胶东姐，我必要顺从她的命令方能称我心怀。世界全灭，只要有威逊姐，就不会使我不满。可是如胶东姐命令我跳入火坑，我极愿即时成灰。

与胶东姐的爱情——谈笑的爱情吧！幸而不久就完，这是于我与她都有益的。和威逊姐，因无同样的危险，故相识虽稍久，而实无甚大不安。这两个恋爱的结束都是小说式而值得一笑的。虽则我与威逊姐的相与不见激烈，但极亲切。她的别离使我泪垂。别离之时，我对她无限相思憔悴要死。这个离恨，实在真切而苦痛，虽然不是全为她一人而怀思，但为她确占了一大部分。为减少我的痛苦起见，我们彼此互通音信，信中热情热到可把石头打开。结果，我居然有幸福得到她的允许再来日内瓦看视我一遭。那一日她来时，我完全如醉似狂。当她启行落船时，我几乎跳下水去，悲号之声可闻于天。八日之后，她寄我些点心及手套，这本可使我安慰一点，可惜我同时闻她已嫁人，而此次假名来视我者，其实乃是为购买嫁衣裳而来。我一时愤怒不可名状。我宣誓以后再不见这个不忠实的妇人，以为这是惩罚她最重的方法。她究竟不会被我这样诅咒而死。廿年之后，一日，当我与父亲游日内瓦湖时，片航不远[1]，我问父亲是谁的眷属。"怎样！"——父亲笑答我说，"你心不曾告诉你吗？这是你旧时的情人，这是居丽丁夫人，即是前时的威逊小姐。"闻此将忘的名字，使我全身震动，我告船夫转舵别方。虽我此时可向她取些便宜，但我想起与一四十余岁的妇人再打起二十五年[2]前的爱情官司，无乃太笑煞人也。

一七二三年～一七二八年——这样的将我有用的光阴白费于无聊的事情。到后，人又不就我性情所近代寻一职业，而使我从玛士伦先生为法庭书记，这件事使我真恶心。舅父望我由此得厚利，但我实不喜欢这种徒得利而缺乏心灵的职业。全日的杂务缠得我讨厌到不能自持，而枯燥及奴隶的工作更使我不能一日居。玛先生方面也不喜欢我，甚至鄙视我，说我为昏乱愚鲁之人。他常告诉我说，我舅父许他一个聪明伶俐的少年，而殊知给他一只愚蠢笨重的小驴。到末，我因不称职而被辞退，玛先生且说我只合去作磨刀匠。

这个评判承受，我就这样作工，但不是在钟匠家执刀，而在刻画家握镌。因先前为书记失败的教训，使我对此新职业不敢有所反抗了。我的师父杜公莽身粗性暴，不多时灭尽我小孩期的光耀，摧残我心情的美丽。又是另一个新的心灵及命运，乃是我此遭所得的成绩。

---

[1] 此处语焉不详，翻译有所省略。当时卢梭与其父在湖上泛舟时，不远处的一艘船上坐着几个妇人，卢梭指着其中一位问其父亲，而这位妇人正是威逊小姐，其时已为克里斯丹（居丽丁）夫人。

[2] 此处的"二十五年"有误，应是"二十年"。

我的拉丁文、古事记、历史，完全忘却，我不知道曾经有什么罗马人存在过。我父见我时，认不出他先前所赏识的玩具；女人们也不再认得我是她们的情侣；我甚且怕再见南氏兄妹以免辱没。最卑贱的嗜好，最可耻的放荡，使我觉得舒服而毫不以为羞。先前的好教育不能阻止此时堕落的引诱。凡易为善者，也易为恶，少年有为的恺撒，一早已经变成为不振作的家犬了。

这个刻画匠的职业，本能使我喜欢。我嗜绘画，而用钢笔的涂垩，尤为赏心。这个刻画，仅仅限于用在钟表，故手续甚简单，我极希望使它成为绝技。若非我师父的凶暴与压迫的太重，这个愿望或能达到。一日，课余，我曾从事于刻画盾牌，聊为我及同事诸人作为纪念的戏品。我师一见，以为我制造假银币，遂至拳足交加。什么是假银币？连真的，我尚不知它确切的模形。我知道古罗马的货币，我哪知市上通行的铜元是什么东西。

因为这样横暴的师父，使我终弃了我所喜欢的工作，而喜欢了我素所疾恨的恶邪：撒谎、怠惰，与偷窃，一同犯着。我到此时才确切了解先前友意的输诚与此刻奴隶的臣服所生的结果不相同有如是者。生来小胆与怕羞，我实无勇气敢于为非，而且我自来所有正当的自由是极广大的，到如今渐渐剥夺，及后来竟摧残至无。先前在父家甚活泼，在南先生处极自由，在我舅父处极谨慎，而今在师父店里则成为惊怕。至于随处随时皆存惊怕之心，小孩子又尚有何种生趣。我平常的生活是与比我大者一样平等，凡他们所有的快乐我均分到，凡他们所食的物品我都得尝；他们的愿望也即我的愿望；我所思诸心的都可宣之于口。到此时的情状，是：有话不能说，有菜不能食，果腹只三成，应离开食桌。一遇无事做，当即入睡床。日日工作徒羡他人的玩耍。他们的自由更加形容出我奴隶生活的悲哀。凡遇到一事是我最能干的，偏偏使我不能加入。总之，一切不能干与，一切都使我怨望。别矣！一切愉快与欢乐。别矣！一些机灵的谈话，它在先时常用以解我围者而今已不知往何处去了。我今特来记一件可笑之事吧。在父家时,一晚因我淘气,父亲罚我就睡不准吃东西,我手执一些干面包,经过厨房时,见那烧肉正上炉,一些人正围炉而坐,我一面向他们道晚安,一面觑那烧肉的美色,与嗅到它的香味,不觉惨然也向它道别:"再见,烧肉!"这个诙谐,竟博得大人们的欢心,居然准我加入了晚餐。如在我的师父处,纵然我有这样灵机,也恐终不敢于表示出去了!

我的怨望与希企,既然不能在阳面发泄,则又何怪我此时的秘密。欺瞒、撒谎,与推卸。这些恶德固然为我前此所未有的,而且也为它后来时时向我攻击的恶魔。凡使人不能得其正当的欲望,而又使他无能为力去得到,其结果未有不如是者。所以凡为人佣仆者未有不欺瞒与顽劣;而凡为人之学徒者亦然。但当这些人到长大有自由平等的机会时,当然可以变成好人。可惜我自己不能有这样的好机会。

小孩堕落的原因大都为善意而被人利用。我虽在师父家一年之久受饥受饿未尝窃取一物与些食品。我第一次偷窃可说为他人的欢心,但此后的许多次则完全不能以此自解。

有一个师父的友伴,名叫卫拉先生者,他家与师家为邻。卫拉无钱,意在偷其母在家园所种的龙须菜去卖,以博得一醉饱。他自己不愿冒险而且不矫捷,遂用花言巧语影射其辞,意在求我代他偷。初始我也极不愿意。不过几经其甘言劝诱之后,我就应许了。每晨我偷来许多新出市的龙须菜,便往乡间售与村妇,她们见是偷来的,便故低其价钱。我卖它后将钱交给卫拉,他就请我吃了一顿,作为我的酬劳。可是我所得的不过几块粗面包,连酒也不敢尝一尝。

这个偷窃一连好几天,每日极忠实的去做,而且所卖的钱也很忠实交给卫拉,为的是博得他的欢心。假使我被人捉住,我不知怎样的受骂与被打,而此发号施令之人,必定推过于我;我若敢说他,更必罪上加罪了。他是师父的朋友,我为学徒的,怎敢去得罪他而和他申辩!世事总是弱者吃亏,而强者凶猛者终竟得了便宜的。

这回的成绩,使我觉得偷窃并不是如我所信的是一桩可怕的事。

并由此使我相信那"凡我所要的,定可由我而得之"的科学观念。我在师父家固非全饿者,不过由他的饕餮,愈引起我的枵腹。他每教小孩先出食桌,而自己仍然继续地吃下去,这个习惯不免令人生起贪食和非分之心。使我为贪食而成为偷贼的罪恶,也从此酿成。无人发觉时,固然安之若素,但被人见到时,则真使我难为情。

有一纪念使我哭不得笑不得者,就是因偷窃苹果的失败而食亏。一些苹果放在储藏室的里边,室有已开启的百叶窗向着厨房吸取阳光。一日家中无人,我站在藏面包箱顶,用铁条向窗中勾取这个地仙[1]所管的禁果。铁条太短,又接了一截,居然把苹果缓缓勾到窗子上,可惜窗的缝太狭而苹果太大,终于不能通过。我于是想尽方法;既要将铁条撑持好,又要一长刀将苹果劈成两半,终要用薄片承接其下。练习与时间使我得到可以一片一片的取到。不意刀到,两半个的苹果正离开时已全部掉在储藏室的地上去了。此际抱同情的读者,必定可怜当时我是怎样的痛苦!

我当然不以此失却勇气;然而费时已多,恐有人来看破;遂拟待在明天再试,我即从事于工作借以遮盖,并未想及储藏室地上那两半苹果,为我最好作证见的贼赃。

明天,机会已至,我再如法进行。这好似演喜剧一样:登板凳,伸铁条,测目标,将要勾取时,可恨那看守禁果的蛟龙未曾睡,忽然储藏室的门呀的一开,我的师父从里面跑了出来,两手交叉地向我看着说:"勇敢呵"……结果的惨状,不能以笔墨形容了。

时时受虐待,到后来习惯成自然也就不以为意了。而且我既参透偷窃的因果,更使我好似有权利去做一样。我不回想已往的刑罚,我唯预备将来的虐待与其报复的手段。我想人既待我如匪类,我自有做匪类的资格。既然偷与打是相连的,则我执行的就是偷,而我师所能

---

[1] 地仙,指赫斯珀里德斯,希腊神话中三位守护金苹果园的女神之一。与赫斯珀里德斯一起守护果园的还有一条龙。下文中"那看守禁果的蛟龙未曾睡"之说即缘于此。

为力的不过于打。自有这意思以来，我偷得比前更安详。我常自己说："将何结束？挨打吗？不错，我做此原已预备到了。"

我喜欢饮食，但不致于过度，我嗜美味，但不至于饕餮。另有别种嗜好，于我比食的嗜好更较重要。当我心无事时，我方从事于口，可是我心常常别有所思，故对于口也常常极随便。这个可以解释我不久就改偷窃食物之心而为别种举动的理由了。幸而我尚未成为真盗，因为我不偷金钱。一切的物件我均喜欢，只有银钱除外。我师有一自己的柜子，自藏其钥。但我对这柜子能够开关而不使他觉察。我偷取极好的器具、画图，与模型，这些物是他不愿意给我用，而我常思取用以资练习的。当我得此时，觉得无穷欢喜，以为我既取得这些器具，则这些器具的才能也已全为我所偷取了。但在柜内一匣中有的是金银、首饰，与货币，我则未曾一动手。当我有四五铜元在袋时，已经觉得富裕，对于金钱不但不喜欢而且使我惧怕。当然，这个不敢偷取金钱的另一种理由，是因我知道这个犯着极不名誉，甚且要至于入狱。至于我之所为乃是一种玩笑的偷窃，最多不过受我师父的打骂而已，我早已知道这些偷窃之中有些区别之所在了。

再进一步说，我于金钱，实在不见其可爱，故虽没有什么顾忌，自然也不肯去偷取的。一张画纸，在我眼光中比那购买六百张同样纸的金钱更为可贵，这怪性格，更引起了我来谈及别种怪性格于下头。

我情欲甚激烈，当激动时，实在难于制驭；在此时，我不知和平、客气、尊敬、恐惧，与善意，是什么东西；我又不知骄矜、抵抗、凶暴，与强毅，诸端从何而来；羞耻不能阻止我的进行，危险也不能使我恐怕。全世界的事情，于我全不闻见，我只注意这一件事而已，但事过境迁，我又全忘记了。若当我安静时，我则极畏罪与羞怯；一切使我怕，使我不安宁；一个苍蝇在飞，使我不能自持；一句话懒去说，一件事懒去做；恐惧与害羞，使我愿为世人所轻视，而不肯在他们面前有所表白。总之，当做事时，我全神做事；当说话时，我全神说话；假如人一注视我，我就哑然无声不知所云。当我性发时，我能说我所应说的话；若在普通会晤之时，我几一句话说不出来；凡人在我不肯开口之时，而要我说话，在我看起来直是一件不能承受的刑罚。

又须说明者：我最喜的事情是在这些事自己齐全，不用我操心而得到。我要的是快乐的纯洁，而视金钱是一切毒害的东西。就饮食说，我不喜欢在广庭群众之中或在酒店群集之所，我所要的是静静与一个友人对酌。一个人独自取乐，我又不喜欢，一个人孤独无聊，我就想到别事去，当然不会想及饮食的香甜。如热血来时使我需要妇人，但我心所要的乃全在爱情而不是肉欲。凡要金钱的妇人，使我对她失却一切兴趣，我且不信这样妇人能给我快乐。一切快乐如要钱买，我均视为无味。我所要的仅在我一人对于此事有优先及独占之权。

银钱的可贵是在应用，若在我，我则见金钱真不方便，它的本身在我等于毫无价值，那么应将它换掉，然后得到它的利益。今就拿它去换物件来说吧，还一价钱，往往被骗，多费而仍得不到其目的。我要的这一件物本来甚好，若用钱买，就有将这样好物变为坏的可能。我出高价意在买一个新鲜的鸡蛋，其实它是坏蛋；要买好水果，原来它尚青；买到一位姑娘吧，她已经被人用过了。我喜醇酒，但何处去买？酒店吗？如若去沽，它势必毒死我。我有钱就要请客，多少麻烦之事也由此而生：又要请朋呼友，又要去信来函，又要命仆嘱佣，又要等候谦让，而结果尚不能得到好好一顿饱。有钱真是磨人！我宁可无钱，不饮就罢了。

在我当学徒及以后许多时候，我常出街意在购食品；未入店门先见店妇坐在柜头似窃窃讥笑我的贪食；从一水果店走过，我眼见那些美梨，鼻闻到它的香味，可惜有几个少年在看我；有一个相识人在店铺前站立；远远见一女子，似是我们女佣吧？诸如此类都使我不敢去问津。究竟，我的短视眼，使我分别不清楚，以为一切人皆与我相识；以为随处皆有熟人，随处使我皆难为情。我的欲望与害羞俱增，到底归家时似一呆子，徒带回了一个艳羡之心，袋中虽有钱而无一件物购得着。总之，要使我自己用钱或使我留心叫人使用，我就觉得甚干燥无味：烦闷、害羞、讨厌、不便，及别种麻烦，皆使我不堪。请看我后来的生活就可知道我对于此事的狼狈，原不用我在此多说了。

由此也可明了我一种矛盾的性格：我愈鄙视钱，但愈趋于吝啬。由我看来钱好似一种器具的难以处置，故当其无时我不以为意。当其有时，我也不知怎样用，故我不能不将它储藏起来。若遇到舒服及有机会时，我又用得如流水般快。我非有意而吝啬，也不是专事外面而奢华。我用钱是暗中静静花费，而专以个人的愉快为主，不是使人知道而故意阔绰的。我知道自己不能善用钱，故我以有钱为可羞，而以使用它为更可羞。如我有产业，我当不会吝啬，这是我敢担保的，我当将所得的出息，全数的用出去。可惜我无恒产，当然不免有所戒心。我爱自由，我恨受制、苦恼，与奴隶。有积蓄的钱袋，使我得到独立不受制于人，不用阴险的手段去求生活的保障。诚恐一旦金尽而失了自由。故我用费极有节制。我太知道钱是自由与独立的物，而寻钱者是奴隶和苦恼的媒介了，所以我用钱极吝啬，但并非贪财。

我不喜钱，乃我惰性使然，因我想得它的快乐不敌我去寻求它所得的痛苦；我不管钱也是一种惰性，因我不能善于用钱之原故。故我爱钱不如爱物之殷，因为介于钱与物之间，另有一种障碍。而对于物及其享用，则别无其他麻烦。我见一物可爱，就不免起了痴想，但我要设尽方法才能得到它，那么，我便不再去为难了。有时，我极下贱到虽遇一毫无价值之物也想去偷取为己有。可是无论大与小，我于金钱一文未曾偷取，除非有一次偷了七个佛郎[1]和十个小铜元。这个事值得在下一说，这是一件愚蠢的大胆，而使我几疑不是我自己所为。

三十七岁时，有一日，在巴黎，当我与佛郎哥先生坐在皇家旅馆闲谈时，适在下午五点钟，他抽出表看后向我说："往歌舞台去吧。"我愿意一同去。他买了二张票，给我一张，向戏院大门趱进去。我在

---

[1] 原文为利弗尔（livre），1795年前为法国流行的货币单位。

后跟随,觉得人多而不易通过,我怕失落在群众中,我又假设佛先生也必以为我如此失落。遂独自出来,将票根换取票价而回,毫不想到后来,众人坐下时,佛先生定然看见我不在的失信。

这事与我平常的行为完全不同,故特别把它提出,使人判断我有时的疯狂,并使人不好以其行为而判断其为何如人。这回的事,虽不是偷窃,但对人情太过不去,这不仅是偷窃了,而且是卑鄙的行为。

若要将我为学徒的古怪行为详写出来,恐怕不能写得完。我有时高尚得比英雄还超过,但有时的卑鄙连小人尚不如,虽然是我非有心为非作歹的。今且来说我此时的一件较特别的嗜好吧。当店中同事在玩耍时我觉得讨厌。而当工作繁难时,我对于一切事又觉得讨厌。由是再引起我已经忘了好久的读书的嗜好起来。这个嗜好在这样环境之下,当然使我吃了许多亏。但因压迫的反动而使我嗜读愈甚,几乎成为疯狂。拉特里皮是供给我一切的贷书婆,我均不管好坏,也不选择,咸过我目。在做器具的椅上,在送物往外时,甚至在大小便处,我均目孜孜地注视在书中。除了书外,我甚至不知它是什么时候。我师父监视我,吓我,打我,将我书取去撕破,烧掉,丢于窗外。失落之书不能赔偿,我将内衣、领带、及裤带,全给贷书婆。每星期日店里给我的三个铜元用费也并在一块归还。

到此,人们必说钱的重要可知。不错,但不过在我读书嗜好袭来时而然。当读书狂至极点时,我只有读书一件事萦我心怀,一切偷窃皆不去做。这也是我一种怪脾气。只要我兴趣一来,哪管一点细事,都能使我快乐,使我变更,使我欢迎,使我癫狂,使我一切忘却,使我萦绕于心目中只有这件新事物而已。以此时说,我心所要的只在将袋内所藏书一气看完。一无人在,我就抽出来读。我再不去为难师父的柜子。我并忘记了先前有偷它这回事。我所关心的是眼前不是将来。以至贷书婆贷我书暂时赊账,于我只求有书在袋内,欠债也尽可不管。凡钱在我手的,一概入她袋中,到完全不能清账时,我才去偷窃以为赔偿之需。偷钱以备买书,未免思想太过向前,但偷钱清还欠债,不能说我盗性的猖狂。

受骂、受打,与被劣书所影响的结果,使我成为一话不说的野蛮人;头脑也渐渐起恶化,我几将变成一个"人狼"。可是我虽为无意义的书所误,但淫秽的书籍,永久与我绝缘。贷书婆只求有利,她当然愿意借贷我这样书,但当她说及时,故意神秘其事为居奇,我则视她形色使我起了厌恶与害羞而愈不敢要。幸而由种种的偶然,使我三十岁前并未看到这种危险书。凡我所看的无一本不会使天下最贞淑的女子观之而至于脸红。[1]

将近一年,贷书婆不多的书籍已看完,使我觉得无书可读的难过。从一些书中竟医好了我不少的小孩子气与一些非为。同时也并提高我的情感,而使我觉得此时的环境实在与我不相配。因为见到这个不足以发泄我高尚的情感的环境,同时不免于悲哀无一人能够了解我的心情。论起我的性感已经掀动好些时,而其快乐的目标,尚属茫然。女性一物,并无存我心中,春情虽已发觉,而唯托诸梦想,并未曾向实物一有所眷恋。在这情态之下,幸而"空想"是救我独一的方法并且压制我肉欲的生长。我唯有从书中求得美女颜如玉:北地胭脂、南国佳人,举古来的美女,我皆为她一一位置而又使我周旋其间。我已成为书本中人物了,依我愿意,我就做成某的情人。这些空想,使我甚快乐,也聊借此以忘记我眼前境遇的悲哀。既然日在倾慕于我理想的书中人物而又极易得到的,则我对于这些可厌恶的实在人物,当然极不愿意与之周旋,以致养成我此时及此后喜欢孤独的习惯。人徒看到我后来怎样恨世与我的外面怎样悲伤,而不知我的心内太情感,太爱人,太温柔,不能达到目标,遂愿以空想为慰藉。我今来记些关于此事初次倾向的原因,不过使人见到我的情欲的变动,与明了我之不能用情于世,乃因我太过热衷以致难于实现的一些真情罢了。

---

[1] 这句翻译语意有误,正相反,其实原意要表达的应该是"凡我所看的无一本会使天下最贞淑的女子观之而至于脸红"。

我在此时已届十六之年，忧愁无端，一切不快，我的现状甚无味，我的年纪无意义。何所为而思？为什么而哭？无端而伤感，偶然而悲哀，我只有诉诸不可知的奈何天而已。每当星期日同事于礼拜后，邀我散步开心。我本不愿答应的，但一经入他们的群之后，我又比他们更放浪。"不易开端与不易收束"，乃我的怪癖常常如是者。当我们出城漫游时，我常向前走而不想回来，除非别人催促我回头。已经有二次，我回时均在城门既关之后。翌晨，试想我受何等的摧残。第二次的惨状历历，使我有第三次终不敢再尝的戒心。这第三次竟到了。我虽准时而回，但守门者常在法定时刻的半句钟前先关门。与我同行者尚有二人，于半里远，我就觉得催关城门的角号。我加快脚跟，甚至于奔跑。满身大汗，心颤脉跳，一面叫一面扑门而来，但见守兵已排队，城门已关上了。只差廿步远，我眼巴巴地，看吊桥已竖起，角声吹得极凄凉、极悲伤、极不祥，我的命运也与这样角声在空中相飘扬。

　　在我悲惨之下，我倒在斜坡上，用牙咬土以表示我的痛苦。同行二人，他们计算他们在野外过夜的乐趣，我则计算再不入城的志愿。翌晨，城门重开，他们安详回去，我则向他们表示决不同行，只恳他们暗中与我表兄弟说明我将从事于浪漫的生涯，而望他于我所约的地点再来见一面。

　　自从我为学徒之后，我与表兄弟见面甚稀。虽每在星期日我们聚会，但因职业不同，未免使我们隔阂生疏。他的母亲似从中作祟。她自以其子为高等人物，而视我不过为卑贱的学徒，以为如此过从，不免失他身份。他本是一个好人物，有时他的天良昭示他比他母亲的话更有效力。他一得到消息，遵约而来，但不是来与我计谋，只给我一些赠品，以便助我成行，我此时确是一文莫名。在他赠品中有一小剑使我甚为爱惜，可惜到杜兰[1]为需要而卖去。以致不能使我身与此剑

---

〔1〕 今译都灵，1720年为撒丁王国都城。

长相随。当我愈想此事时,愈见他母亲的阴谋,其父或也参与其事,否则他不会这样无情,毫不向我挽留,否则,也必送我同行。不但不是如此,而且鼓励我这样做。当我们临别时,他也无表示大泪容。自此我们永无通讯与再见一回面。这真可惜,他确有好性格,天生我们二人可以讲爱情的。

在未说到我怎样浪游之先,我当向后谈论一番。假如我得到了一个好师父,则无论何等快乐,于我个人终不会比这个安静平常的艺人生活,尤其是在日内瓦而操刻画之人的幸福较高大。这样职业虽不富而足以自给,而使我不至于别生野心。我虽不能跳到怎么高,但也不至于跌落怎么低。我有的是一个极充足的梦想,不论我所寄托的是什么事业,但求有所寄托,我就能满意,不至于再去东飘西荡寻求一些渺茫而无所归宿的烦恼。凡能给我幸福的是一个极简单的职业,一个极少麻烦与极安静而思想最自由的职业,这就是与我性格最相合的刻画师的职业了!使我此业有成,我将过了一生安静而温柔的幸福于我的宗教,国与家,和朋友的团体之中,这个可以随我嗜好而工作,依我心情而消遣。我必定是一个好基督信徒、好百姓、好父亲、好朋友、好工人,与为一切皆好的人民。我定然爱我的生活,并使别人钦敬我的生活,虽然是这样人生卑卑而不足道,但在平等与温柔的皈依之下使我安静地死在家人亲爱之面前。纵使不久,世与我就相忘了,但终比今日这样哄动许多人的纪念我者为无愧恧。

谁知天违人愿……这是什么颜色使我今后去涂垩!嗄!不要太为我悲伤,我实在使读者此后太多看到这些悲惨的事情。

第二书（一七二八～一七三一年）

（从卢骚十六岁起。——译者）

我一想到漫游又惊又爱。惊是：这样年少离开家乡，父母，毫无倚托，并少资助；所学职业仅有一半成功，不能得以为生活；前途苦难随时袭来无法可以解脱；清洁之身随处可得邪恶与非为的传染；一切非为、错误、奸险、奴隶、死路，在前引诱必使我比先前更不能挣扎；这些事情都使我现时要冒失去担当。但一想及别种形状，另有一番不同！独立生活最使我欢喜。自由与自主，我想能成功一切；只要我一纵身，就飞到天上去了。以我这样才能应世，我想到处有盛宴，财富及奇遇，和一班朋友招待，一班情侣欢迎；凭我介绍，就得全世界的同情；整个的全世界？不！只要一个可爱的小团体就够了。我的欲望极低，但求一个狭小的处所，确是美满的所在，而使我为王就够了。一座邸第，为诸侯王及夫人们的上宾，小姐们的情侣，而为其兄弟的朋友与其邻右所拥护之人，只要这些就够了，我实在不敢多求哪。

为等待这个低度的要求实现起见，暂时，我徘徊于日内瓦周围的相识人家，实在受了极相当的敬礼而为城内人所未有者，他们给我食住甚好而且极客气，不会如一班富人施舍贫人一样的骄傲。

为实现周游世界起见，我遂往孔非娘[1]，离开日内瓦仅有二里之

---

[1] 法国萨瓦省境内的一地名。

地。此地主教碰歪[1]先生，其先祖曾有功于国家，我震动其姓名而往谒，聊以拜识名人的后裔是什么人。他接待我甚佳，先骂日内瓦人的异教，后主张基督教堂的独立，而终继之以晚饭。他的论说当然不足记录，不过其饮食精美，可见他比我家的教士高明得多。我自问比他聪明一点，不过，他的盛馔阻止我为好辩的宗教学者，他的"欢乐只"的旨酒[2]，在我觉得甚美，于我竟不好意思使他闭口。一味谦让，不知者以为我滑头，其实这才算有礼，拍马屁（应译为谄媚，不过，译者在此有意开玩笑罢了。）不见得全坏，在少年人有时尚是一种德性呢。一个对我们好的人，让他，不是使他坏，乃使他不要太生气，不要以怨报德罢了。为什么碰歪先生要这样待我好，并劝我变易宗教？这个可见我个人的价值。我想他必以我是一种高尚有为的人，才肯这样对我如此重视。由此使我对他感激不浅，安能将其善意抹煞。我当然不肯改变我的宗教，一想起此事，我就不愿想。但当人对我好意谈及此时，我终不好意思去阻止。我这样的罪过，好似俏皮的正经女子，为要达到她的目的起见，对于所欢的要求，不答应，也不推辞，仅使他不失其希望而已。

由理智、悲悯，与爱和平的人说，此时看我这样离乡飘荡，应该劝我回家，断不赞成我的癫狂，这才是有道德者的所为。可是碰歪先生虽是好人，但可断定他不是有道德者。他的道德不过是一个宗教的信徒，只重在偶像与念《圣经》，他所要的只在反对日内瓦的新教。故他不但不劝我回转而且希望我远飏。我的前途怎样黑暗，于他无甚关系，只要我离开新教而去做旧教的礼拜就好了。这样存心不只基督教徒为然，一切宗教皆如此。他所要的不是行为，而是信心。

"天主诏你！"碰歪先生向我说："到安娜西[3]去吧！你可得到一位善良信女，她借了王爷的资助得离苦海，而今竟在施救一些尚未

---

[1] 今译德·朋维尔。
[2] 一种名为弗朗基的葡萄酒。
[3] 今译安纳西（Annecy），法国东南部小城。

出者。"他所指的是新改教而以其信心换得二千佛郎的年金而成为一些歹人所分享的滑浪夫人[1]。我雅不愿意得了一个信女的施舍。愿受人的资助，但不愿受人施舍，而且一个信女，在我实在不欢喜的。可是，我虽不愿，禁不起碰歪先生的敦促与饥饿的胁迫，此地旅行又愉快。我喜欢旅行，只此一事，已决定使我往安娜西了。（译者也曾到此地沉醉过，尤其是安娜西湖那二三月的流连。）本来一日可到，我偏不使它快，迟迟至于三天。每于路旁见一邸第，未有不使我徘徊于其间以望有奇遇的发生。性怯的我，自然不敢入其内喧嚷，只得在其窗前户外慢度我的歌曲，而使我最失望者，何以向来未曾一见那些夫人小姐们来鉴赏我这样美音与情歌；在我以为这样朋友所教的歌曲，我确唱得极动人了。

终于达到目的地，我谒见了滑浪夫人，这是一种奇缘，于我不能轻轻在此放过的。我适在十六青春，虽不是美少年，但我有的是一个细小身材，美丽的脚，脚腿透圆，面貌清爽，又极活泼，嘴细得可爱，黑的眉睫与头发，凹入的小眼睛炯炯生光，表示出满身的热血在沸腾。可惜我不知有这样可爱的面庞，及其知道了已经老而不堪用了。又我尚有一种羞怯性格与一种能令人怜爱的情趣。我所最怕的是使人不快意。我的聪明虽不差，但因为不大见世面，不识一切的人情，虽到后来稍有阅历，但我终觉得无法去对付人。

我怕不能以言词达意，遂写了一封雄辩式的信，偷采用了许多书句，主旨在要求滑浪夫人对我起了善心。在此信中又附上碰歪先生的介绍函，预备在见面时一同交上，但她不在家，人说她已经往教堂，这日为一七二八的复活节。我赶上去，见面之后，我与她谈……这个可纪念的地方呵！我后来为你堕下多少泪与亲吻你多少次。围绕我此时的这个地方真无异于黄金世界！我怎样不以全世界的赞誉来赞誉它呢！凡对人类有崇拜之心者，到此地方只有双膝来跪下呵！

---

[1] 今译华伦夫人。

这个可纪念的地方，乃是在她屋后的一条小径，右边有小溪，溪那边有花园，左边有曲院围墙一道，尽头处有假门引入教堂。将入这门时，滑浪夫人听我声而回头。这一见使我魂飞天外！我先必以为她不过是一个俗不可耐的老媪，预想碰歪先生所介绍的信女断不会出我所料的。谁知她，满脸温柔，一双蓝色眼睛无限和气，全身风光，一搦颈圆尤觉得美丽动人。这些一切即时印入我内心，我立即变成为她的人。以这样的传道士，我决定她必能引我上天堂去了。她微笑接受我颤手所给予的函，稍一看碰歪的，即移眼到我的信上，全行看完后，正要再看一遍，已被她的用人催她去做礼拜而截断。她遂向我说："嗄！我的小孩！你这样少年就这样飘流，实在可惜。"她的娇声使我颤动。遂复不等我答复，即说道："到我家待我；叫人给你午餐；到祈祷完时，我回来与你谈。"

滑浪夫人小名鲁意施爱礼婀娜乃杜特别的小姐，系出卫伟的名门[1]。她嫁滑浪时年极少。并无生育，又因家事烦恼，至于离开丈夫，家庭，祖国，只身来此借了当地域多王[2]之助一心皈依旧教，当她回忆这个与我同样的鲁莽飘荡，又未尝不伤心堕泪也。域多王因她改教之故，极其热心赞助而且给她年俸一千五百比孟[3]金，在这个小地主，而给这样多的赞助费，遂使人疑及他对她有恋爱之意。为避免这个嫌疑，他将她送到安娜西来。

当我来时，她已在此地住了六年，年华才到廿八，是生于此世纪之首的。在这个年纪的女人，其美丽的擅长，通常在内象的蕴藉而不在外面的活泼，但在她则对此二端尚保存那原有的美。她有娇柔可喜的面庞；一双慈爱的眼神，微笑似天仙玉女，嘴小恍同我的一样，云

---

[1] 鲁意施爱礼婀娜今译路易丝-埃莱奥诺，杜特别今译拉图尔·德·比勒。这句的意思是：滑浪夫人原名路易丝-埃莱奥诺，是沃州卫伟市的名门贵族拉图尔·德·比勒家的小姐，后嫁给了洛桑的华伦先生。
[2] 今译维克多-阿麦德国王。
[3] 今译皮埃蒙特（Piemonte），意大利西北的一个大区。

鬌集中在一块，姣丽难描，此外散掠不整更觉极其引动人。体格短小精悍，身材集中在腰围间而不放松。但世上无比她再美的是她那美头颅、美胸脯、美手与美腕。

她的教育甚复杂，如我一样，生时失却母亲，所得的一些由于保姆，一些由她父亲，一些由其老师，最多的是由于其情侣，特别多的是此中的一个情侣叫叠卫先生者，给她种种嗜好与知识，这各种不同的教导，结果彼此互相冲突不能推广她本身的才能。故她虽然晓得一点哲学与物理，但不能阻止她承受其父亲的烧丹术以为奇药可得而至；一班走江湖者乘其可欺，遂群来齺她，将其资产破尽，并将她可以邀殊宠的红颜、才思、温柔，一同盗窃。

可是，这班奸徒虽能承她不好的教育而施其欺诈，使她的理智不明，但不能阻止她这个好心情的发展。温柔与慈爱的性格，怜悯的感情，用不尽的善意，施不完的乐德，于她永久不会变动的。虽在老年，她受了种种的污辱、诬蔑，与苦痛，她的良心一直到死未曾一刻教她不愉快。

她的失败乃生于一种不竭的内力时时向外谋为而不辍。她非有野心，不过要实现那无穷的计划而已。她生来就是谋为大事情的人。若使当时执政权的龙格微夫人[1]，在她位置，不过幺麽小丑。若使她在她的位置，则可操纵一国而裕如。可怜她有才无位，故这样的才能使她在高位可以成功的而在低位则不免于失败。一事到她手，她总岌岌孜孜，希望扩张它到极大的范围。她的想象力比实行的能力更大，以是一事的失败完全是她所付托人的能力薄弱，但归根自己食亏甚大，而在他人则损失甚微。这样喜欢作事的天性使她在外虽受了种种的痛苦，但在内使她尼院式的生活不至于太枯燥，于她也为计之得者。宗教的单纯生活与其小团体的周旋，虽然和她喜欢自由活动与谋为事情

---

[1] 今译德·隆格维尔夫人（1619—1679），其父为孔代亲王。在投石党时期，德·隆格维尔夫人因积极参与反对路易十四的首相、红衣主教马萨林独揽朝政而声名大振。

的性质不合宜……但她所信的宗教极见热心。不管她改教的理由是否正当，但一经有新信仰，她就信得极真挚。她纵懊悔改教的错误，但不会再去反复无常。故我——知她真心的我，敢信她至死时仍是一个基督教的信徒，虽然她在外面不愿假装，她太诚意了，故不用在形式上去表示了。此事我将在下头去讨论。

试问一班否认"心灵的同情"说者来代解释何以我一见她之后，只在听她头一句话，只在见她第一瞬间，她怎样会使我有无穷的信任，而后来又确不会受骗呢？若说这不过一种性爱罢了，但试看后来我们相与的历史则全不尽然；但何以这样情感能使我平静、至诚、愉快、镇定、把握、必胜，到那样地步？为何我第一次见到这样可爱，客气，有光宠的女子，而其地位又比我高尚而能不使我攀仰者，其于我的一生的利益关系又若是之大者；何以我一见她后就断定我必能得她欢心？何以我此时不会羞怯，束缚与不安？生来本怕人与不会招待人，又是初次出而问世之人，何以我一见到她就极自由地能表示出我温柔心情—似十年同居之后的一样亲密？若说是性爱吗？或者有些欲望，但何以对她毫不生起妒忌心与烦闷性？"既被爱了，安不取他所爱的物体？"这是一个问题为我向来所未顾及者；我不知是否爱她。我所知的，是我与她仍有一个极特别的心情，请看我后来与她奇特的关系就可知道了。

怎样安置我的问题，是这头次相见的第一要件，为便于长谈起见，她留我晚饭，这是我觉得不知食味的第一遭。她的女佣也说我这样年纪何以食这样少，最便宜了那个同桌的大食流氓，一人竟食了六人的份量。至于我此时另有一副快乐心情，代我的食欲，占据了我的全身，别的官能好似管顾不及一样。

滑浪夫人要知道我身世的小历史，我就捧出在我师父处已经藏起的一腔热诚向她申述。我的言词愈得到她的同情，同时她也愈可怜我的身世。她的悲悯词色在面貌，在视线，在其表示上均可见出。她不敢明白劝我回日内瓦，这在她地位是犯了宗教的大罪过的。她知道她地位的危险故说话时极谨慎。她只从我父亲如何失落我的悲怀处着力，意中在暗示我应当归去慰藉。她时时不觉地犯嘴说出她在宗教立点上不应该说的话。及后，她见我决心不回，更加鼓起雄辩的舌锋，这样妙绪愈打入我的心坎，同时使我更愈不肯离开她的眷顾。我想回日内瓦去，无异使我与她隔开了一条鸿沟，尤其是使我再去操那种职业，故我甚愿亲近她不愿他往；她见所谈无效，再不欲说到极点以引起误会，只见她极感动地向我道："可怜的小孩，随你往那上帝所叫你往的地方吧，但当你大时，你才记得我此时的话。"我不料她这些预言竟得如此的效验。

一个困难问题仍然存在，即如何供给一个少年在外的生活。我所学的刻画职业当然不够用，况且在这个地方太贫穷，这个职业也不适宜。那同桌的大食流氓，稍行休息他的嘴唇后，出了一个他自谓是从天上带来的主意，由后看起来，可说是从相反之面的地狱所送来。他主张使我往杜兰（此时意大利的京城）入了"改教所"，如此于生活及灵魂均得救助。"至于旅费"，此人继说，"可请大主教及男爵夫人帮助些，定可获允"。

在我则以许多施舍未免难堪，心极不悦，而不敢言。在她则以为各人应当尽力助人，待她去告大主教才说。但在这个流氓则因利益所在，自己即去进行，等到滑浪夫人去说时，诸事已经齐备，旅费也已交付好。她固不敢再留我，以我这个年纪与她那时的情状，实在不能留了一个少年人长近在身边的。

这个旅行既承了各位的费心，我也不敢反对，而且于我也非全不愿意者。虽则杜兰去安娜西比日内瓦还远，但因是京都，交通似较便捷，我既服从滑浪夫人之命而往，则无异于如在她面前受其指导，故地虽远而无异于比邻。其次，"大旅行"实与我此时将在发展的活动性相合。我觉得以我年纪登山过岭实在荣幸，而使我登亚儿坡[1]之巅

---

[1] 即阿尔卑斯山，欧洲最大的山脉。

俯视同侪尤为骄纵。游历的引诱本是一个日内瓦人所支持不住者。故我极愿成行，那流氓将于二日内同其妻启程，人将我托付他，受他指导。我钱袋及滑浪夫人所添的也由他保管，她暗中另给我一个钱包，并教我许多事。我们于星期三就道。

当我行的明日，我父及其友人李瓦先生来追我。李瓦先生也是钟匠，具有智慧与才能，比拉莫氏[1]做的诗更佳；他又实在是好人，可惜其文学不善取材，致所写的只能使他的一个儿子读后成为喜剧家。

这两位会见了滑浪夫人，只有叹息我的命运，并不追取我回。本来，我是步行，他们乘马，极易追到的。此种结果与我的舅父前曾追我到孔非娘知我已往安娜西而遂返日内瓦一样。这些亲戚似乎助成我飘流的命运的。我的哥哥前被疏忽而失落了，并且不知此后的消息了，今日他们对我尚是一样的疏忽呵！我父不但爱惜名誉，而且极尽责任。他是有大道德的人，又且是好父亲，尤其是对我好。他爱我极挚，但他也爱快乐。自我远别后，他又有别种嗜好，慈爱之念未免因之减少。他已在尼勇再娶，虽他妻已年老不能再给我生兄弟，但她尚有父母亲戚自成为一家族，使我父亲有家庭之累，与别种麻烦，遂不免对我有些忘记了。况且父年渐老，并无养老费。我与哥哥有些母亲遗产，我们去后，利息由父收用，虽然这些不是直接影响使他不尽父职的，不过这个潜伏势力使他于不觉察中，终不免减少他对我们的热心。若无此种，他对我必更加慈爱可决无疑。这可解释他追我到安娜西而不追到山北里的行为了，又此也可解释，当我后来数次去省视他时，他虽对我极慈爱，但终未曾强力留住我在一块的缘故了。

这个慈爱与有德行的父亲的行为，使我每每回想而得到极好的心术。我由此得到一个道德的箴言，而于实行上更有利益，这就是：

---

[1] 拉莫氏，即拉莫特（1672—1731），法国诗人、剧作家和评论家，1710年被选为法兰西学院院士。

"不要把自己责任与自己利益处于相冲突的地位,又不要将自己的利益放在他人的损害上。"如有犯此者,则虽自己极高的道德而终不免于降低了,而且在实行上必变成为不公正及凶恶的人,虽然在内心上极公道与良善。

这箴言深深印入我心,随后我又施诸实行,遂不免使世人尤其知友们大惊怪起来。他们毁谤我自造成一种特别性格故意与别人不同。其实,我也不愿与人同,也不愿与别人不同,我所要的在于善,我所竭力反对者就在侵蚀他人的利益与加害于人的念头而已。

近两年前,英爵士玛力萨[1]有意在遗嘱上给我遗产,我极反对,并向他说,无论何种遗嘱尤其是他的,我均不愿承受。他遂不再勉强。现时他要给我常年金,我则表同意。人说这个变迁,乃是我选择较有利益的所为,或者人言不错。可是,我的善人与我的父亲呵!我不幸继你辈而存在,但自你们损失了,我也一切损失了,不再有些取得了。(卢骚意必是其人生前能资助他者,则其人必富裕,虽取无害于人。但他死后——所遗存的,乃为其子孙的利益,或是公众的利益,他人取之似不合理。在别处他极反对不劳而得的利益,又似是一个反对遗产之人。——译者)

依我说,这个箴言乃是独一的好哲学于人心大有利益的。时间愈久,而使我愈见此中的妙谛,在各种著述上,我皆用各种笔法写明此点的作用,可惜读者太轻狂不肯去留意。若读拙作《野美儿》可以见到一个极有趣与极显明的举例与这个箴言同意。就此时言,这个回想于我这样旅行人已经够思索了,还是进行我们的路程吧。

我们一路极愉快,有些出我预料之外。那个流氓原也不如他容貌所表示那样的可憎,这是一个介于老少之间的年纪,一条辫子,发作黑灰色,一个兵士样子,粗大声音,极乐观,能行路,善饮食,他无

---

[1] 玛力萨是法语 maréchal 的音译,意为元帅。卢梭所说的元帅指乔治·基思(1686—1778),是被放逐的雅各宾派,保留着苏格兰元帅的世袭称号。

件事不能,但无件事晓得。我闻他拟在安娜西设立什么工厂,滑浪夫人从中资助,此遭之行因为有事于国务大员的请求,以便借此得利的。他有一种欺骗教士的才能,每每混入教堂里,恍似一个传道士然。他又识念一段拉丁文的《圣经》,但他念来念去却是一样,不知者以为他识得千百篇。当他人有钱袋满足时,他永不会无钱用。他又狡猾又能干,好似彼得自己将利剑放在身旁,喝叫别人去出征一样的行径。

谈及他妻沙不浪夫人,也是好妇人,日间比夜间又更安静。我在旅行期中,全在他们房中睡,他们不安眠的声音常常使我醒来,如若我知道此中秘密,必定使我醒得更多。我对此事真是傻子,只有后来听自然去教导,此时我真不知人间有此种事。

同这个信徒与他的快乐伴侣,一路上我极称心。危险全无,只觉得身心清泰。年少,神旺,身体好,对人对自己均靠得住与有把握,在这回旅行虽短,但我的感觉寄托到万物之上去,而大自然的美丽又收入到我的心里来。此行,我不如别次神情的飘荡与梦想。我已自认是滑浪夫人的工具、徒弟、朋友,或几几是情侣。一想到她的殷勤招待,缠绵情意,她心对我的关切,她眼视我的温柔,一路上唯有此种回忆的快乐已经够我领受了。这种愈回想愈来得甜蜜,恐惧与怀疑已丝毫无存。使我到杜兰那是我的生机的处所,生活可不操劳,自有他人照应。又这样一思及精神与物质俱得其所的愉快,使我脚跟加捷,身重减少,无穷希望装满我的心灵。凡我所见的物象,也似对我道喜一样。见一田家,我想其内的喜气融融;见一绿野,我心思其中有快乐的玩耍,可爱的清流,可以游泳,散步与垂钓;在一树上我恍见了果实垂垂,在其荫下,又有情人的细语喁喁;在山原间,我描想其牧牛之乳酪,而艳羡山居之人的清暇生活,和平与安静,一任其逍遥。总之,凡我所见的皆是乐象。自然的伟大,流动,与真美的表现,也能引动我起兴趣,况且我此时已是先具快感的人,对此当然更加陶醉。少小年纪,这样游历意大利,见识这样多的地方,似随阿尼巴[1]大将军前时的掠取此一片世界一样,我觉得这种功勋,实在超出我少小年纪的能力之外。更加随处受人好招待,食量又极好,食物供给又极充足,在这个大食人之桌上,我的食量当然是渺乎其小了。

这一回七八日的旅行,是我一生最少操心与痛苦的时期。沙不浪夫人的姗姗莲步,使我跟得好似散步一样不吃力。这个好纪念,使我养成徒步旅行尤其是登山的嗜好。只有这样徒步旅行,才能使我快乐,及到事务与责任上身,又有行装携带,不免用起工人,又使我不得不坐起车来,那时种种操心、麻烦与束缚就使我一刻不安宁,如此我只求得速速达到目的地,不如先前的希望起发点了。当我后来在巴黎时,常愿征求与我同这样嗜好的友人二位,只要有五十金鲁意[2],一年间工夫,到意大利游历一遍,随身只要一个少年携带睡具一包就好。许多友人极愿加入,可惜结果无一人肯去实行,他们不过在闲谈中资助以为笑料而已。我曾与狄特鲁[3]和格林[4]谈及,事情已经说妥,结果,也不过在笔头上谈谈罢了。

一见杜兰,使我懊悔太快到,但我心又喜得到这个大城,使我可以得到相当的位置,我此时实在鄙视我旧时的职业,不料将来得到的比此职业更加堕落呵。

现应在此先向读者道歉是:我将详细写出那些于读者不大兴趣的事情。可是我不肯对读者有些须的遮掩,故不能不将所有的经过详写出来;又我希望读者能够明白我行为的错误与内心的秘密;要使他们时时刻刻跟着我,那么,如有一点事情不说出来,恐怕读者要问:"何以这个时候,并无事情。"势必说我有些不肯尽言。至于他人的恶

---

[1] 今译汉尼拔·巴卡(Hannibal Barca,前247—前183),北非古国迦太基名将,军事家,曾多次率军转战意大利,于公元前218年率军队越过阿尔卑斯山。
[2] 即金路易,法国金币名。
[3] 今译德尼·狄德罗(Denis Diderot,1713—1784)。
[4] 今译格里姆(Friderich Melchior Grimm,1723—1807)。

劣，我也应当时时提及。

滑浪夫人暗中所给我的钱袋，因我不秘密，已被那两个引导我者所窃去。沙不浪夫人竟偷及滑浪夫人给我一条饰在小剑柄的镶银小彩条，这是我最不甘的。若非我的反抗，他们也将我的小剑拿去。一路上他们代我出费，到达时竟使我丝毫不存留。我到杜兰时，无外服，无银钱，无内衣，只存了一个空空的人格再去寻求我应得的福利。

我在此时有的仅是信，一呈上后，人即送我入"改教所"，练习宗教及得到生活。我一入门即见那两扇镶小铁球的大门随我脚跟关闭，这头一个现象已够使我得到一个庄严而不痛快的所在。到会客厅所见的仅有一个耶稣被钉的大偶像，与及四五张木椅子，已经用得因摩擦而发光了。其中坐有四五个盗贼，也新来入教者，他们似是鬼怪的弓手，毫不像上帝的人民。此中有二人，自称为北非洲的犹太籍，向我承认他们以奔驰于意大利与西班牙之间为生活，随处受过洗礼，如时势迫其必要时。另有一个铁门开处，见从院内进入一些女改教徒，她们都是丑恶不堪为天主所弃的贱人。仅有一个觉得美丽，有趣味，她与我年纪差不多，或大过一二岁。她有一双不安静的眼睛，时时与我的相溜，这使我想与她认识，可惜她被那女管门所阻止，与那个圣徒所鹦到二个月久时间终没有一次机缘可以相会。她在此一共五个月，虽至痴愚之人皆已学到那些粗浅的宗教道理，况且她不像这样傻子，但那教导她的圣徒愈热烈教她愈说她不够程度，总不肯放她出来。到后，她讨厌此地极了，硬要求出去，不管她能不能成为基督徒。她本已承认为基督徒了，而人们偏要从形式上屈服她，恐怕她反抗与不承认呢。

这个小聚会是为欢迎我新来的人。主教者对我们训话之后，使我谢主隆恩，而请别人与我同唱祈祷歌。礼毕，那班贞女入修道院去了，让我一人独自惊愕我的新处所的离奇。

翌晨，又有第二次学习宗教的集会，于是使我头一遭回思我今后怎样去对付与其将来的结果。

我已说过，我现再说，我以后或者须继续说，如有一个小孩得到好教育的，这个就是我。我的家教比普通人都好，亲属也都贤明。父亲虽喜快乐，但极守道德，而也极宗教，外面虽风流，底里实是基督教徒，这个在幼时已经陶冶成了我同样的性格。三个姑母均有智慧与道德，头二个已成为信女，第三位的和善、深思与热感比她俩更信徒，虽则在外面不怎样拘束。从这样家庭到南先生家中，也是深于信仰之人，他口中所说的，心里也就这样想。他们兄妹常以极温柔与正直的教育，启发我心中固有的悲悯。这些正经人给我一些真正、诚实、合理的教训，使我于教规不但不会讨厌，而且每每感动到内心，以为我好行为的标准。到我舅父家来，舅母看信仰为职业，渐引起我对于宗教的厌恶。住师父处时，我虽忘却了宗教，但因无恶少年的引诱，故我虽放纵可是不会流于无忌惮。

　　如此说来，我固有小孩的宗教教育，而且比普通小孩的更多。就实情说，我在小孩期不是小孩，我的感情与思想完全是成人。当我大时我才与普通人一样的行径，但在出世时，并不是这样的常态。读者诸君必笑我似是一个天禀聪明之人。可是人先当明白一个六岁小孩读小说的故事而至于感动流涕这件事后，尚以我上所说的为可笑，则我也自愿承认为夸口了。

　　故我说如要其成人时信宗教，则不可当其小孩期教以宗教。因为儿童实在不会了解天主的，这由我的观察所得，不是由我自己个人的经验而来。我个人实与别人不相同，就我说，如你能寻到一个六岁小孩如我一样，你就可以于七岁教他认识天主，保管可无危险。

　　依我意见，少孩应随家庭的信仰为信仰。这个大纲，有时人们不知道而违犯，极少能去遵守的。但无论如何，我知宗教信仰是一种教育的效果。就我说，我不但遵守我父的宗教而且我尚保存地方的观念甚深。我们地方对于旧教视为极丑劣的偶像而视教会为最无聊的处所。这个观念入我之深，至于儿时，我永未曾跨进一个教堂，与永未见一个旧教士不使我叹气。我一见了旧教会赛神时，就起骇怕，在城内当赛神时期已到，我即避不见。在乡下不能如此，但我每撞见一回，就起一回的不快。在这样恶感之下，也有一个好纪念。因为日内瓦周围的教士待遇儿童甚好，故我一边听见教堂的钟声甚怕，一边又似听见它如请人去早餐，或用点心，或去取牛奶饼、水果与牛奶一样的福音。碰歪先生的盛馔，更使我到此时念念不忘。这个淘气的观念，使我视旧教的宣传，不过为一种可玩耍与有饮食之所而已。总之，我对于旧教的倾向仅为生活，如若要我专门去信仰，则我当逃避之唯恐不及。但在此一遭，我极明白地位与其结果的危险，不是为玩耍而相与周旋的了。因为这些改教之人在我的印象太坏，我以为这个圣功的引导，不过为盗贼的资助。我虽少小年纪，但我总相信我固有的宗教是最好的。纵使我所新择的宗教比旧的好，但这样忘旧，我也不能对住神明无愧，于人无怍了。我愈思维，愈见我的不是，我以为这个命运，乃是他人之罪，不应由我承认。这个想头，有时使我激烈到有门户可通我当即时跳出。可惜，这是不可能的，而且我的决心也不会如此长久支持。

有许多困难不能使我决断，在我既决定不再回日内瓦，因为精神的打击与金钱的艰难，使我不能再转还故乡的了。异乡流落，举目无亲，我唯有嗟叹前头已经陷落者，不能挽救于现在；今所能为力的唯有承认我昨日的错失，以为后来的自新而已。过去既不可挽救，未来的努力更愈不可少。我不能说："一切尚未曾做，如你不做，你可无罪；"我只能说："悲哀你已往的罪过吧，你此后勿再犯就是了。"

究竟，在我这样境况，须需要出多大的力量才能达到我的目标与解脱这个束缚，及保守我父亲原有的信仰呵！这个力量实在不是这样年纪所能有，纵有也恐不能成功，事情已经太做过头了，假我竭力抵拒，人也必设出别种方法将我困住。

由今想来"事情已做太过头了，挽救实在不能"，这个诡辩实在陷我及许多人类堕落的原因。道德的必要，因为我们太愚蠢，如果我们有智慧，道德实在用不着。例如在挽救尚容易的时候，我人因愚蠢之故常不以为意，而不努力，谁知却往往因此不免于堕落。不知不觉中，我们就为细小的过失所陷害。这个细小的事情，在初始时我们若能聪明些，稍加注意，就可撑持得住，但到其末后，则非用大毅力断不能为功。我们于失败之后只有埋怨天主说："你为何使我这样薄弱？"但我们良心上已告诉我们说："当你陷落时，你确是薄弱不能解脱呵，但我已经造就你的强力足以抵拒初始的陷落而有余了。"

自然我不愿入旧教，但因时间还有，无妨暂行住下，以望日后的解脱。我拟承此空时间预备些学问以为抵抗之用。这个奢望，竟使我不以解脱为意，而唯思量如何使那教训我者为难，与怎样将他们推翻之法子了。这个设想真是可笑：他们殷勤使我改教，我则设法使他们改教，我想极易将他们训练成为新教徒呢。

在这样情形之下，他们当然不容易得到我的启悟与情愿。普通，新教徒比旧教徒有学问，这是当然的结果，因为新教准许人辩论，而旧教则要求服从而已。旧教只有以他人的意旨为意旨，新教则当由自己去判断。他们固知此者。可是我的处境与年纪，实难抵抗一些有训练的夹攻。而且我未曾受旧教的洗礼与其学说，这也为人所知者。但他们所不知的是我在南先生已学过些，尤其是我在幼时所念熟的那虑叟的《教会与帝国历史》，虽到此时多已忘却，但在辩论愈热烈时，愈引起我的记忆去对付。

一个老而小与圣貌益然的教士来任我们的第一课。这个课程为同学说，乃是一种训练，不是一种驳论；乃是一种信仰，不是一种批评。但在我则不尽然，轮到我时，我阻碍他一切的言论，引动起了许多的辩难。如此使此课程的时间甚长，而使听讲者甚讨厌。老教士多说话，极发怒，拍桌子，到末，他诿说不大懂得法国语借以收场。翌日，人恐我搅乱同听者心神，将我另放一室而使一个教士年较少而能说话者来教我。所谓能说话的教士，不过口中能延长字句而就以为自己是世上的最博学者了。但我不以其声色严重而减少我的努力，我仍然四面八方尽我所能以进攻。他以为借基督教的贤人言论可以服我，但我也如他一样，轻轻偷来，以为抵拒。我固未曾读过这些人的学说，恐怕他与我也同样。可是我乃间接从虑叟书中扯来推去，如此已经使他难于应付了。可是胜利终不免归他，这有两个原因：第一，他比我有势力，因我昨日已看透那个老而小的教士对我的怒气，我不好意思再使他恼羞成怒；第二，他比我有训练而我则无。以是他于辩论时有一方法使我随他意旨依归，若我辩胜他时，他就说我已轶出问题的范围。有时他并说我的引证是假的，他明知我不能得到引证的出处去回驳，而我的拉丁文实在不大熟识，自然极难于立时之间在那样大本书中寻到，虽然我明知我的引证不错。他一方面则常常毫无根据而攻击新教，有时到不能答辩的时候，就引证了一些假文字以为解脱的地步。

不必说，日日光阴就如此白费于辩难，争抗，与祈祷，及一些无谓的麻烦中，同时又得了一件极下等而可鄙的恶遇，但我觉得更难过。

凡人无论心灵如何恶劣，性格如何野蛮，但总有一点情意生长其间。那二个北非洲犹太教民中之一对我竟发生爱情。他常亲近我与我说些不能懂的话，对我献些小殷勤，有时且给我些食物，尤最使我难堪的是时常给我那热烈的亲吻。虽然我看到他那样胡椒味而且有长癣痕的脸与那凶恶的眼神就怕，但我忍受他的亲吻，我自己心中想："这个人对我既然这样热情，我也不好意思去得罪他吧。"他逐渐放纵起来，有时对我极非礼，使我想到他的头脑必定不清楚。一晚上，他要来我床睡。我推辞他说床太小。他请我到他床上睡，我也推辞他，因为这个人太不干净，与一嘴嚼烟味，闻之使我恶心。

翌日起得极早，只有我们二人在课室。他开始抚摩我，但其状甚凶猛，比平日愈觉可怕。末后，他极不客气地做出那些最难看的举动，并要拿我手去同样做，我脱手大叫一声跳到室的里面，但也未曾对他有所鄙视与发怒，因为我实不知这是什么事情，只有在远远地表出骇异与讨厌的神色。他见我拒绝的决心，就也不来勉强，只见他事后跑到墙炉的所在，放出许多胶黏又白色的不知什么物，使我心头极难受。我走到洋台外边去，甚感动，甚烦闷，这为我一生所未领略过的骇怕，同时我头几将晕去。

我实不知这个可厌的人做什么事，我以为他必是大病，或者必是发狂。凡有把持的人遇见这个猥亵与丑恶的状态与及那个面貌如火般的粗野未有不厌恶到极点的。除他外，我永未见别个人与他同样。以此推之，如我们在这样状况去亲近妇女，则该妇人除非眼睛特别淫邪，未有不会将我们讨厌的了。

此事出后，我即速告众人。一个老管家叫我闭口，但我看见他极感动，牙缝里龁龁然念："罪恶呵！畜生呵！"在我自己不知为什么应该闭口，我仍然随处告人，不管人如何禁止我，遂致明日一早有一个管理人来对我埋怨说我的话损害圣地名誉，为此小事实不必这样多言。

他并告诉我许多我不能知道的事情，当然他不信这个教训能使我遵从的，他知道我对于他们一切话皆不信。他说这是一个被禁止之事，也如别种不正经的事一样，但其本意也未可厚非，而被人见爱者也不必生气。他又极忠诚地告诉我他在少年时也有这样荣幸，初虽因被袭而惊疑，后也不见其怎样可怕。他甚至极无廉耻地说明他的经验，并说我不答应大概是怕痛苦，他敢担保这个骇怕是无根据的，此等细事实不足惧云云。

我听及这歪论已极骇异，尤其是骇异者他所说的不是为他，而专为我的利益。又好似他所说的事为极通常不是秘密的，故我们一块有三个人，其一也是教士。他听此等话后与讲者一样毫不觉得为过分。从他们安静的样子看来，使我怀疑此事已极通行，唯我不能预先知道罢了。以是我听他这话也不生气，但不能减少我的厌恶。我的厌恶到今日一想起，心头尚要作呕。我虽不能深知此事的底蕴，但这事本身的恶劣已经够为我的保障，故我对他说的话，根本就不赞成。他见所说无效，向我乜斜眼甚觉无情而去。以后，使我在此日子更难度过，他们唯有一途使我快快出去，我也求之不得希望速速离开。

这个恶遇，使我后来得到好预防。只要见到一些相似的表示，同时在我的眼前就现了一个这样可怕的非洲人形。反之，女子方面由此更愈引起我的同情。似乎对她们应该格外表示温柔，与赞赏，也聊以此为赔偿同性对我冲犯的损失。虽对一个丑如猴母的女子，在我眼中，也是可敬，因为我一想起这个假非洲人的男子，就引起我觉得真女性的可贵。

至于这个假非洲人，我不知人如何理他，但见众人对他的样子不大好，除了修道婆罗兰惹之外。此后他再不与我亲近及谈话。八日之后，他受了领洗的大礼，自头至脚穿了大白，表示他的灵魂已清洁了。翌日，他出此改教所，以后，我永未见他面。

我的大领洗礼也在一个月后举行，所以迟迟出此者，正要证明我的去邪归正之难，而他们教我者的功劳愈不可没。一件一件的教规，强迫我重新认识，借以表示我对于归正的诚意。

结果，他们见我已稍服从，教规也稍晓得，人遂引我到市立的圣约翰教堂行领洗礼。虽则是我前已受过新教的洗礼，但他们再如此大做者，不过使人知新教徒不是基督徒罢了。我穿了一个灰色外大衣，衬些白色花边。一人在我前，一人在我后，各持了一个铜窝，用匙敲响，使观者随其信心施舍些银钱，为新改教者之用。一切教礼应有尽有，在群众则极引为荣，在我则愈显其辱。这些礼节有何用处？唯有那白衣于我尚有益，但人不给我如前时给那个非洲人一样，因为我不是犹太人。

尚不止此，又须到那"审判堂"去一遭，以便将异教的罪恶一齐洗脱。当入此堂时，其礼节一似亨利第四[1]的受屈于宗教代表一样。那个可敬的审判教士的面貌敌不过我对于这个去处极其神秘的恐怖。经过问我信心、地位，及家庭之后，他突然问及我母亲是否已入地狱，我一闻及不觉心中大起不平，只好外面说我希望她不至此，希望

---

[1] 亨利第四（Henri Ⅳ，1553—1610），本名"亨利·德·波旁"，法国波旁王朝的创建者。

天主在最后给她的光明。那个教士默焉不言，但见他做出一个难看的样子似表示我的希望是无效的。

　　一切俱完，人带我到门口，给我二十多佛郎，嘱咐我好好地为基督徒，以邀主的恩典；又祝望我前途福利后，大门一关，鬼神全灭。

　　如此，我的大希望一时完尽，所存留于我心中者仅有我改教与被骗的回忆。试想这是何等变动：我前所希望得到大福利者而今竟一败涂地，我早晨所盼望住在皇宫内者，到晚已不免睡在街中。人们以为我在这种失望之中又加上我罪由自取的懊悔，定必痛苦万分。这个于我完全不然。第一件使我心情极愉快者，就是二月闭禁于改教所以来，一切虽然全失，但一身的自由已经复得。经过长时期的奴隶生活，幸而复成为本身的主人，我觉得在这个繁盛富庶的城市，此中不缺少富贵的人家，只要我一出名，定可得到他们的青睐。我自以为飞腾的命运在前候待，二十余佛郎在我袋中似如用不竭的宝库一样。一概由我自己安排不必去求他人，我头一次觉得这样富裕，向来是未曾有过的了。一思及此，我不但不灰心堕泪，而且甚有把握与安心。我已觉得幸福已在前途待我，个人孤身能自奋斗见得更可骄傲。

　　头一件事去做者是在满足我将城全跑一遭的欲望，而且也是我的自由使用的需求。我往做杠架，这些兵式的操练，激起我的筋脉。我跟随神赛，那些教士的带旒，引动我的眼帘。我往观光王家宫殿，初迫近时甚惊惶；及见别人可入，我也跟入，并不见阻。或者因我腕上改教的标识而才有此光荣。但无论如何，我既能入此宫殿，心中极为满足，俨然自视已是此城的一个市民了。究竟东奔西驰，不免困倦，我肚极饿，天又热，我入了奶店得了一杯酸牛奶及二片我所特嗜的灰色面包，只用五六个铜元已得了一顿好餐饭。

　　其次应寻一个宿所。我稍能说此地话，当然不难寻到。不过我所寻的不为嗜好，而特别地为价钱。人说在宝路上有一兵士之妻，只要一个铜元就可住宿一宵。我果然得到一张破床过夜。房主妇甚少年，而且初结婚，虽则已经有了五六个小孩。我们同住在一间房：母亲,小孩及宿客。一直到我住在她家时,都是夜夜如此。她虽是好妇人,但喜欢咒骂,常常露胸披发,但极好心,暗中对我极好而于我极有益。

这样好几日的光阴,全为自由与好奇所使用。城内城外我所认为离奇的地方无不阅遍。凡是一个少年人初从乡下来到京都所必有的行径,我都做过。我又每晨必定往教堂与王族一同做礼拜。我觉得与王家在同一教堂行祈祷礼是极光荣。而且我此时的音乐嗜好初始发动,此间教堂的王家音乐部又却甚著名,故我日日来此大部分在听音乐。所谓美音乐者在我这样少年人本非苛求,只要声音和谐就是了。至于王家威仪,日日见到已不能引起兴趣,可是我另有一种奢望,就在得到一些美丽公主向我输情,使我得以写成一本小说。

我此时确有写成一本小说的材料,这比公主故事虽少精彩,但如能做得完,我的快乐恐比和那些贵族式者更多千万倍。

虽则是我极节俭,但钱袋渐渐缩小,我的节俭原来不尽然为钱,实则简单生活与我性本相合。虽至今日,奢华桌席,于我尚不大留意的。我生来就喜欢乡间生活,只要有奶、蛋、生菜、奶饼、硬面包及稍好的酒就足了。只要服伺者勿在我身旁麻烦,我的食量自然会大。故此时的六七个铜元实在比今日的六七佛郎食得更痛快。也可说这个不是节俭,因为这已使我得到生活的极痛快了。一些梨子、酸牛奶、牛奶饼、灰色面包,及几杯浊酒,使我已经醉且饱。可是这个费用终有尽头的一日,我见得一日迫紧一日,虽年少荒唐,但对此末日来临,使我不免骇怕到万分。暂时放下种种梦想吧,现在先求一个生活的方法,但只这个已不是容易。我先前所学的工艺尚未能到专家店中去做工,况且此处的店主并不另求徒弟。我只得一家一家去为人刻画一些盘碟,希望我的廉价可以得些生意。结果,生意极坏,不过得到数餐的饭资而已。偶一晨间,由玻璃窗看见一个商人妇,极是风韵与动人,遂使天性羞怯的我也敢于进店去问她工作。她不辞退,请我坐下,问我来历后,悲悯我的境遇,奖励我的努力,并说好基督教徒定不使我流落。及后，她请人到邻右银店借贷我所需用器具，她遂往厨房取食物为我午餐。初次的好待遇，使我预料将来的成功，她极喜欢我的小工作，尤其是我的多说话。她装饰得极艳丽，故其风韵虽吸引我，但其光耀使我不敢迫近她。幸而她招待殷勤，说话客气，与其和善温柔的姿态，使我尚不至于难为情。她虽意大利女子，并且生得太美了不免于一点顾盼自喜，但全不是放荡之流可比。以她那样的谨守与我的羞怯，自然那事不易于成就。人们也不让我们这个奇遇去成功。我常常纪念这个短时间亲近她的甜蜜，可以说这是我头一次领略到的温柔与纯洁的爱情。

这是一个红肉色而极动人的妇女，在她美丽的面容上，现出万分活泼的神态。她名巴西拉夫人，其夫妒忌得可以，当他出外时，托付一个容貌丑恶的店伙看视她。这样店伙当然不能得她的欢心，他也只有将那坏脾气来发泄。他对待我实在不好，虽则我极喜欢亲近他，因为他吹得稍好听的笛音。他每遇见我入其店时即行叱咤。但当他鄙视我时，其主妇则鄙视他，好似她的善看待我，专门在使他难于为情。这样代我报复，当然使我极痛快。但她对我好，特别在众人一块之时，仅有我们二人时她就不如此。她虽则一样亲热，但另有一种状态。这个或者她看我年轻不晓事，或则她也不晓用情，或则她实在正经。总之，她始终保存一种使人可亲而不可亵的态度。我对她的亲爱当然不如对待滑浪夫人那样真正与温柔。但我比较怕她与较为客气。亲近她时，我极束缚，颤动，不敢看她，甚且连呼吸也不敢；可是我宁可死亡，但不愿离开她。一切她的物件皆使我眼馋；她裙上花朵，美丽的脚跟，介于手套与短袖遮不住的坚实与雪白的腕肉，头的周围以及腮间也能使我起了同样的鉴赏。每一件的感动，同时又引起了他件的同情。如此，我眼不住瞟，同时，眼神缭乱，胸间压迫，呼吸觉得一时一时不自在，全身几不能支持，只有在暗中私自叹息。幸而她有工作不注意我，但有时我觉得她也甚表同情，她的服装一阵一阵膨胀高起来，这个现象使我更加难过，当我正要沉醉时，她就向我说些安静的话头，使我即时复归于镇定。

我们二人在这样情景之下甚多次，但永久未有一言词，一手势，甚至一眼角去表示出有暧昧的意思。这样使我难受，也使我得享艳福不浅，但我年少终不解此中痛苦与快乐的来由。在她方面说，当然她也愿意彼此见面谈谈，由她常愿聚会的心事可以见出她的本意。她通常对待世人都慷慨，但对我则特别有恩典。

有一天，因讨厌店伙的傻话，她上楼到自己房间去，我即时把我的一点工作做好也跟上来。房间半开，我入时她未察觉，她在与房门对面的窗前挑绣，街上车多，连我步声也未听到。平日她都装饰不差，此日更加排场。风韵姿态真搅人心肠；头稍低下，白颈愈见灿然，发鬟掠得漂亮，并簪以活花朵，这样满堆春气的面貌，使我鉴赏之下魂离壳外。我即时在门内双膝跪下，伸臂向她表出我疯狂的热情，自然她对我这个举动永未能听到与见到，苟非那个炉架的大镜台反光指给她觉得。我不知此一见她有何感动，但知她并不看我也不与我谈，只见她将头半转，轻轻手一弹将我的辫撩在她的脚上。在我呢，感动到全身颤栗，不觉一声大叫，承她暗示，轻移身子靠在她的膝上，连一句话不敢说，一眼睛也不敢瞟，自然更不敢再进一步去摩她。我的外形虽呆立哑口，但内心则甚刺激、快乐、感恩、无目的的热望，种种使我不安宁，但恐怕冲撞她，使她不悦，故我终不敢再进一步而有所表示。

她与我一样，不安静，极怕羞，见我这样状态，自然料到所为何事，当然也不好意思起来，故她对此不欢迎也不推却；她眼不转瞬仍然挑绣，假似未见我在她脚下一样。无论我怎样痴愚，也能见到她此时的狼狈，此中定然也有许多欲望，不过为害羞所阻抑不敢表示出来，而我也不能去战胜这个害羞的阻碍。她比我大五六岁，在我意她应该比我胆大，那么她既不大胆来鼓励我，当然是表示她不愿我有大胆的行为了。到现在我尚想此种论调不错。若非不是如此，她甚聪明，岂不知对我这样初试之人，若不假以词色，与相当的教练，终是不能成功的。

我记不起这个哑口戏演过多少时,只记得在我无限陶醉之下,听到与此房相连的厨房门一响,她极兴奋地向我说:"起来!这是厨房娘。"我即时起来,在她扶我的手上,我给了二个如火般热烈的吻,在第二吻中觉得她手稍向我唇上压迫。自此后我再得不到有这样的甜蜜机会。我们稚弱的爱情也就终于此了。

正因这样爱情,这个妇人甜蜜的影子才能在我心中久留不灭。及我愈认识世人及许多妇人后,她的艳影愈使我觉得美丽。如她稍有经验,对待少年必定别具一种方法。可是她心虽弱,性格极正经,她的倾向是受着无意识的牵动,这似是她第一次对于丈夫不忠实,故我要战胜她的害羞实在比我自己的更困难。虽则爱情仅终于此,而我领略这个爱情的艳福竟是非言可喻。我在后来觉得拥抱许多女子的快乐,不如我此时二分钟在她脚下不敢动她裙围一下的痴迷。世上无比可爱的正经女子更可爱,一切在她皆是骄贵的。轻轻的指势与微微的手背向我唇的压迫,仅此二事是她所给我的,但是使我一生已回忆不尽了。

此后二日间我极望再与她对面倾谈,但永不能得到机会,她似乎表示不愿意一样。她对我仍然如前,不过更加检点,常常将眼睛逃开,恐怕与我的碰到致于不能自持。那个店伙的纠缠愈不可开交,他常讥笑我,说我已经与女子有暧昧。我也觉得她与我已有意思,故愈加小心避免他人疑惑,以是一切举动均极神秘不如平常的公开。我以为这样谨慎定有希望,谁知更愈加失败。

一种古怪的浪漫性格又加以怕羞的压抑,使我对于那个店伙暧昧的预言实在不能实现的。我太过于爱惜妇人了,故不敢对她们有非分的希冀。无一人能比我爱妇人的情欲更利害更纯净,也无一人能比我对她们更温柔,更忠实,与更无欲望。我愿牺牲一切幸福为我所爱的人,她的名誉比我的生命更重要。我虽要快乐,但不敢有一点使人不安宁。故我遇一爱情的进行,须要经过许多心力,许多秘密,许多预防,卒之终至一无所成。我对女子的成绩太少,缘因我对她们爱得太多呢。

现当说及些这个善吹笛的店伙吧。他心内愈奸险，外面则愈客气。自那日他的主妇喜欢我后，即想把我引入店中用。我晓得算术，她就嘱他教我管理账簿的方法。他表示不愿意，或者恐怕我夺其位置。我虽于刻画暇时，就便代理些数目，可是他终拒绝我与他合作，诿说将教我"双算法"，一待他的主人回来定当有大用。在他口气中一听就知全不是有诚意的，不过欺骗欺骗罢了。巴西拉夫人不待我来答复他，就极冷淡地向他说：我是应为她作事的；并表示我的幸运一到，定能尽力发展；末又叹惜我的才能实在不只配做店伙。

她告诉我许多次将为我介绍一个要人，使我有所借助，料想她的智慧也想借此离开我们的危险。我的哑口戏是在星期四开演的，在这星期日她于晚餐请客，主客为主教某君。此人甚客气，一经她为我介绍后，他对我表示极真挚的赞誉，并与我谈及些我的小历史，说我们有时候再详谈。及后他以手背轻轻向我腮打了二下，鼓励我努力与正经，暇时好去访问他。看那客人们向他的重视，可知他是极重要的人。又见他对巴西拉夫人的父执样，闻说他是她的忏悔指导人。我又得知他的身世甚有名望，而对她的信用尤大。如我此时聪明一点，对这样的道德引导人，我当如何羞愧将他的正经女弟子被我弄到那样羞惭的地步呢。

食桌太小，请客太多，我与店伙另在一小桌上，但并不会食亏，许多好菜都送来，当然全不是为他。这样宴会甚快乐，女人们极欢娱，男子辈极得意，主妇周旋其间尤极风韵得体。到半席间门外停一轿，一人入来，便是巴西拉先生。他穿着大红衣与金钮，自此后，我见此红色就讨厌。这是一个大且美的男子，姿态真不错。他入时的行动暴躁得令人惊愕，虽然这些同桌的均属他的友人。他妻抱他颈，执他手，向他万种殷勤，他毫不还礼。他向众人行礼后，人给他食具，遂即就食。当他人正要问及他的旅行的状况时，他举眼见那小桌，发出极凶厉的声音问那个少年是谁？他妻极自然地向他说明，他问他在此宿否？人答未曾。他粗猛说道："为什么不？他既可日间在此食，就可夜间在此宿。"那主教者开始排解。他在巴西拉夫人正色向我赞誉之后，说人不但不可责她这种善德，并且应该赞助呢，因为此事并非那隐私可比。他的丈夫听此话后，状态比较和缓，说话也较和善，但底里仍然狠狠。我极知他怎样对待我，与那店伙怎样写信告诉他了。

当食一完后，即时，那店伙受他主人的命令表示胜利将我驱逐，他并且加上许多难堪的词色。我无言而出，但心中烦闷不堪，大部分不是为与这个可爱的女人离开，而是为她这样留在此间受了这个粗莽的丈夫的摧残。为丈夫的防御其妻不正经，也或有理。但她虽则是极贤明与好教育；究竟她是意大利女子，这是说她是善感动与喜欢报仇的女人，他不应如此待她，使她竟去实行他所恐惧的事情。

这就是我头一遭的奇缘，我再经过此条街二三回，但所要见的她，不知何处去，而唯碰到那我所不愿见的他与那个店伙，这个店伙竟用了种种威吓的表示。我觉得人既如此监视，就不免勇气全消，不肯再去冒险。我要想去谒见那主教，可惜我不知他的姓名。不久，他事纠缠我再记不起巴西拉的韵事，连一概美女子也不能使我动情。

这回调情的实益，还在算是她增加了我些服装。她谨慎到不敢使我排场，只求我的洁净。我素来的服装，本也是极简单的。从日内瓦穿来的外衣尚好，她只加给我一顶帽及一些内衣。我并无袖套，极愿她给我，但她以为求于干净起见，宁可勿戴上袖套，我在她前自然也唯在一味求干净以悦其意。

在此遭失败后不久，那个与我表同情的宿店主妇，说已为我寻到一个位置，一个有身份的夫人要见我一面。一听及此，我以为第一等奇缘来到，因为此时我一心一意只在这些机会着想而已，但这回实在不副我的所望。一个用人来带我与那夫人见面，她考问我，试验我，尚称合格，即行工作，我的地位不是嬖幸乃是用人。我穿上用人的服装不过比他们少了一些铜扣子，因服装上无特别标识，看去好似有钱人的装束一样。这就是我所盼望得到奇缘的新职位。

我所入的家是卫西丽公爵[1]夫人。她乃寡妇，又无子女；丈夫为北意籍；我初以为她是法籍，因意大利人断不会说那样好法国话。中年纪人，有贵族貌，她有甚美的思想，嗜好法国文学而极内行。她写作极多，都是法文。所写的信极有谢米耶夫人[2]的神情，有些文字真辨别不出谁来。我的主要工作，是她口念我写，这个使我极喜欢。她因患奶痈[3]，自己已不能写了。

卫西丽夫人不但聪明而且强毅与勇气。我跟随她到最末了的喘息，见她自痛苦至于死亡之时，永未表示过一点点懦弱与乞怜；永未越出她妇人的忍德与和气。她虽不知什么是哲学家——尤其是现时时髦的哲学家，但她确是真正的哲学家。她太强毅了未免陷于枯燥，对人对己未免缺乏情感；她如施舍，不过是看施舍本身为善德，不是悲悯他人困苦而为的。我在她三个月的工作里，当然不喜欢她的那样不情。她对我照理当表同情，因为时时刻刻一块同工作而且她知道她死后我是无倚靠的人；但究竟，或者因她以我不配特别的照顾，或者一班人缠到她无心念及我，终之我没得到她一点的恩惠。

初时，她也要知道我一些稀奇的小史。她有时考问我，极喜欢我那封写给滑浪夫人的信，并喜欢听我告诉她怎样的情感，但她并不以我的情感为可重，她也永未表示她的情感。我心情极愿向外扩张，当其得到一个同情时。她的枯燥冷淡的考问，于我所答的不置可否，使我实不能信托她。当人对我所说的，不加是非，我常是极怕的，此时我唯不开口罢了。自后我观察得这样冷淡的考问乃是自以为有才能的妇人所具有的普通脾气，她们以为自己的心情毫不表示，正可透彻别人的心情，殊不知他人因此也无勇气敢来表白呢。一个人被人考问，必定起了戒心，以为人必探求他的秘密，他于是不得不说假话，或闭

---

[1] 此处译者翻译有误，原文应该是卫西丽（韦塞利）伯爵，而不是公爵。
[2] 今译塞维尼夫人（Madame de Sévigné，1626—1696），法国书信作家，著有《书简集》。
[3] 奶痈，也叫乳痈，中医病名。是发生于乳房部的急性化脓性疾病。西医则称为急性乳腺炎。在其他译本中，此处说卫西丽（韦塞利）夫人患有乳腺癌。

口不言，或太过检点自己，以为宁可做傻子，但不愿为他人作傀儡。故最不好的方法是要知他人的心情而先将自己的藏隐起来。

卫西丽夫人对我永未表示一回亲热、可怜，与善意。她冷淡的考问我，我极谨慎的答复她。我太恐怕了，以致不能好好答复，遂使她终以我说的太平常而起讨厌，及后，她永不问我，唯有与我谈及工作而已。她只以她的事为主，并不判断我的才能如何。她既然以用人待我，我也无法避免她这样的看待了。

我的一生既然听利益的神所播弄，使我由此更不喜欢用手段以取得利益。卫西丽夫人无子，她的承继人为其侄拉碌公爵[1]，他对她极尽殷勤。此外，她的管事人见她快死，争求恩宠，以得遗嘱，这些人麻烦到她无心眷顾我。她的重要管事人罗兰儿甚能干，她得主妇的宠惜几同于女朋友。其侄女潘大小姐承其嘱咐也来伺候主妇，她有的是一张小嘴，样子完全是管事婆，帮助她婶母包揽一切，使她主妇只有以他们的眼是视，他们的指是使。我当然无幸福能与这三个管事者合得来。我对他们服从，但不能服事他们。我以为除服事女主人外，不应再去服事这些服事她的人。他们见到我也不是服事人者，又恐怕女主人眷顾我，致他们减少利益，因为这些人只知利益不知公道，以为他人得益，就是他们的损失，于是他们聚起来排斥我。她本喜写信，他们则请医生来缠她，并说这写信是太苦的事情不应做的。诿说我不能来，就雇了二个轿夫来扛她出去。当她立遗嘱时，他们不准我入其门至于八日，过此才准我照常进来。但我来此极殷勤，为的是这个可怜的妇人的痛苦使我极表同情；而见她忍受痛苦的勇气又使我对她极恭敬与亲爱。我不知多少回避开了别人眼光，在私下里为她流了多少泪。

终于使我们遗失她去了。我见她最末刻的挣扎。她生时是有智慧与勇气，她死时又是贤哲的行为。因她的尽职与严肃，使我敬重基督

---

[1] 拉碌（或译拉罗克、拉洛克）公爵应为伯爵。

教的训练。她生来当然也是正经的。在她病沉重的时候，她仍然喜笑如平时，或者她不能不勉强喜笑以减少她的悲哀。及到最末之二日，她才不肯起床，但照常与人交际，毫无愤激之气。到后，她已不开口，与死神正在挣持中，致放了一个大屁，竟使她反转身来说："好！妇人放屁者定不会死。"这就是她最后的一句话。

在她遗嘱中，每个用人得有一年工资，至于我因不在府睡，分文全无。可是拉碌公爵特给我三十佛郎，并允保存我身上所穿的新衣服，而为那管事所要剥去的。公爵尚许我代寻位置，叫我去看他。我曾去二三回，并未谈话。我极易受挫折，随后就不再去。请看下文，就可见到我的疏慢不对。

关于卫西丽夫人家的事情，我尚有些未说出呵！外面看去似无事情，但我出来比入去不那样干净。一个永久不灭的罪恶与懊悔，使我四十年来，良心上的伤痕尚未痊复，一到老来更愈觉得严重。谁能信这个小孩的过失到后头竟有那样的苦痛？它使我老年的心竟到无法可以安慰。我的罪恶就是使一个可爱可敬而或者比我更好的女子陷于惨痛及说谎而或至于死亡呵。

本来在大家庭间，谁能免于一些损失，但家中有那些好管事如他们三人者当然连剩骨残果也不会遗漏。话说潘大小姐不见了一条红色而已旧的彩带。本来许多物都在我的掌握中，但我只偷了这件，偷后也不关心，自然易于发现。人问我从何处得来。我极狼狈，口也凝滞说不出，及末，红着脸说这是玛丽红给我的。玛丽红姐乃卫西丽夫人的厨娘，做了一手好汤菜。她不但美丽，只那新鲜的颜色唯有于山中女子才可得到，况兼她的温柔与谦恭，人一见她未有不起爱惜的。她又是好人，明白，忠心无比。当我指出她时，人极骇疑。她的信用当然比我大，所以人们实在要知道我们谁是偷窃者。在一群人中间，拉碌公爵也在其内。她来了，人给她看彩带。我冤告她，她声息不动，哑口无言，仅视我一眼，我野蛮的心肝竟愈放肆，一口咬定；她终不能不否认，状极镇定，但毫无怒容。她恳求我自己好好想，不要冤枉一个清白的女子，她向来与我本无仇怨的；我一方面，仍然极无廉耻地硬说实在是她给我的彩带。可怜的少女不觉哭起来，仅向我说这话："呵！卢骚，我以为你是一个好人。你竟使我这样可怜，但我实在不愿在你的位置[1]。"她仍极力否认，状虽严重，但极客气，对于我更无怒骂之容。这样温和，一比我的强硬口气，她当然不免于失败。我这方面恶鬼般的凶暴，她方面更愈表示出仙女般的温和。究竟是谁的罪？到此人又信我比她更大了。在这样丧家混乱事务中，自然人们无暇去深究其底蕴，拉碌公爵只有将我们二人一齐辞退，只说良心的惩罚，值得实在的刑罚。他的话实在不虚发，我良心上的惩罚，实在永远无止期。

我不知那被诬女子怎样生活，大都是不能容易得到一个好位置的。她的名誉污点太多：这虽小窃，但终是盗，但比盗更其利害的乃有一个诱惑青年的嫌疑；此外，又犯上了撒谎，图赖，一切下等的行为俱全。我不知她怎么逃过这个危险关头，谁能保管在这样幼稚年龄，为此丑事，不去堕落到别种事情去？只要这个使她受"苦难"的懊悔已经使我难受了。况且，我所累她的还不止这一件事呢！

这个残忍的回忆，有时使我不安宁，有时使我到不能安眠，好似她的受罪事情如在昨天发生一样。当我在顺境时尚不觉察，一到我失意时，它就来袭击使我不能得到慰藉。我在别书上曾说到"懊悔，在胜利时睡眠，在失败时翻跳"。其实我永久未曾向一位友人说及此事借以为自己慰藉，虽对滑浪夫人也未谈到。我只向人说及我做过一件不堪的事，但终未说过是什么事情。这样重担常常迫在我心头。为稍放松这个重压起见，也是使我来写《忏悔录》的一个原因。[2]

---

[1] 此句的意思是不学卢梭的为人。

[2] 这个事件确实让卢梭为此自责了一辈子，在其晚年撰写《一个孤独的散步者的梦》（1777）时，他还深感愧疚地说："我在少年时说过一次坏良心的谎话，在我这一生中，我一想到此事就深感不安，一直到我的晚年，它还在以各种各样的方式折磨这我已经受了伤害的心。"（参见卢梭：《一个孤独的散步者的梦》，李平沤译，商务印书馆2008年版，第39页。）

我今来写些对于此事的辩护话，不是为减少我的罪过，乃为实现对于读者表出我的内心与真事实的计划，以副此书的宗旨而已。这件事实当然为我生平最大的残忍。但我如此冤枉她者，说来真奇怪，我对她的爱情实在为此中的原因。这个爱情常存在我心中，无论何事，一到我手，我就要拿去向她表示了。我诬说她偷彩带，因为我实在要偷给她的。当我见她来时，我心已碎，但在大庭广众之中，阻止我承认说谎的机会。我不怕罚，只怕害羞，害羞使我比死刑、罪恶，与全世界难堪的事情都觉难以承当。在这样群众监视之下，我羞得几要钻入地中去，这个羞惭，使我不顾一切，使我去诬蔑人；当我愈成为罪人的可能，我愈不抗辩我不是这样人，而愈使我成为不可阻遏的强横。我所怕的，在众人之前，我竟自认为是盗贼，撒谎，诬蔑，一气周全。这样惊慌，将我常态全行推翻。如若人将我好好位置，我当即承认一切。假如拉碌先生将我一人拉到一处，并向我说："不要伤害这个可怜的女子吧！如你有罪，照实承认吧！"我敢断定我必即时跪在他的脚下服罪。可惜人不以此鼓励我，而唯从我难受处来摧残。年纪一事也与此事有些关系。我出了小孩期未远，可以说仍是小孩。少年真正的罪恶，当然不可宽恕，但少年人的弱点，实为事势所必有。至于我此时，实在有少年人的弱点呵。至于这个可怕的纪念，不在罪恶本身，而在犯者自己的行为，这个使我后来终身对于一切罪恶极为谨慎不敢去犯，而对于说谎也因此大有戒心。四十年来我的忠实与人格，虽使我受了千苦万难也不改操，想也足以补救此遭的罪恶了。料想玛丽红姐也可以宽慰她的冤枉，这已经在我后来不敢为非一层上，得到她的报复了。这是我对此事中所要说的，尚望读者恕我以后不再多赘了。

第三书（一七二八～一七三一年）

（从卢骚十六岁时起，时间与第二书相同。——译者）

从卫西丽夫人家出后，我又转向旧时宿店住。在此五六星期间，健康的身体、年少的血气，及空闲的时光，使我脾气变坏。在焦躁、傲慢，与痴迷之中，我哭泣，叹息，与不知要求什么幸福而为我所觉得欠缺的，这样状态实在不能用语言形容得出，别人也极少能领略此中的滋味。因为在大多数的少年生活中，通常是烦闷与快乐参半，但苟能陶醉于肉欲之内就满足了。可是我所热望于少女与妇人的，不是如俗人所要求，另外有一种奇异的梦想，而毫无实质的希冀。这样使我性感的痛苦格外不易消灭，但其幸福也就在这个梦想而不易于实现之中。此时若有人如先前胶东小姐对我的热情，我似极愿将全生命博得她一刻的欢娱。但这个孩童时的狂态，到如今年纪渐大，不愿做坏事的良心又加强，羞耻也愈来愈利害，使我再不敢去重做一遭。自从此时起到后来，我虽然对女人有所表示，但当她们情愿酬答时，我为羞耻心所约束，至于不敢有再进一步的要求，纵然知道这样调情非有意于实行，不过口头儿玩玩罢了。

在此时期，我的冲动激烈到因不能满足欲望而表示出那些奇怪的行为。我喜欢在幽径暗道中远远对着女人表示那似要与她们亲近的样子。她们所见的不是那种猥亵的物件，此物的表示在我连想也未想到。我所表示的是那些奇怪的傻样，奇怪到非笔墨所能形容出来。实在说，这个离实行的状态也不过一步而已。若我大胆继续做，势必得到额外的报酬。果然，这样癫狂终于不免得到一个可笑与可悲的教训,于我实不见得可贺者。

一天,我寻到一个曲院的深处,院中有井为妇人辈取水之所。在这个深处有一下路引到那些四通八达的暗窟中。我下窟去见其黑暗小径长远似无尽头,自为如被迫时,可以逃入避难,定免被人所获。把握既有,我就向那些取水女子做出那可笑不是可爱的丑态。贤明的女子们装作不见;有些以为笑乐;有些则见得甚耻辱,骂声与叫救声四出飞扬。我即避入窟内,别人随后跟来。忽闻有一男人声音,这是我不及料而极惊惶的;我不顾危险,只向暗中趱去。叫嚷与谈论的声响,及男子音,永远蹑踪追来。我也继续再进不已,自以为仍然是暗道,殊知光明在我眼前,更加使我着急。终于猛趱进去,不幸一墙阻住去路,走投无门,唯有待命。一瞬间,我已被人赶到,竟被了一个戴大帽佩腰刀的大胡子所拿住,帮手的尚有四五个老妇人均执帚柄在旁咆哮。我认识了其中的一个精悍女冤家便是去出首我者,想她要来与我认识认识一面了。

带腰刀的男子坚执我腕,严厉考问我在此所作何事。我事前毫无预备,但于势又不能不答,只好硬着头皮想出一个小说的方式去对付,结果得了大大的成功。我先恳求他们恕我年幼无知,继说我是一个有身份的外国少年,头脑有些变态,新从家中跑出来,因为家人要监禁我,如他们拿我去出首,我必定遭殃;末再恳求他们放我,后日定当报酬大恩情。一再解释之后,我的言词及状态得了效力。可怕的胡子极表同情,向我稍为申饬后,好好放我去,并无别种为难。观察他们老的少的对他释放我的神色不悦,若无这个我先前以为最可怕的人出来,我定不能这样便宜。她们群雌鹦鹦不服,在我毫不以为意:因为利刀与胡子既不来干预,以我这样矫捷,大发针与大帚柄也就无能为力了。

几日后,偶在街上我与邻居某教士同行,不意碰着那个佩刀的人,他认得我,并装做我的声音说:"我是亲王,我是亲王;至于我,我是傻子;可是极望王爷不要再来!"他再不说什么,我则低头而过，料想他必被那些老妇人骂为太老实无用者，故此时有这样口气。但我心中极感谢他守秘密。虽然他生长于北意大利，终究是一个好人，我一想起他，未曾不起感激。因为这件事充其量不过可以取笑而已，但在他人也可以借此败坏我的名声。这次的浪荡被了教训之后，使我不敢再做一遭，并使我做了极久的好人。

当我服务卫西丽夫人时，又认识了好几人，其中有萨洼野[1]教士居莫先生者，乃玛侯爵的小孩教师，我常与他往来。他尚少年，不甚知名，但极有常性，道德与贤明，为我相识中最正直的一人。我亲近他不是为利益，而且他连为我介绍给他人也不能为力的，但我终身受他益比什么都大，他给我的是真正的道德与合理的格言。我的倾向与观念向来不是太高，便是太低，不是亚西儿（勇士），便是狄西特（懦夫），不是英雄，便是小人。居莫先生把我放在我的位置，使我认识自己，不要夸张也不要自弃。他赞誉我的性格与才能，可是他说此中有许多阻碍不能因以为利的，故依他的判断，这样性格与才能于我不能取得富贵，只能使我有得生活而已。他给我一张真正的人生图解，说明我的人生观完全是错；他指示我在逆运之下，如我果是智慧之士，尚能保存幸福与相当的成功；他说，唯有智慧之士才有幸福，智慧乃是一切之母。他减少我对于大人物的重视，为我证明凡治人者不会比那被治者多智慧与幸福。他又给我一个永久不忘的警语，即："如各人能够看透别人的内心，则必有许多人情愿降低，不愿攀高。"这句话在我三思之后愈见其中实有至理，并非荒唐，它给我终身应用不尽，使我常常以自己的地位为满足不至于外求。他又给我正直的原理，我的糊涂天才先前已经将它看偏了。他警惕我说太高的道德于社会不大有用；凡太求高的，跌落也容易；凡细小的责任，若能常做得好，与大英雄所做的大功业同为一样的难能。他结论说凡名誉与幸福才是值得，能得世人长久的钦敬比受群众一时的欢迎更值得万分可贵重。

---

[1] 萨洼野，与后文中提到的萨洼都是指法国的萨瓦省（Savoie）。

要求实践先当明白其原理,因先前"改教所"的影响到我此时的生活,当然引起我们谈及了宗教的问题。他对宗教的主张,我已在《野美儿》书内用萨洼野教士之名说过了,事实上他因有所顾忌而未说过这样显明,但大纲上,意见上,主张上大都相同,他并劝我回国,也与《野美儿》中所主张的理由同样。总之,这个谈话不必在此再来一遭,他的教训初时于我虽无大影响,但已深深给我一个新道德及新宗教的根苗,只待后来更亲爱的手来栽培就能得到那好的结果了。(卢骚在《野美儿》所说的乃是一种"自然的宗教"。——译者)

虽然是我对他的指示不会即时起信仰,但极为感动。这样会话,不但不使我讨厌,而且他的清爽简明,尤其是从内心的情感表现出来使我满心极畅快。我有的是一个亲爱的心灵,所输诚的不是对那班有实力能给我资产的人,而是那班肯与我同情者,故我认一人可以相与时,常常不至于错误。我对居莫先生极为亲敬,似为他的门徒一样,这个于我在这个偷闲而将倾陷于非为的生活的救援尤觉得其功劳之大。

一日无意中,拉碌侯爵[1]召我去。因为去了好多次不得谈话,我已生讨厌不再往了,我以为他已忘记我,或对我不好,殊知乃大谬不然。他极念得起我对他婶母的尽力。他接待我极好,并向我说为我寻一位置,但不是敷衍了事可比;继说此事如果成功,只要我努力定能成为有希望的人物;后来谈及此间要去的地方门阀甚高,不用旁的援助已能使我成功,虽然初去不过是用人的位置,假如人以我的情感与行为实在超出用人之上,不久定不如此待我。在这末段的谈话使我在前半截所听的大希望受了极惨酷的打击,我自己心中说:"什么!常是用人!"继见他的神色有把握,我自己也就忖度断不会久在人下了。

他介绍我到古翁侯爵[2]家,主人是王后的侍卫。老人贵重的丰采

---

[1] 即前所提到的拉碌公爵,实为伯爵。
[2] 应为古翁伯爵。

比他的优待使我更加感受。他审问我极亲挚，我答复他极诚实。他告诉拉碌侯爵说我样子很可爱，似乎聪明，但求在后来他的预料不错就好了。后转向我说："我的小孩，凡事起头难，你的似乎比较容易。谨守规矩，使此间人都喜悦你，这就是你的独一工作；此外，再加努力，人就要来提携你了。"即时他为我介绍给他的媳妇和他的儿子古汪掌教认识。这样款待可以见到不是对待一个用人的。事实上，人也不以此待我。我有办事桌子，也不用穿用人服装，他的孙子少年淘气要我坐在他的车后跟随出外。老人不肯允许，说仅许在家内帮忙，外头一概不用管，虽然在用膳时，我在桌旁招呼，全似服事人一样，不过极随便，不用紧认定谁是我的主人。除了一些信件人念我写，及为他的孙子剪纸做影子人外，一概都任我自由做事。这个偷闲，本可含有大危险在里头，因为少年无事做，可以得了许多歹事发生。

幸而歹事不至于发生出来，因我仍常到居莫先生家得了许多好教训。他人不知以为我有什么秘密行为，谁知他暗中引导我到极善良的地位呢。起始，我极谨慎、努力、殷勤、热诚，尽人皆欢喜。居莫先生警告我不必如此太卖力，恐怕后来不继。他向我说："人所望于你的起点不过能守规矩就好了；最要是往后比以前更努力，至少也不可比前颓放。"

到此，人终未试验过我的才能，虽然老主人有意而未实行，最多也只认我有些天资罢了。况兼事物纷至迭来，使人也不能顾及我。主人有子方为维也纳公使，近因宫廷中的变故，他们恐他不免有些波及，遂使家中忧闷了好些日子。可是我仍然努力尽我的职务。一直到下头那一桩事件发生，我的责任始见有些放松，但这使我有益的，是心猿不至于外骛呵。

主人有孙女白勒小姐，年纪与我略相当，姿态好，稍美丽，极白皙，头发黑得可鉴，皮肉虽稍红晕，但温和的神情衬在雪粉色的脸上。这雪粉色，于我具有特别吸引力，每一见及，终难免于不心动的。此时宫装极宜于少女的打扮。显得她腰子窄，出落得她奶部及肩膀分外清丽,所穿黑色孝装,又衬托了她的肉色更光辉。人说这些岂是一个用人所应看的。我错,或者,但我不只自己看到,而且厨夫及房佣在我们会食时也屡说到,其猥亵的言词使我为她难过。可是我断不以此向她有所痴爱,我知我的地位,也不想越出我的地位,我所要的只在看她的姿容,尤其是在她的妙语中领赏她灵心、妙感,及贞正的表现就够了。我的奢望只求在能够服事她,尽我用人的本分去服事她。当用膳时,我常设法怎样能够去表出我服务的精神。如她用人一时离开,人见我即刻坐在他的椅上。除此,我常对她面立,表示我的殷勤,观察她眼中所要求,侦视她何时要换盘碟。我这样努力,自以为必值得她一顾,一指令,一句话,不!她终未有向我一点表示。我在她眼中直等于无物,她且不知有我站在她面前那件事。偶有一回,她的兄弟在桌上对我说些不太客气的话,我答复他极微妙,使她不免有所感动向我丢一眼箭,这一瞬间的恩典,使我已快乐不尽了。翌日,机会又来,她给我第二次的眼箭,使我更享用不尽。这是晚间的大请客,厨夫佩剑和戴帽以进菜,这个排场已使我极新奇。在席间,偶而谈及本家写在墙毡上的"阀志":"Tel fiert qui ne tue pas"这句标语,那些北意人当然不深通法国文,有些人竟说"Fiert"错写多一个 t。

老主人正待答复,他见我微笑似有所言,遂命我代说。我遂说 t 字不是多写的。"Fiert"一字乃是老法文不是从"Ferus"来,它不是解释为骄傲,恐吓;但从"Ferus"动字转来,乃含有鞭打及伤害的意义。故志上,不是说"谁骄傲,谁不会杀人",乃应说为"谁鞭打,谁不会杀人"。[1]

全桌之人看我后相向无言,惊愕之状得未曾有。而使我最愉快者乃见白勒小姐神情上感觉满足。此人先前那样鄙视我而今更肯向我丢了第二次眼箭,这次比头一回的价值又是有加无减的。继而她转眼睛向她大父似怨他何以迟迟不赞誉我的样子。她大父确实大赞我一番,

---

[1] 此句的意思是:不是"威而不杀",而是"击而不杀"。也就是只鞭打之,而不杀之。

而使全桌之人共同拍掌。这个时间虽短于我实觉万般快乐。这也算代为在低贱的地位者报复，而使有才能者得了应当的酬劳了。几分钟后，白勒小姐举眼向我极羞怯而且极娇爱说为她倒水饮。我自然求之不得，及近她时，我手极颤动至于把她杯盛得太满至于水流及其食巾与衣服，她的兄弟极淘气地问我为何这样手颤，这个问话使我更难为情，而白勒小姐的羞红已涨到眼睛内的白球矣。

这个小说做到此已完，人可见我此回，与巴西拉夫人，及后来许多回一样，我于爱情的幸福实在极少得到的。我虽在她的母亲客厅上行走，但永未再受白勒小姐一次的眷顾。她出入时未曾视我一眼，我也不敢对她正视一回。有一日她于行过时丢落手套，这个本可给我向她一个表示的机会，但我怕羞到不敢离出座位，而让一个粗莽的用人去拾起，在我心中又怒他与我争宠，似要将他杀却一样。尤使我更加怕怯的是永未曾得到她的母亲的欢心。她永未叫我做事，也不承受我的殷勤。曾已二回，她经过此客厅极冷淡地问我此间有何事可做。我不得已唯有退出此地，初虽未免极抱歉，但不久而有别种消遣，遂也不再去记起了。

这个失败的安慰，乃在得到老主人的重视。他常常眷顾我呢。在那晚晚餐后，他与我谈了半句钟，状似极欢悦，在我更加愉快。这个好老人本极聪明，虽无卫西丽夫人那样巧心灵，但比她有情感，所以我在他的成绩也比较为佳。他使我跟随他的儿子古汪掌教。他儿子实在也爱我，若我能好好乘机会，他于我实在有益而能使我成为一个有身份的人。翌日一早，我依命往见古汪掌教。他不以我为用人，使我坐在他的火旁，并极亲爱地考问我，他见到我的教育，一切均有根基，但都无所成就。知道了我的拉丁文尤极粗浅，遂从这方面的深造处下功夫。自隔日起，每晨我到他那边受教诲。如此又形成了一个极奇怪的现象为我生平所素常见到者：在同一时，我的地位一边高来一边低。我在此家一边为用人，一边又为弟子；在我奴隶的地位中，我又得了一个可教皇子资格的人作老师。

古汪掌教，因为家中预备他做大主教故使他的教育极高深。他在仙娜大学[1]住了好几年，专门研究清洁宗的学派。这个宗教学说使他讨厌，而转攻文学，这也是意大利的大主教预备者所常见到的事情。他喜诗，自己也做些稍好的拉丁文及意文的诗句。总之他极能助成我的文学嗜好，使我好好养成为一个文人。或因我的多言使他误会我的程度稍高，或因他厌恶初等拉丁文，他起手教我翻译菲特[2]的寓言后，不久就使我读了微支儿[3]的诗集，这是我完全听不懂的。我此后也继续学拉丁文而终不能了解。但我尽力用功，他对待我的善意，使我终身感念，每晨大半时光，我受他教，并为他抄写。他念我写的工作比我自己学的更得益。因此，我学得好意文，喜欢文学，而且识得去判断好作品，使我后来自己用功时，才知得到此时的利益实在不少。

在此时候，我心毫无他想，一味以达到向上为目的。掌教先生极喜欢我，逢人称道。他父亲喜欢我到闻说已向其君王说及。白勒小姐的母亲也不如先前的蔑视神气。我成了一家人的宠幸，而引起一班用人的妒忌。他们见我得了主子的眷顾，不过几时就非他们所能齐等平观了。

闻说此家之人所以对我如此厚待者，因为他们意在养成公使或国务大臣的家风，故极愿有一个才能之士以为之用。主人深谋远虑固极可敬，至于好士之心尤为可佩，不过我当时确未见及此，而且我实在不惯这样长期束缚的生活。我所寻求的福利是要从奇遇得来的才觉可贵。此间既得不到女子的怜爱，其余一切于我均觉烦闷无味而且也未免旷时弥久。本来，寻求福利的方法，最好是不要女子参加，女子的拥护终不如世人的同情。可惜此时，我不知这个道理。

一切均顺利，我受试验的时期已过，一切人都视我为最有希望的

---

[1] 即锡耶纳大学。
[2] 今译菲德洛斯（G. J. Phaedrus，公元前15—50），罗马寓言诗人。著有《寓言集》五卷。
[3] 今译维吉尔（Virgil，公元前70—前19），古罗马诗人。

青年。可是我的前途不是他人所能为力的，另有别种门径引我去进行，我确实有我自己的道路呵，这是我个人特别的性格应该于下无讳地来申说一番。

在杜兰虽有许多改教的同学，但我与他们毫无感情，又并无与别人相往来。只有几个故乡人认识，此中有莫沙先生者与我尚有点亲谊。他业细画，一日又与一个在日内瓦同为学徒的巴客君来谈。巴客君少年滑稽，使人喜悦，忽然间使我喜欢他至于不能离开。他不久就要回日内瓦，我觉得失他，事甚重大。于未行前，我同他更不肯一刻分散。人阻止他来看我，我就逃出门外去看他；人警戒我，我并不怕；人吓辞我职，这个威吓使我更觉得与巴客一同旅行的愉快。这个愉快的增加乃在我不想回日内瓦，而想往见滑浪夫人。我想到旅行时那些山岭、田园、树林、水泉、乡村，继续不尽的快感，使我一生葬埋于此也值得。前时来此的回忆，又使我再想尝一遭。既得了独立的自由，又得与一个同年纪的同伴，同样嗜好与同样脾气，毫无拘束，无责任，无禁忌，一任兴之所之。若比我今日所盼望的前途遥远无定，也无把握。我一想及，以为必是疯子才肯将我这样少年自由快乐的一刻钟与那样未来而不可知的命运相交换。

我既这样存心，更愿做到使人非逐我不可，这个当然极容易做到的。一晚当我回时，管家来告老主人已辞我职。这固为我所求而不得者，我固知自己不对，但尚诿说这个会客是我必要的行为而埋怨他们无理的干涉。管事并说明早于未行前须往与家主孙子一谈，我虽遵命而往，但我已成见在胸，毫无改变的可能。管家在我们会见后，给我些钱，这次我极食亏，因为人不照用人工资而给呢。

主人孙子虽少年淘气，但此回对我甚客气与说得极有理啊。他激动我对于其叔父善意的感情与其大父的善德。末则，警告我的前途危险，唯有离开那个少年的引诱才可得到我和平的生活。

我虽此时怎样昏头脑，但老主人的善意，他纵不说，我岂不知，然此不能敌过我旅行时愉快的野心。我已失了本性了，故我表示出极决心、极冷淡、极骄傲、极不情地说人既辞我职，我当承受，不必反复，无论如何危险，我终不留在一个人家再来第二次的驱逐。这个少年听了甚愤怒：骂了许多我应得的话，从我肩背推出门外，在我后跟关上了门。我则喜欢得到胜利如打胜仗一样，又恐怕再受第二遭的留难，故连古汪掌教处也未曾去谢他恩意。

要知我此时的狂态到如何地步，则可从一点极小的事情而引起我无穷的热念，与向着毫无意味的事件而误认以为极大的希望诸端上可以看到。这是一个极离奇、极幼稚、与极癫狂的计划，来增加我的奢望以为可以借它成功的。谁能信我这一个十九岁的人竟是希望靠仗一个空瓶以为生活的傻子！请你们好好来听吧。

数星期前，古汪掌教曾给我一个喷水器，器甚美丽，使我爱不释手。我与智囊巴客商量携带此器，旅行各地，不怕无人招待。世界上事哪有一件比此器这稀奇？这使我们信它实在是一件奇货可居了。我们相信到各乡村去，聚集一班乡下人来看此器，则盛馔与欢迎当源源不竭。我们以为他们欢迎者何所顾惜，如他们不愿这样对待，适见其吝啬可鄙而已。只要我们肺中吹气和器内出水，到处都可得到酒肉和女人的交换。我们因此可以免费而遍游比孟、萨洼、法国，如此继续游历全世界也不难。计划既定，我们不想从亚儿坡山过，而向北一路取程。

一七三一～一七三二——这就是我出征的计划，毫无懊悔地与我的恩人，教师，学问，及有把握的前程一切别离，而再去做流氓的生活。别矣京都、别矣皇室、奢望、野心、爱情、美人，及一切我去年所希望得到的事情。唯有喷水器与我友巴客及些少的旅费伴我同行，而使我重新希望在这种流氓式的兴趣中去求得一些大计划的实现。

这回旅行的快乐一如所料，但稍稍有不同：喷水器虽能使店中主妇及其女佣聚视而快乐，但食住之费仍然要出。我们并不以此为意，以为待钱完时，把戏才见功效。一个意外的危险，使我们连玩把戏的困苦也豁免,那喷水器已在巴拉曼[1]地方损坏了。这也正好时候,我们口虽不敢说但心内已觉这件器使我们麻烦够了。这个损失并不使我们减少游兴,也并不以衣敝鞋穿为念,一路上仍然是喜气融融。但因钱袋空虚的警告,使我决定取一个速到目的地的路途。

到山北里[2],使我起了怅惘,不是怅惘我过去的非为,过去的事极少使我顾及的;乃是在想滑浪夫人怎样接待我。我看她家是父家一样,当我入古汪家时曾写信告知。她答信奖誉我,并给我许多的好教训,教我应好好报答恩人。她看我的幸运已到,只要我自己不去摧毁。今日见我在此状态,她将何以为情?我固不怕她挥我出诸门外,但我所怕的是她对我的忧愁与其埋怨,这些比使我失所更为难受。我决定无论如何她对待我,我只有忍气耐受,使她不致动怒。我在此时,全世界只有她一人可以倚靠,使她对我不快,这是一件不可能的事情。

同时我又极挂心那个同伴,我当然不愿重累他,但排脱他似不容易。我为先事预防起见,放在这个最末后的日子,对他表示极冷淡。他也明白,他本不是傻子的;我又恐他埋怨我的反常,我的判断竟错,他对我毫不埋怨。一入安娜西城脚步尚未停时他向我说:"你已到家了。"他吻我后,向我道别,转眼遂不见踪。以后永未听见他的消息。我们相好至别离仅有六星期,但我受其累可说直到遥远无穷期。

将到滑浪夫人家时,我心异样跳动。双脚震栗,面前一阵黑影蒙住,眼不能见,耳不能闻,有人不能识别,逼得我三步一停,努力呼吸,恢复知觉。这是为求人资助生活而使我至于此吗?在我这样年纪,饿死观念使我这样惊怕吗?不,不!我说真话,与骄傲地说,在我一生中,永久未为生活的欠缺而使我困苦与忧心。当悲运来时,迫我无住与无食,我仍然是如盛运时的眼光一样看去。于必要时,我可

---

[1] 巴拉曼,今译布拉芒(Bramans),法国城市名,位于法国东南部,毗邻意大利。
[2] 山北里,今译尚贝里(Chambéry),萨瓦省的省会。

行乞或盗窃，但断不会使我向金钱乞怜。我的悲哀与痛哭的多，固非世人所可比，但贫穷与其顾虑永未使我叹一回气与堕一点泪。我的心灵以为乐与苦皆在钱财之外。往往当财富已足时，我始觉得天下至苦的事在当头。

一见滑浪夫人的神色，即时使我归于镇定；一听她的声音，使我满身感到爽快，即时极迅速地跪在她的脚下，热烈烈地亲吻她的手。在她呢，我不知是否知道我的消息，但见她并无惊异及悲忧之色。

"可怜的小孩！"她极温柔地向我这样说，"你已再来！我知你太少做此旅行，我现极安心，你尚不至于难为。"随后，她问我近状，我极忠实地择要告诉她知，中间被我删去几件，其余极详尽地说出，并且自己认错。

现当谈及我的住居问题。当她与女佣商量时，我连呼吸也不敢。当听到把我住在她家的消息时，我的欢喜几不能自持。看及我的行旅搬入室中，恍惚如圣本得安其椅坐近他的情人的同样恩宠。[1]更使我喜欢的是在得知这个待遇不是暂时乃属永久的。在她以为我心神注意他事不会听到她的话时，忽听见她向家人说："人言如何则如何，既然命运之神使他再来，我决定不使他流落。"

我安然在此居住了。此时仍然不能算为我一生最快乐的日子，但已经在前进预备中了。人类情感的享用乃属于自然所赋予，也可说是与生命俱来的。不过不逢其环境，则也无从而发展。机会不来，则其人纵然生得有好情感，然而有至于老死，尚不知情感为何物者，这正我自生以来到此时的情状呵。如我不逢滑浪夫人或遇着了而未曾与她长久一块，使我不得亲藉其人与领略其温柔的启示，则我也恐至于老死而不知情感的一回事了。我敢说凡只能得到性爱者，断不能得到情感的真正妙谛。真正情感的快乐，虽与性爱有关，但实则为二事。它

---

[1] 圣本，今译圣普乐，与他的情人沃尔玛夫人是卢梭《新爱洛漪丝》中的男女主人公。这里所说的是圣普乐与沃尔玛夫人（朱莉）重逢时的心情。可参见《新爱洛漪丝》卷4第6封信。

也不是友情可比，它比友情更加美妙与温柔。它实在也不能在同性中的友情求得出来。若论对于同性友情之深无过于我，但我永未觉得这个情感同样的滋味。这个情感是什么？看后自知。所谓情感一物，唯有从其表示的结果上才能见到呢。

她住在一间旧屋，但极宽阔，尚剩下一间房子空着，这间房子就是我的新居。此房位于小径之上，乃我们初次见面之地，我前已言及矣。举目一望，在小溪与花园之外尚有广大的田园。这个现象于我少年人永久不肯轻轻放过的。自从堡塞以来，这是第一次在我窗前见到绿畴。往常住在街内，眼所见的只有屋顶与路上灰泥。今一见此我的快感又安可支！我的情感由此自然更加温柔。在这个可爱的风景上我更感谢女主人的恩典不浅。这似是她专为我安置，使我得到安详从容在她左右领赏她的香泽与名花同美草的美感一气氤氲。她的风韵，与春光的明媚，也一味无间地全都入我眼帘。我心被压迫到今，得了这样宽的房间与绿野，起始充分地能够自由放出我郁闷之气。

滑浪夫人之家自然不及那个杜兰公爵的华丽，但它的洁净，与肃静远非那些奢侈所能及。虽然桌上极少银器美皿，厨内缺乏野货与外国酒，但此二处皆充满了普通的物件以为他人之用，而在杯中有的是满满的好咖啡，一概来客皆得在此用膳，虽至于工人、信差，与行客，在此过者，定不至于不饮或无食而回。她的用人是一女佣，稍美丽，名妙须勒，一用人名安尼，此人与她的关系在后再说。又一厨娘，另有二个轿夫，不是长雇，在出外时才叫了来，但她极少外出。这样多事，仅靠年金二千佛郎，如能简约也稍足用，因为此间地极丰饶而银钱极奇贵。可怜她的美德不是节省：那样负债，那样清还，银钱如流水般一味流去。

这样简省的家庭生活，实合我的口味，我得它利益不浅。不过使我稍为不喜欢的是在食桌太久。她不喜欢肉汤及一切食物之味。这些味使她初闻时甚恶心，须要与人谈话，缓缓过了半点钟后，才能去尝第一遭，在这个时间我几可食完了三回。我的食完好久，她的尚未起手。我再举食好似变成二人，这于我当然并非无益的。这样亲近她而使我觉得快乐者是我不见一毫的刺激而常感受那无限的和平。于未深知其家事之前，我极安心以为如此能够长久快乐下去了。但愈知她的家事艰难后，我觉得这个快乐是靠仗欠债而来，立时使我不安静。先见之明，常常使我的快乐损失，我看前途的危险，而徒嗟叹其无可奈何。

从第一日起，我们的亲密已经成就，一直到她终身，"阿少"是她叫我的，"妈妈"是我叫她的，这个阿少与妈妈的名字永久存留于我们，虽在后来我们的关系已经立于平等的地位，而此二名字尚保存。我觉得这二个称呼于我们温柔的叫声、真实的情状，尤其我们的诚心，确能名副其实。她实在有母亲般的慈爱。她所作事不是为她快乐而为我利益。若在后来，使我的性感与她亲近，这不是改变先前的关系，这不过使我们的关系更加愉快，使我得了一个年少与美丽的"妈妈"抚摩得更痛快而已。我说抚摩，乃深一层说，原来她对我的亲吻与抚循已极亲切与不俭省了。而且这些给予，于我心上实在毫不会升起有别种邪念。如若人以我们后来另有别种关系来闲执我口者，我当承认他说得不错；但当待我在后说及，此时不能无端而插入呵。

于初次会谈，当我第一回的眼光相碰触时，为我一生未曾有过的热烈感动。这一次的碰触实属偶然，在其余的时间我的眼线连她的胸抹也不敢看一看，虽然她在胸抹处的坟起怎样引人。亲近她时，我无所思也无所想，一种陶然醺醉，快乐而不知其所以然。如我一生或永无尽期去亲近她，也不会使我有一点讨厌。在我一生中，只有她一人，使我言论滔滔不竭，又不是无聊的应酬。我们一块儿时，永久不是讨论，乃是漫谈，但妙绪无穷，须先待我自己闭口。我不用为说话立一法则，这是自然会来。我当立一法则，怎样使我不言。她常为计划而沉思，在此时候，我的法则，就在自己对自己说：嗄！好，我放她梦想吧，我应闭嘴。如此我默尔向她鉴赏，我又成为人类最快乐的人。我确有这样默赏的乖癖呵。虽不是出于强求，但我实在时时喜欢与她会面。如有事故来时，我就觉得不能会面的愤怒。遇有男或女的来宾，我就即出来，心悸悸然不愿与第三人同她在一块。我往会客厅计刻算秒，心中怨恨这些长久不走的客人，怨恨他们的话头怎样大，毫不体谅我的话尚未说完呢。

　　当她不在时，我更觉得分外爱她，我见她面时，只有快乐而已，不见她时并使我的相思觉得痛苦。愿终久长随她的热忱，使我至于一刻不见她时不免至于流泪。记得有一遭，她往教堂参与大礼，我往城外散步，心目中装满了她的倩影及愿与她亲近的热衷。我也知道此时极难得到她，纵能得到，于我的艳福只有缩短并非延长。这个想念，使我忧闷，虽则不是绝望的忧闷，而乃有一个深切的企求。我的企求是在一日能够同这样的今天在感动的教堂钟声、鸟声，与良辰和美景之下，使我深密地与那可爱的她同住在一个树林荫蔚的乡间式居处。这个幻象将我激起了一个又活动、又温柔、又忧悄、又感念的心情，浸淫在无穷的幽秘甜蜜中，并非肉欲的要求，只望使她永久喜欢，而我在鉴赏她那不可言说的灵的快乐就够了。我生平永未有一次比此回所寄托之深，而使我最骇异的，此际梦想，在后来竟然实现。世上如有一回"醒人发梦"而竟得梦的奇事，恐无有比过我在此一遭。这个梦的失败，只在时间的短促，在入梦时我以为长久年月及终身都这样快乐，殊知事实上不过一瞬的沉醉。可哀哉！我的幸福只能在这样睡梦中求得，及其醒时已经云消雾散而无踪了。

　　我不能在此将我不见她时所生出的梦想统统写出来。多少回我亲吻我的睡床，因为想到她已睡过；多少回我亲吻那窗幔，房中器具，因为认识这是她而且曾经受她的手泽触及；多少回我连地板也亲吻了，因为推思她的玉趾曾在此地留下芳踪。有时她的温柔眼里启示我心中一个凶猛的热爱。一日，在桌上见她口中食物，我即时大叫内有头发，她吐出在盘上，立时我把那食物吞下。可是我与热烈的情人在事实与意义上均有不同，所以叫人对我这些行为更不能得其理解之所在。

　　自意大利回来，我带来的虽与启程时稍有不同，但仍不是一般少年所能及：我带回的不是童贞，乃是少年的清白。到此时年纪已长大了，不快的刺激已在爆发，第一次的泄精，不是我愿意，而使我惊疑到如犯天大的罪恶。不久，知其真意义之所在，我遂玩弄不已，不免将少年的健康、能力，甚且性命为牺牲。这个暗中动作的邪恶与我怕羞及小胆更相宜，于我富于梦想的人更合脾胃。我作此以为一切心爱的人皆能顺我所愿，不用得其同意。如此将我的身体摧残到不堪；尤其是我这个懦弱的身体。我的环境也在增加这个刺激，试想住在一个美丽妇人的家中，她的美丽又深深印入我的心坎，日间追随其左右，夜里又睡在她曾经睡过的床上。试想这是何等刺激！你们以为我必从此半生休矣，但幸而不然呵。这个环境本当增加我的刺激，但底里别有了救援。虽则我无日无夜不思量她的温柔，但我看她终是一个亲妈妈、一个亲姐姐、一个可敬的女友，而不及其他。我对她久久如是，她的倩影，永在我眼中保存了圣洁。她是我世界独一的人。她启示我成了情感的高尚与清白，使我对她甚至对她的同性——一切的女人，皆起了一个不敢污染的念头。结果，我极正经，因为我极爱她。他人对我无妨胡猜，但在我方面，我确实有这样怪癖，请看后来更可知道了。

如此的亲密混过日子，虽至无味的事，也使我嗜之不倦。镇日里我所忙的是誊正她的计划书，理日记簿，清理来往账据，此外，则在检青草，捣药散，管理炼灶。乱哄哄的有各色过客，叫化子，与各种来宾，更加应接待的有那兵士、卖药者、传教士、美妇人、丑朋友，一气都来搅乱我独占她的心怀。我对这些人使脾气，发怒，咒骂，与驱逐。她呢，一切人都好，她见我的神气，笑到眼泪迸出，又使她更笑的是我于愤懑之中也不免于笑起来。此中生活实具有无穷的兴趣，她的故意使来宾多谈以便激起我的妒念，更使我觉得其味的隽永无穷。她愈调弄我，我愈觉得她的善意，同时愈使我演成种种想独占她而不可得的喜剧。

这些混乱的状态，我虽不喜欢，但使我玩耍得可以。因为此中的安排，虽不是依我的嗜好，但确依我的心情，这其中又确有可以引起了快乐的机缘。譬如本来我极讨厌药味的，但因此中情意的缠绵，使我竟不免倾向于医药。我甚至于从一书上所沾染的药味，而能判别它是什么药的样本，而且常常不至于错误。她给我一些我最不喜欢的药散，虽则我想逃去，与抵抗，虽则我不愿承受与做那些鬼样，不管我心与牙关如何不收纳，只要她那涂上药品的美丽玉指到我嘴边，自然是我的口大大张开，而且甜蜜蜜地大嚼起来。当家人听见我们那样大笑大闹，以为我们做什么喜剧时，不想到是在试尝药散与膏丹。

可贵光阴自然不是完全这样玩耍混过去的。我在房间得到一些书：*La Spectateur*[1], Puttendarff Saint Evremand[2], *La Henriade*[3]，我读此虽不如先前的勤苦，但都好好看去。*La Spectateur*，为我所喜欢而且极得其益。古汪先生教我不要读太快，而应当多多回想其中的意义，故我缓缓读来，而研究其中的立词命意，尤其是在练习其美句与杰构，并借以练习好法文以改正外省口气的错误。例如我在 *La Henriade* 读到这二句诗：

Soit qu'un ancien respect Pour le sang de leurs maitres

Parlat encor Pour lui dans le coeur de ces traitrcs[4]

见到"Parlat"这个"副属词"的第三位应该有一"t"字，至于先前我如日内瓦人一样误为 Parla 好似"实陈词"的"过去时"一样。

有时我与妈妈讨论文学，有时我在旁念给她听；我不但这样得到

---

[1] *La Spectateur*（《旁观者》），英国人约瑟夫·阿狄生于1711年在伦敦创办的报纸，1714年集结成册译成法文出版。
[2] 原版本有误，此处应是两个人，Puttendarff 与 Saint Evremand。Puttendarff 指塞缪尔·普芬道夫（1632—1694），德国法学家和史学家，以对自然法的辩护而闻名。Saint Evremand 指夏尔·德·圣-埃尔弗蒙（1616—1703），法国作家、文学批评家。
[3] *La Henriade*（《亨利亚德》），伏尔泰创作的一部史诗。
[4] 这两句诗的意思是：
　　　或许是对其主人的后裔仍旧怀有敬意，
　　　在这帮叛徒心中为之哀鸣。

亲近她无穷的快乐,并且这样快意的诵读于我也有益的。她有的是美心灵,又正在好韶华之时,故许多种文学都能使她喜欢,她由此得到能够识别各家的名作。她的批评当然免不了倾向于新教派,例如 Bayer[1]与在法国不甚著名的 Saint Evremand,她则觉得甚好。但此不致阻碍她批评文学的能力,与谈话时具有文学的风趣。她生长于优美的社会,到此地时年纪尚幼,故不会染上她的故乡普通妇人的俗气与尖刻的贫嘴,而得学习了此间高尚的心情。

她于王室的底蕴虽未深求,但能知其概略。凡有势力的朋友,她都宠络得好,故虽一切谣言及欠债的攻击,她的年俸终不会被裁。她对于世故极有经验,更加她的聪明,自然对付得裕如。她极喜谈到世故人情的问题,希望由此增长我少不更事的知识。我们一同读 La Bruyere 格言,她见这本书比 La Roche-foucould[2]做的那本格言好。这确不错,这后本书太枯燥与不近人情,于少年人更不相宜。当她谈及道德时,未免有时堕落在五里雾中,但我时不时亲她嘴,吻她手,缓缓使她回复转来,这个迟缓的工作于我并不会见得讨厌。

在此时的愉快太过分了。我所怕的,唯恐不能长久下去,只有这个想头,使我不快而已。在玩耍中,妈妈研究我,观察我,审问我,以便知道什么事业与我性情最相宜,以便使我有福利,而在我实在不觉得别种福利比我此际更为重要的了。幸而我的倾向、嗜好,与才能不能一时就可知道,我尚不致即时离开她。在她以为我是大有作为的青年,所须留意的就在选择一个最宜于发展这个大希望的方法,这个也不是一朝一夕间就可得到,使我更可借此迟延些到世界去谋生的日子。但不幸这个实施期已至,我的快乐也就从此终止了。她有一个亲属名阿笨鲁者,人甚聪明,狡猾,同她一样是大计划家,他来此在

---

[1] 此处原版似有误,应为 Bayle,皮埃尔·拜勒(1647—1706),法国哲学家和史学家,著有《历史词典》,18世纪百科全书派先驱。
[2] La Roche-foucould,指弗朗索瓦·德·拉罗什富科(1613—1680),法国公爵,作家,代表作有《道德箴言录》。

献给朝廷一个奇赌的方法，幸见采纳，并且在此得到督察长夫人的宠幸。她是一个可爱的妇人，样子甚合我胃道，乃是妈妈独一的来宾为我所不讨厌者。当阿先生到妈妈家拜会时，她说及我，他就自任为我的评判人，看有什么才能，并望有以安置我。

她不使我知道，仅诿说有一些事情叫我二三个早晨去拜谒他。他对我极亲热，多谈论，使我好好地表示我的思想。因要使我不知道他的真意所在，故意向我说些各方面不关紧要的事情。在我则极欢喜他的无拘束。经过这样观察之后，他报告妈妈说我外面虽稍活泼，但毫无心灵，无思想，诸事都无承教的可能。他说如能使我为几日乡下教士，已为我非分的希望。人这样判断我，已是第二三次了，而且还未完呢。回想前时那个法庭书记先生的判案，于今仍然有效。

这个判断，当然由我的性格所形成。在我自己自然不愿服输。虽则经过许多人留心观察我后，同样说我的不才，究竟在我的事实上不是他人的言词所能抹煞。

我的本性确实有二件不能相容的事聚合在我的一身，而使我连自己也不知其所以然：一个极热烈的性格与勃发而不可制止的情感，和了一个极迟滞而难于即时表现的思想。可以说我的情感与心灵不是同属于一个人。情感来时如闪电一样快，把我心灵全部占领，它不是给它电火的光明，乃将它电烧一样而使于失去知觉。故我的思想当在心志清明时始能生出。如人给我以时候，则能看到我的议论甚确切，甚深微，与精细；时间愈长，精思愈来。若要立时表现，则我连说也说不出了。我的表示恰好时当如西班牙玩牌人所说只在缓缓摸索中。当我读到萨洼公爵在巴黎受商人的亏后，待行到自己本乡时才转身向巴黎叫："上你当了，巴黎的商人。"我说："我就是这样人。"

这个思缓感快的表现，不但在我与人交谈时，在我自己一人与其独自用功时也是一样。我的意念在我脑中的组织甚难：它在其底里旋转，发酵，使我感动，发热，而至于刺激；可是我在这些酝酿之中，眼前一切都模糊，而不能写出一个字来；我应该再等一等，久而久之，这些内心大活动渐渐平静，混乱状态渐渐消散；各件事归到它所应有的位置后，然后才能执笔。但这些均极迟缓，须要经过一个极长久的混乱时期。你们永未见到意大利的歌舞台吗？当其改换剧目之时，在一个极长久的时间所见到的都是一些散漫而无所统属的布景乱七八糟一块儿，人以为如此一直闹翻下去了；殊不知终于一点一点聚集起来，毫无缺乏，使看者不免骇异先前的混乱，何以后来竟得如此的美丽呢。当我要写书时，我的脑内确与上所说的一样。如到有把握时，我又确能将一事写得美丽，虽与许多名家相比较，也不多让。

由此，当然我写书极困难。初稿之后，又须增删，东加一句，西去一段，满纸烟雾不能卒读，但我的心力已大都用完。如此经过四五次斟酌之后，才能付印。我不能执笔伸纸就在桌上写出，我只能在散步时，在大石岩与深林之中，在我睡床上，与不能睡时在我脑内写上。人可见出我的成书迟缓，尤其是我这个人记忆书句的力量极少，在我一生极难背念六句诗出来。每一文字写在纸上之前，须先经过我五六夜在脑内思索过。因此之故，严重的工作尚做得好，至于轻佻的工作如写信札之类，使我愈觉无能为力。虽细至一件极小的信函，必使我成日执笔，而且一时写不成，又须待别时，如此那封信不知是何处起始与何处收束，但见满纸是虚套话，使人阅后不知所说为何事。

不但我的思想难于发出，而且也难于承受。我观察人极多，又自以为善于观察者；但我不能看见所看见的事，只能看见所回忆的事。我的才力全在回忆之中。一切在我眼前者，无论人怎样说，怎样做，我恍如不曾感到与察到。我所见到的只在事情的外象而已。可是，在后来一切拥至，连那些当时的处所、时间、声音、状态、举动，与其因缘结果，皆在我眼前，一切不能闪逃。不听人的言语，而审察人的心情，我的判断自然比别人不至于大错误了。

在我自己，已极难捉住我的观念，试想在广众谈话时，说得要快，又要多谈，使我怎样能去对付。只要想及怎样说出不得罪人这一件事,已够使我难于开口。我不晓得别人怎样大胆敢在众人之前说话。因为一言出口,应该照顾一切的听者,应该知道听者各人性格、历史,庶不免至于冲犯。那班惯于交际者较得便利,能够说应说的话与不说出那不应该说出的,但尚有时不免于打嘴。若论及那从半天丢下的人而使他应酬,不到一刻钟间,就够丢出他的丑了。至于单独与一个人密谈,这个于我又觉得有别种麻烦,因为须要不停止地开口。人问,我不能不答,人不问,我又须继续说。总之,与群众或与一人的会谈我都感得不方便,遂使我极讨厌了社交。世上没得一件事,使我觉得比要立时说出与多谈话的束缚,这许是我不能受制于人的又一种天性。故只要人强迫我开口,就足以使我说出一些极无聊赖的话头了。

又不幸的,是当我可以闭嘴时,我偏要兴奋多说。侥幸时,所说者不过是一些无意义的言辞,但有时尚比此更不堪呢。故我愈要表示出我不是傻子,而愈说愈表示出来。今于千万事中特举一例,而且不是在我少孩时期,乃是在我已与社会交际极久了,可见我尚不能操纵我的言谈。一晚上我与二大爵妇及公爵贡度在一房中坐谈,我见只有我们四人,似乎可以说些话。天呵,我说出什么话来!四人中既有三人谈话,我又何苦去插嘴呢。时值屋主妇的管家婆送来一粒药丸给她的女家主以疗其胃病者,别个爵妇见她服时做出皱眉的样子,笑问:"这是倘生先生[1]所制的吗?"——她笑答不是呢——"我想不会比这个更好吧。"[2]自以为极有口才的卢骚竟这样说出。全房人闻此概不作声,肃静与严重一下子后,人们又谈到别种事情。对别人,这句话也不过是一种玩笑,但当一个可爱的妇人,又是受不惯一句难为情的话的。我此遭虽不是有心冲犯,但已使她够受了。我想那来客的男女恐不免在出门后笑折了牙巴。这是我在不应该说话时,故意说话的结

---

[1] 今译泰奥多尔·特隆桑(1709—1781),法国著名医生。1755年在日内瓦被任命为医学教授。曾是伏尔泰的医生。
[2] 此处翻译略有疑义,原文中,卢梭说的是:"我想这种药不见得有效。"

果。对此事我极记得，一因这极可纪念的，而一因为后来与此事尚有许多的关系发生。

看上说后，就可知道世人常说我是呆子的理由了。虽善于判断者，对我也不免于错误。尤其是我的面貌与眼神的呆样使人更以我实在是如此的。我的受冤岂只这一件！例如人说我喜欢孤独之类，我本不如是的。我也如别人一样喜欢社交，假如我能够有把握使我不但不食亏，而且得受交际的荣誉。因为太不宜于见世面，故我常愿以纸笔代喉舌，较能表出我真意。见面时人太不知我的真价值，而我实也无法可以使人见重。此事杜邦夫人常这样说，我在她家好几年，她是聪明人，故能知道我的优劣之所在。虽然有几回例外的事，待在后再去谈吧。

我的才能既经判定，我的地位既经指明，现在只有使我第二遭再去试一试。此中的困难就在我的学问不够，与我认得不多拉丁文难以成为教士的资格。滑浪夫人要我到"宗教学校"学习。她告诉了学长。学长是本宗派克罗先生，小身躯，独眼睛，甚瘦，灰色头发，但为我所未见到的本宗流最有心灵与最不讨人厌者。

有时他来妈妈家，她接待甚好，抚摩他，麻烦他，有时并使他代织网罟，他也极欢喜承任。当他在工作时，她则蹀躞于房里，做这事，做那事，将网索动过来拖过去，他则跟随在后咒骂[1]，时时向她说："可是，夫人，你留些神吧。"这个景象的美趣可思。

克罗先生极赞成妈妈的主张。并许我便宜的宿食费，但须得大主教同意。大主教不但赞成而且愿代我出资。克罗先生允许我穿平常衣服，一俟得到相当程度后，经人评判可以为教士时，才行改装。

何等变动呵！但我不能不听命。我去宗教学校如往刑场一样。悲惨的处所没有超过这个所在，而况我又从那可爱的家庭出来。我只向妈妈借一本书带来，这与我极大裨益。人想是什么书呢，它是音乐

---

[1] 此处不应该是咒骂，而应当是嘟囔的意思。

书。在她教我的诸种学问中，音乐一门，也在其内。她有好声音，唱得动听，又略能奏琴。我有荣幸得到她教我几回唱歌。但当初步入手，因我连教堂最粗浅的颂圣歌尚不懂呢，只那八或十回的唱歌功课上在我连四分一的音符尚不明白，可是我对此极热心，极要自己练习。这本被我带来的书不是太容易，这是一本Clérambault[1]的诗歌。只凭我的努力，我竟能唱到那篇 Alpheret Aréthuse。不错，虽然是这篇诗句中安排得与歌唱的音调甚合，使人极易于上嘴的。

在学校中，有一讨厌的教士来教我拉丁文使我读得更不舒服。在他平装式，又油腻，又乌黑的头发上，包了一个烧饼色的面皮，牛声，野猫睛，稀落粗硬的野猪式胡子，微笑时更觉其苦恼，全身如草人的空洞。他名我已忘记，但他的形状永久不消灭。我眼前仍然见到在走廊遇他戴上那厚方帽招手叫我入他监牢式的房间。试想与我先前受那帝师的拉丁功课有何等差异！

如此二月久，受这个狞鬼的摧残，使我头脑几乎支持不住。幸而克罗先生见到我的忧闷，看我食不下，变衰弱，这本是不难于发现的。他于是将我从这个恶兽中救出，另行托付于一个完全相反的好人手中。新教我者为方西厄[2]人胶只先生，还是学生，他为善意极愿将他课余的工夫教我。我永久未见到一个面庞比他更动人者。他白皮肤，胡子作黄红色，也如其故乡人一样，具有好姿态，在厚皮的面貌中深藏了聪明，而尤使人注意的，他的情感，热诚与亲爱，完全表现于面上。从他眼神上与声音中，又可认出他生来就是苦命人。

他的性格一如他的生理所表示，满含了耐心与善意。他不是我的教师，竟然是我的同学。经过前回那个先生后，更加使我容易亲爱他。但我们纵然长时间的相聚，纵然他指导极合法，但我的用功多而长进少。除了我父及南先生之外，似乎无一先生能再教我得入的。此

---

[1] 今译克莱朗博（1676—1749），法国作曲家、管风琴家，一生创作了大量的宗教音乐作品，下文中的 Alpheret Aréthuse（《阿尔菲与阿赫都斯》）就是他作品中的一首。

[2] 今译福西尼（Faucigny），属萨瓦省。

后，我唯有靠自修以进益而已。我的心灵是无论对谁都不能受其束缚了。况兼恐怕不能学成就，心愈急而愈不能成功。恐怕教我者生气，我就假装作懂，他愈向前跑，我愈往后逃。我的心灵是认定自己个性的，它再不服从别人了。

毕业时候已届，胶只先生回家去，他并带去我的歉意、亲热，与感恩。我祝他前途比祝我自己的更热诚。数年后，我听得他在本乡为教士，与一未嫁女人生了一个小孩，他的温柔的情感，只有这一次用过爱，可是这使教会极惊惶。教士规例只能与已嫁妇人生小孩，他不遵从这个教律，遂被监禁、侮辱，与驱逐。他后来不知怎样结果。这个深深感我的内心与居莫先生对我的同样。故当我写《野美儿》时，我将这二个可敬爱的教士变相为萨洼野教士的代表。我想这个模仿，不会丢失那模型的真相。

当我在学校时，阿笨鲁先生被迫离开安娜西，因为督察长怨恨他与其夫人恋爱。这是狗的报仇法。[1]督察长的夫人甚可爱，但其浪漫不为其夫所喜欢，他对她粗暴到几至离婚。督察长真丑相，黑同地狸，凶狠如夜鹰，卒因滥用权威之故，自己也至于被逐。人说不老汪省[2]人报仇用歌曲：阿笨鲁先生的报仇在作了一首喜剧，他将剧文送给滑浪夫人看，她转我观。我见得甚好，遂也拟作一剧，使阿先生看我是否如他所料一样的呆子；但到山北里后这个宿念才实行，我作了一剧名《自恋》[3]，于序文上，我说是十八岁时手笔，未免减少了几岁了。

在此时间另有一事发生，此事本身虽不重要，但在后来与我有些关系，而且世人于我遗忘之余，尚极张扬其事。每星期中我得告假一

---

[1] 原著中这句为"像园丁的狗"，来自一句谚语，意思是："园丁的狗不吃狗食，但牛来吃时则汪汪不已。"
[2] 不老汪省，即普罗旺斯（Provence）。
[3] 即《纳尔西斯，或自恋者》（又译《顾影自怜》），是卢梭创作的一部喜剧。

次出来。一星期日，我回妈妈家，适邻右绳索宗[1]的处所起火，火势不久将到妈妈家来，最接近的是家中面包灶之所在，积薪又不少。风势扑来又甚猛，家中危险就在目前。全家之人将家具搬到隔溪小园内，我将所有的从窗中抛出。大主教那日又适来，他与妈妈在园内祈祷，众人与我也都跪下。忽然间，风转方向，家不及灾。事后，教会要知其事者，我就讲经过的写一张折子递去。后竟有执此折而为诬赖我迷信奇迹的证据者。我不知世界上有无奇迹之事，但我所说的乃就事实。至于风与祈祷不相关而偶然转向耶？或为祈祷所转向耶？我当然都不能知道。

在学校课程上，胶西[2]先生虽说我好，但事实上，我实不及格。学长及大主教将我送回滑浪夫人家，说我不堪为教士，不过品格还好。他们虽然对我许多不好的批评，但她终不将我丢弃。

我回妈妈家来，极胜利地带回那本音乐书，并为她唱那首在学校所自习的歌曲。她见我的嗜好，意在使我成为音乐家：这个极有机会；因为她家中每星期有一次音乐会，而教堂音乐队的指挥者也常常到她家来。这个指挥吕美特先生，巴黎人，音乐作家，活泼，愉快，还是少年，也好装扮，虽不甚聪慧，但终不失为好人。妈妈介绍我与他认识，他不厌弃，稍商费用后，我遂住在他的音乐所。在此过了一季好冬天，这所离妈妈家不到二十步，我们常到她家来，并常在一块晚餐。

这个音乐、唱歌，及快乐的所在，和这班音乐家与唱歌小孩相周旋，当然使我比在宗教学校与那班教士一块欢喜得多。虽然我得到了自由，但极规矩与守分。我生来就长于独立，独立时我终不会乱来的。在六个月间，我出来的仅为到妈妈家或教堂。到别处去，我连想也未曾。这个时间，我的生活极安静，使我忆起来甚快乐。有些美善

---

[1] 绳索宗，指方济各会。
[2] 据上文，此处胶西先生应为胶只先生（Gatier）。

的事情使我回想起来尚如目前亲受一样的感动。不但那些时间，地方与人物，深深在我心中，即那些环境的物件、气候、空气与味道，及颜色，和其压力也深深压在我今日的心头。还有音乐所的练习，儿童班的唱歌，一切在此中所发生的事情，教士的美服装与其补裰，唱歌者的高帽与其面貌，一个跛且老髦的木匠执大提琴，一个小且白皙的教士玩小提琴，吕美特先生带刀后穿起往教堂的宗教礼装，至于我小笛在背，坐在乐队的极边小桌子上，为他所特给我的恩典；事毕之后，又有盛馔在待，我们又恰在大饿的时候。这些一切事情聚合起来，使我在回忆时，比在先前的事实上更觉有趣味。我终久尝到 *Conditor alme Siderum* [1] 的前进调，为我晨间尚未起床时所听到者。我又永久不忘与女佣妙须勒在妈妈前同唱那 *Affarte* [2]，使她极欢喜。一切一切，至于音乐所的老实女佣，名伯林者，被歌童所调弄，也使我起回忆，这个回忆的幸福与清洁，使我极快乐又极惘然。

在此住了一年，毫无非为，众人均对我好。自杜兰以来，我未做过错事，而在妈妈前，我终不会犯过。她指导我从好处走；我的独一的欲望唯在亲近她；但这个欲望不是狂态，乃是一种理智化的情感。但因我爱她的情感有时太专一了，我心迷惘到使我有时不能读书，虽最嗜好的音乐也被放弃。但这不是我的过失，我的志愿与毅力依然尚在，可惜我仍不免于无聊、幻想，与叹息耳。我将如何而可呢？我唯努力求进德而已。但使我又不免于癫狂者，因为一件新事情偶然又来引诱到我险些堕落。请看下文，可以知道我如何出脱这个险厄。

二月之夜，春寒尚重，正在围炉取暖，忽闻叩门之声，伯林提灯下去开门。一个少年与她同入，状甚安详，向吕美特先生稍事恭维，说他是一个法国音乐家，因缺经济而致奔波。一闻及法国音乐家这个名字，使吕先生心为感动：他爱同乡又为同艺，自然招待少年极好，

---

[1] 圣歌名，或译为《圣洁的众星之神》。
[2] 今译《献礼曲》。

又给他住宿,少年欣受不甚推让。当他取暖及闲谈以待晚餐时,我见他身躯甚短,但腰围甚大,大到甚难看,但又不能指出其丑点在何处:这是一个曲背平肩,似又有一点跛脚的人。他有一件黑外衣,布虽新,而已用到一条一条撕破,一件内衣质甚精致但极肮脏,手套极佳,"腿围"宽松可容二只脚同时插入,他恐雪花溅湿,竟将小帽戴在腕上。但在这个滑稽的服装中,不能埋没他有出人的姿态;极精美与愉快的面貌;说话甚流利又甚好,但不甚客气。在他一切表示上,可以见出一个放荡而受过教育的少年。但他不是为流氓而流氓,乃是为癫狂而流氓。他说他名为汪丢从巴黎来,迷失道路,他忽然忘记是音乐家了,说他要往格罗纳城[1]寻一位亲戚是国会议员。

当晚餐时,我们谈到音乐,他谈得极妙。他晓得一切的音乐大家、一切名著、一切男演员女演员、一切美妇人、一切大绅士,他所说的似是本身经历一样,但一事说到还未深入时,他即杂以别种诙谐,引起大家哄堂大笑,遂又不知他先所说的是什么事,又谈到别事去了。这是星期六晚,明日教堂有音乐,吕先生请他唱歌。——"甚愿",他问吕先生唱何种——高调——他又说及别事去了。未去教堂之前,人先给他曲本预备。他连眼一瞧也不瞧,这个轻佻样子,使吕先生惊异。他向我耳边说:"你看他连一句将不会唱"——"我也恐怕。"——我实在为他挂心。当音乐初奏时,我心跳得极利害,因为我极与他表同情。

不久,我就放心了。他唱得极确切与风趣,而且声音极美丽。我对此为生平未有的满足。及礼毕,吕先生受教士们大赞誉,他如平常一样客气与钦敬答礼后,向汪丢先生热烈亲吻。我也和他同样表情。他见我极愉快,自己也觉得极荣光。

我前既可为流氓巴客君所迷,我今为何不可为汪丢先生所骗?因为他比较更有教育,有才能,有心灵,识世故,与风流之人。不止

---

[1] 格罗纳城,今译格勒诺布尔(Grenoble),法国东南部城市。

我，恐怕一切少年人在我地位凡具有同情与嗜好者未有不受其蛊惑呢。他固然夸说许多他所不知道的事情，但有许多所知道的他偏不谈。待到时候一到，他就尽量从容不迫的说出，此等收效极大，因为有许多事只说一点，余就不说，今将其所知的尽量说出，则凡所未全说者，也可证明他是全知道了。痛快，飘忽，滔滔不竭，与极引诱人的谈话；他终久微笑，但永未大笑，凡至粗鄙之事，经他口后，就变成极文雅而使人忍受得起。凡极谨守的女子，也能忍受他的粗话，虽要发怒而有所不能。与他亲近的女子，大都不是正经，故他由此不能致富贵；他有的乃一个无穷尽的愉快，能为快乐的社会所欢迎。他这样具有快乐的天才，而又生在一个晓得快乐而欢迎快乐的社会中，何以竟长久困守那音乐家的地位，这又是使我为他抱屈不已的了。

　　汪丢先生引诱我比巴客先生的原因既较纯正，而其结果也不致于荒唐，虽则我较热烈与长久地去爱他。我极愿见他面，听他谈；凡他所做的我都见得好，凡他所说的，我都以为新奇；但我亲近他而并不会使我不能离开他，因为我有妈妈在旁吸引呢。此外，他的方针，我仅视于他有用，于我呢则无益；我对女人别有一种奇想，但不知其目的，而我也不敢告诉他，恐他见笑哪。我愿将我喜欢他的事情告诉妈妈；吕美特先生也为他介绍，她愿意叫人引他来，但结果极失败；他以她为宝贝，她视他如浪子。她由此不但不准我再带他来她家，并且警告我亲近他的危险。幸而我与他不久就分开，于我的修养上不致被他所破坏。

　　吕美特先生嗜艺也嗜酒。在食桌时尚不大饮，但当其工作时，则非大饮不可。女佣习知其脾气，故当其曲本在案琴在手时，酒瓶满满，酒杯淋淋，也一气来到几前，而且一杯还不够，三四瓶也不嫌多，他愈多饮愈不会醉。这真可惜，他是好青年人，又极快乐，快乐到使妈妈叫他为"小猫"。可惜他工作多，饮酒也多，使他身体摧残，脾气变坏，有时成为烦躁，且易受伤感。不会粗话骂人又不会对不住人，他对人永未说出一句坏话，虽对其小学徒也然，但他也不能承受人对他一点非礼。他的失败是不大聪明，不会辨别他人的声色与性格，故往往将小苍蝇认做大老虎。

安娜西的教会，虽然是失却先前的光荣，但主持其事者都是神学博士与那些有身份的人，故仍然保存它的尊严。这些自视甚高的教士，当然对于所雇用的百姓不大客气。所以他们对吕美特先生，未免也有些失礼貌。其中有宗教唱歌班的米桶教士，与其一些人对吕先生的礼貌更差。本年为"圣星期"常例的宗教聚餐，吕先生应该请到的竟未被请到，而且受了些难听的话，他立即想于明晚间逃开。当他偷告知滑浪夫人时，虽被她竭力劝解而也无效。他正想在此春期复活节将届，报复这班欺负他者不能得他在教堂奏乐的痛快。但他所最难解决的就是搬运他的音乐器：一包极沉重的器具实在不能全提在手而走的。

妈妈与我各尽其力疏解，卒见其决心不可回，她就尽其力所能去帮助他。不但她在责任上应该如此，因为吕先生为她服务也极多。他于奏乐与各种事情，都听她的命令而行。今日之事，她不过尽其义务报答这个三四年来的好朋友而已；况且她本性上喜欢助人，不管其人与她有无交情呢。她叫我跟随吕先生同行，至少到里昂，吩咐我一直服事他到他免需用之时。她告许我前时使我脱离汪丢者即为此时附属吕先生的计算。她又嘱咐其忠心用人安尼料理其行装。安尼说在此间雇车驮物恐生反响而被阻挠，不如由我们自携到一个邻近村落之后再雇骡拖到西赛[1]，此为法国地方，他人闻知也无法对付了。此计卒被采用，我们在晚七点钟起程。妈妈假说为我旅费之用，将"小猫"钱袋满满装饱。我与安尼及园丁同携行装到头一个邻村上雇骡而行，当夜已到西赛。

我已说过，有时我忽然变成另一个人，下头也有一例。西赛掌教者赖特肋先生与安娜西教会同宗，事实上也与吕先生认识，照理他应当逃避之不暇。但我意则不然，我说到他处骗一食宿之所，而假托此行是得上头的同意。吕先生赞成我说，以为他们得到眼前现世报。我

---

[1] 今译塞塞尔（Seyssel），法国东部安省的一个市镇。

们到赖特肋先生处，他招待甚好。吕先生说奉大主教命到背礼[1]去献复活节之乐，预料不久再回来。我也照样葫芦，赖先生信我是一个好孩子，爱我备至。我们得到快乐与食宿，他也竭尽其所有而供张。当我们起程时，与他成为密交，并允许他回来时再来此长住。当我们出后，我们不禁大笑。到今日，一想起尚使我好笑，因为天下骗子无比我们这回骗得成功也。在我们一路狂笑之中，吕先生因多饮与多牢骚之故，遂致发生二三回病，好似羊痫风一样，这使我极难对付，便已存心逃避他了。

行到背礼时，正是复活节。我们虽不是同赖先生所说的来此献技，但确是来听音乐，与受音乐家盛大的欢迎。吕先生确实知名，而且实在名副其实。背礼的音乐指挥者对他极有礼，赞誉他的歌本极著名。吕先生虽然才能高，但毫不骄矜，以是无仇家及妒忌人。他的同僚看他不只是同僚而且是师傅。

在背礼甚觉快乐，住了四五日后，我们一路平安地向里昂前进。到里昂后住在"可怜的妈妈"客店内，等待行装从浪河[2]运来，这个输运法也是用假骗得到的。吕先生拜会许多熟人，其中一是绳索宗靠东先生，在后再来说他吧。一个是里昂侯爵躲唐，二人接待他都好，而殊不知后来上他们的大当。

到里昂二日后，当我们行经离我们客店不远的一小街上，吕先生再犯羊痫疯，此回状极严重，使我吓怕到极点，我大声呼救，告诉人客店名，并请人扶他去，乘众人正聚集来救这个在地吐沫的可怜人时，我是他独一可靠的朋友，竟于人不觉察中转过街弯逃走了。上天呵！这是我第三次忏悔一件最难过的事了。如这样的事尚多，则我当放下笔不敢再来续写这书了。

我写到此，一切事情的经过尚记得清楚。在下一本书则完全不相

---

[1] 背礼，今译贝莱（Belley），法国东部的一个小镇，位于格勒诺布尔和日内瓦之间。
[2] 浪河，今译罗讷河（Rhône）。

同：我在此时少年的头脑太昏乱了，一团乱蓬蓬，当我的癫狂终止时，我的本性始复现。心情无定好似风卷浪抛，以致随做随失，虽然有些好时光与好机会使我不能忘，但我所能为力的只在写出些回忆，至于时，地，与人事的实在材料，恐怕不能不颠倒错乱了。故此，我有时写得极真切；有时又不免漏了许多要件；有时我勉力忆起那些模糊的事迹，这自然难免于错误；有时则留下白纸以备后来证实后添上；可是，凡我所说的必以为有根据然后敢下笔书上，这是我永久的存心，而为读者所信得过的。

当离开吕先生，我即决定再回安娜西。此行的兴趣已消灭，使我急要得到平安回来的补偿。我先前起程时一路上所思的，就在事情一经安定后，应即时回来靠近妈妈，取得亲近她的温柔与诚恳的欲望，只要这个欲望得酬，余的一切梦想与野心皆归消灭。一切幸福终比不过我在她的身旁，一步离开她，就使我觉得一切幸福皆全失。在可能中，我当即归来皈依。我归心之切与精诚的专一，至于此回旅行的经过一切事情到此时完全忘记，只记得从里昂到安娜西这一端而已。到时的失望，更使我脑昏到将此回程中的事情不能不忘失，因我一入门，不见到滑浪夫人，闻说她已往巴黎去了！

对于她这次旅行的使命，我终不甚知道。我若紧问她，她必告诉我，这是一定的，但世上无一人比我更不要考问女朋友的秘密。我心中常是装满了现在一切事情的可能性，与过去的无穷回忆的快乐，它永未再留有一点空隙可以承受别种的好奇心了。就她所说，大概是杜兰起革命，王被迫退位，她恐年俸不能保存，故想借阿笨鲁的机智向法国求助。她极愿受法国方面的恩典，因为国大事忙，对她不会时时注意的。但此事果实，则何以她回时，此间人对她不会恶意，而且仍然供给她的年俸呢？有人疑她此行有一秘密的大使命，或代表大主教有事于法宫廷，或则更为特别大人物去说情。如果其然，这个女公使实在不会辱命的。以她年少貌美，又有才能，尽足以使她办到那些付托者所希望的事呵。

第四书（一七三一～一七三二年）

（卢骚时为十九至二十岁。——译者）

我到，而滑浪夫人已去了，这使我何等惊愕与痛苦。到此时，先前放弃吕美特先生的懊悔，起始来打击我心头。又更使我难过者，是在得知他那箱音乐器具，到里昂时竟被里昂侯爵躲唐所没收。强权即是公理，无论吕先生怎样陈情而终于无效。但不久我对此事也就健忘，一心只等滑浪夫人的消息。初始以为纵我在，于吕先生的病痛也不能治好，他被没收的乐箱亦不能讨回，只有增加他的生活负担费而已。而今之见解竟完全与此不同了。凡一件恶事能搅人心肠者，不在其眼前的实现，而在它的回忆。回忆，是永远不能消灭的。

要得到妈妈消息独一的方法，只有等待。因为到巴黎，何处去寻觅？况且旅费何从出？故最安全的地方莫如安娜西。在此，迟或早，定能得到她的行踪，所以我就决定在此处专等。我此时的行为实不大好，一切旧人处都不肯去，唯去寻问汪丢先生。虽然是先前我对他极热烈，但在旅行时期已被忘却。今则见他正行红运，遍受本地人的欢迎，与为妇人们所抢夺，这样成绩使我眼馋。我眼前所艳羡的，只有他一人，连滑浪夫人也几置诸脑后。为要好好得到他的教训，我向他请得同住。他住在一间做鞋人家，鞋店主人善诙谐，叫他妻为"脏菜缸"，这个名也副其实。汪丢先生每早起，就在向这对夫妻调侃，外面虽似劝解，底里则在挑拨他们夫妇吵闹。他的种种声容，恰恰做到好处，使人笑破了肠肚，这样就是我们早上的消遣。到下午二三点钟时，彼此食些面包后，他往交际场中，即就晚餐。我呢，则独自散步，暗中艳羡他的好境遇，赞叹他的大才能，而怨恨自己的命运不辰。嗳！我太不知自己啊！如我不那样傻，而能善于利用机会，比他更能多得千万倍的好成绩呢。

滑浪夫人只带去安尼，留下了妙须勒，是她的女佣，在第三书中我已说过。她仍然在修理她女主人的房间。妙须勒女士，比我稍大，并不美，但极和悦可亲，为弗里泊[1]人的最无恶习者。我所知的她的独一弱点，不过有时对于女主人稍为噜苏而已。我常去见她，为的是老相识，而且见她使我如见那可爱的女主人。她有许多女友，其中有名支鲁女士者，竟看中我，而使我受罪不浅。她常催妙须勒带我到她家去。因为爱妙须勒，及别的女友，故我也听她的摆布。支鲁一见我就缠扰到不堪。当她用那满吸西班牙烟的嘴亲我面颊时，我几乎呕吐出来，可是我忍耐她，而另取偿于别个女子。这些女人，或为见好于她，或为我，均对我表示十分欢迎。当时在我看来，不过友谊酬应而已。及今想起，只要我肯去做，她们未有不肯从的，不过我那时也想不及此呢。

而且我对这些成衣的、为佣的、做小生意的女人们，也不能发生恋爱。我所要的是小姐们。各人各有嗜好，我在此点的嗜好，当然与古诗人哈辣思[2]不同。小姐们使我喜欢者，不是地位大，与门阀高，而因其较有好皮肤、美手指，美于修饰，仪容动人，满身整洁，妙又在于能表情，裙幅雅致，和袜履细腻，头发修理得整齐，一身更装饰上许多花瓣绣条。我在眼光里，宁可容貌丑陋些，只要有这些装饰就好了。自知这个偏爱为可笑，可是心情生来确是如此的。

这样的小姐们，恰巧有机会在前途等待，怎样使我不时时喜欢追忆少年的欢娱。这些机会虽短促难逢，但极其温柔，与惠而不费。只

---

[1] 今译弗里堡，瑞士西部城市，弗里堡州首府。
[2] 今译贺拉斯（前65—前8），罗马帝国奥古斯都统治时期著名诗人，代表作有《诗艺》等。卢梭在此隐喻贺拉斯在其诗歌中主张在中等阶层中寻求女伴，但必要时，宁可要娼妓也不要年长而有威望的妇人。

要提起这样回忆，已够使我心花怒放，重新恢复勇气，以支撑这个凄凉的残生了。

一早，晨光美丽，我急起整衣，向田野走去，一心在鉴赏那红日上升。时乃春尽夏初，朝气感人愉快无比，大地之上满铺花卉，春莺拼命啼唪，百鸟亦在忙于合唱迎夏之歌。这样宝贵的良辰啊！你竟被我今日的残年悲境所错过了。

无意中，离城越远，信步所之，热气渐高，迫我寻胜于沿溪的小阜之树林下。忽闻后面有马蹄与女子声音，似有难解决之事，而又甚快乐者然。我回头一望，人呼我名，再近视之，则为素所相识的二位姑娘格郎芳与胶铃小姐。格为瑞士京城人，亦如滑浪夫人一样离弃家乡，来此度生，可惜她无年金可以度活，幸而得到胶铃小姐的欢心，得请其母同居视为良友一样，以待后来得有安身之地。胶铃小姐，比她友年少一岁，更加美丽，婀娜精致，难以笔描，恰好发育成全，正是桃李嫁与东风时也。她俩彼此相爱，性格亦合得来，若非情郎来离间，定教白首证双星。她们向我说到别墅去，只因马不肯过溪，请求我为帮忙。我要鞭打，她们恐自己被震抖，而我又被踢。我只好另设法，手执胶铃小姐的马缰，牵挽而渡，水可及膝，一马在前，一马在后跟随甚顺。事已办完，我正要与她们辞别，她们互相低语之后，格郎芳向我说："不，不，不要这样跑开，你既为我们打湿衣裳，我们应当为你烘干，如你愿意，请与我辈同行，你已成为我们的俘虏了。"我心跳得很，用眼视胶铃。"不错，不错，"她见我慌急不觉好笑起来，"战场的俘虏呢，请上她的马，我们要与你算账啊。"——小姐，可是我并未与令慈相识，她见我将作何辞？——她母亲吗？格郎芳代答，不在别墅，我们独自去，也将与你独自来呢。

电光不比这样话感动人得快。当骑上格郎芳小姐的马时，我的快乐难以形容。及其要将她紧握以免坠马时，我心跳动到她也觉得。她也向我说恐怕跌下，心头也同样突突，这个好似请我移手去覆按她的胸头是否如此。可是我不敢。一路上我的两手，仅仅叉握她的腰围，虽则握得极紧，但不敢移动一分。凡妇人们看到此，定然给我一巴掌，她们实在不错啊。

一路风光明媚，又与少女谈心，使我全日笑口常开，口谈不够，而济之以眉语。偶然与一人单独谈话时，就觉有些难于应付，但不久别一人来，则又纵谈如故了。

到别墅时，身已全干，我们即就早餐，随即预备午饭。到城去买置食材，点心尤见齐全，可惜忘带了酒。我极失望，因为希望有酒可以壮点胆量，在她们似乎也有同样要求，实情如何，则不敢知。她们天真烂漫，固然毫无一点邪气，而且两女同在一块，纵我有胆量也将若之何？她们虽则左右各处去寻酒，而终不能得，可见周围的节饮与贫穷啊。为慰藉她们，我说不必如此多劳，灌醉我于她们有什么好处？只有这句大胆话，为我全日中最显现的表示，不信么？请看后来吧。

我们餐后，仍存余膳，和上早餐存的咖啡，及奶油，与点心，以为午后茶点之用。随后往果园采樱桃，聊助余兴。我猱升桃树之上，丢给她们成枝的果子，她们则从树枝中丢还我的果核。一次，胶铃小姐将裙幅撑开，头颈向后，我则瞄准得极确切，将果枝掷入她的酥胸中，彼此相互大笑。我自己自道："可惜我的舌不如樱桃啊！假设舌如樱桃，我也愿将舌丢入那里去了。"

全日光阴就如此自由与温柔地过去，一句非礼的话未曾说，一件非礼之举未曾做，这不是有所恐惧，乃因我们心中自然而然不肯那里做的。我客气到（或说是傻子）仅有一次敢于亲胶铃小姐之手。这恰在一个好机会，我们只有三人，她眼睛下垂，我呼吸急促，涩于开口，只好将唇黏在她的手上。她呢，徐徐缩还其手，看我一眼，其神色默焉如许，我终不能寻出一句话来。她的女友进来，使我忽然见进来者于此时未免相形之下比胶铃小姐为逊色矣。

末后，她们警醒得不敢待黑夜归来。我急促治装，回来一如去时安排。如我胆大，或者能移骑在胶铃小姐的马上。因为从她的盼视上观察她极愿意如此的,可惜我不敢开口,她自然更不好意思先问。在途上我们怨日光急速西沉,但不恨日子短促,我们此日中做了许多乐事,实在已将日暮移长许多了。

我离开她们时,正和启程的地方差不远。无穷懊丧此时离别,无限盼望那早日重逢。十二点钟的过从,已经使我们亲密如家人。这样爱情,于少女未曾有害。这样亲热,使我们得到极激烈的快乐;这样相爱并无神秘,也不羞惭。我们愿这样公开光明正大的相爱下去。在我一人,觉得这样爱情的愉快,为我生平所未曾领略。她们在我心中并无一定的占据,不过我对她们的需要甚殷。如我能作主,此心愿被她们平分。若说偏一点,愿娶胶铃小姐为妻,而认格郎芳为情人,或为腻友。总之,如她们二人缺一,我就不能生存了,谁知从此后不能再见一面,而昙花般之爱乃竟止于此。

凡读到此,必有以那样好开头,而结束只有以亲手了事讥笑我者。则我必叫聪慧的读者啊,你们笑得太快了,我虽以亲手为了事,但我所得的快乐恐比你们以亲手为开始者更多啊。

当我一有暇时,我就跑到胶铃小姐所住的街上,希望再得见一二个人或至少当有一二处窗开。终于毫无消息,连一只猫也不见出没。无论何时,我到她处,总见门户扃闭,似无居人一样。街道小而静,一人在探望,即被注意,且不时,就有一二人在旁边住宅出入,使我实在不好意思在此久等。又一想起支节处,良心更觉难安,我雅不愿使被爱者因此受嫌呢。

这样无聊的西班牙式爱,而又无其手琴作媒介,使我终于放弃了,而改为写信给格郎芳。当然我极愿意直接写给胶铃小姐,但我不敢。传信的乃是前所说的支鲁,她也自知老且丑,不能与少女争宠,故她极忠心代递,而我也喜得常读其回音。可是支鲁存心在拆散我们,观下事就可知道了。

一七三二年——妙须勒许久未得其女主人消息,拟即回归故乡,及后断然成行。她想有一人同往,意在属望于我。她与支鲁彼此商定后,并未先得我同意,而就强我服从。我本也爱妙须勒,且此行最多不过八日,遂也慨然允许。支鲁从中拼挡一切。我乏旅费,妙氏代出,行旅先发,我们就彼此步行以省出我的旅费。

我真懊悔使许多女子白爱我。可是我并未曾对这些爱有何愧怍,故无妨坦白写出来公开。妙氏比支鲁年少,而无脾气,也不甚缠扰我;但她喜模仿我的声音,重说我的话头,凡事对我再三致意。一路上,她表示极胆怯,必要我同在一房睡。这个当然极少见到于一个男子二十岁与一个女子二十五岁之中间的。

这样情形极特别,而结果更见特别。妙须勒甚可人,但我对她一路上并无一言半语的轻狂。当我回想起来,才觉我傻。怎样能够使少男少女同居一处,而免于沾染,此非下了千万年的克己功夫而不可能,但我此时毫未用一点的节制力啊。如妙氏想既为我出旅费,应当取偿于我那种的酬劳,则她实在不免于受骗了。我们一直到弗里泊时,两身清白,恍如起程时一样。

我们幸而平安达到了,在最末程时,妙须勒对我渐冷淡,到后头直以冷酷相向。她父亲不富裕,搂待也极平常,故我只好住在客栈。翌日,我往晤,受他们餐饭之后,彼此分离,并未流泪。我明日动身,并要往的方向也不自知矣。

本来这是上天安排我得到一生安乐窝的好机会。妙须勒乃是好女子,虽不光荣,与不美丽,但也并不丑陋。不大活泼,但是极具理性。有时一点小脾气来,只有哭泣完事,终不至于大吵闹。她实在爱我。我娶她甚易。以后继续她父亲职业。我的音乐嗜好当能使我们更加亲爱。住在弗里泊,虽小邑,不壮丽,但好人甚多。我如此虽不能得到大快乐,可是一直平安到终身,这个计算无论谁都乐于承受的。

回时,我不从尼勇,而从罗让尔[1]经过,意在观看瑞士湖最广阔

---

[1] 今译洛桑(Lausanne),为瑞士西南部法语区城市,是瑞士沃州的首府,也是洛桑区首府,位于日内瓦湖北岸。

之处。我对于前途如何进行，本已毫无计算，而对于未来毫无把握之计划，更认为太过渺茫，而不敢引起注意。我虽如别人一样，常有无穷的希望，但对于耐心苦等之事，则每每掉头而去。眼前小快乐，比未来天堂更能鼓励我的心情。只要这个小快乐，没有恶意就好。我所要的是纯净的快乐，若有恶意在内，则快乐后，尚有懊悔，于我就不见得为真快乐了。

信步所之，身已觉得颓唐，意望于最近处得到住所。启程之时，所存十铜元，已尽于午餐之用。及晚，到附近罗让尔的村落时，身无一文。入一客店，肚已大饥，食后并求住宿，似能清付欠债一样，而是夜睡得极酣甜。明晨早食后，收条来，应付七角钱，只好给予外衣以为质。店主人甚好，不愿受衣，且说他得天之佑，自来不曾剥夺行人一件物，请我穿上，以待我后来有钱还他就是。我对此极感动。由后想起更加感激。不久，我就托可靠人送还他债。十五年后，再经此地，可惜忘主者之名，不能向他再道谢，并奖进他的德行。我每想给人大恩而夸张其盛德者，反不如这个朴素之人，于人道上更有功勋一点呢。

及到罗让尔后，起始使我惊骇眼前凄凉的状况。自己只好以汪丢到安娜西时自比，由此引起我的热愿，愿模仿汪丢一样在此地教音乐。实则，我并不知音乐为何物。而且假骗为巴黎人。为了这个，先当寻求一间客店为立足地。人说有名伯罗特者，有好寄宿。此人甚好，接待我极殷勤。我向他照预定计划撒谎后，他许我代为介绍，并代招学生，兼允我俟有利获后，才陆续清还。一人每月宿食只收五元，这虽小数，但在我则甚多。他并劝我只用半膳以省费，即在午餐只食一大碗汤，晚餐则多食。我都答应。他真是好人啊。为我尽许多义务，使我得许多利益。

为什么在少时，得遇这样好人，而在年长时，则没有呢？好人之种子已死完吗？不，这因为今日所寻求的处所，不比前一样了。在群众中，虚荣心虽有，而甚弱，良心时常发现。在阶级稍高者，良心已死尽，戴了假情感的面具，而暗地里专为自己的利益及虚荣计算呢。

我已在前说及我的许多荒唐,到此又有一件可惊人的新闻。我心已完全汪丢化了,故所做的极尽离奇怪诞。我不识透一音符,而自命为音乐家。我前虽在吕美特先生家六个月,但程度实在不够,而且所学的皆极零碎不堪。本是日内瓦,而假为巴黎人。名为旧教徒,而实是新教生长。我将宗教与国土改变之后,同时又把姓名来换。他名汪丢,我就将卢骚,改为汪骚,我就是从新城来的汪骚了。汪丢晓得制谱,而不肯说出。我则不知,而故意张扬为制谱家了。这尚未完。法学教授特肋丹浓嗜好音乐,其家常有音乐会,我就向他卖弄才能,而愿造一谱为他音乐会之用。我毫不知如何下手,一气用了十五日工夫。誊正,删改之后,将成稿分配诸音乐家,一似是著名的曲了。而使人最骇异者,乃在曲之收尾,加上一段跳舞曲的韵脚,本从群众所习知的套语剽窃而来,前由汪丢加入许多淫词教我的,我今将语句删去,而以其韵脚偷为己作,好似要去向月里人弹唱一样。

音乐会已召集,来客翘听我的名调。我对奏乐者解释各种手续后,就立在指挥台上用纸卷左右指挥。于是音乐起始啰嘈。不!自从法国歌舞台成立以来,人类未曾听到这样的怪声音。谁叫你向各方面宣传那样好才能,而结果竟得这样成绩呢。奏乐者大笑特笑,而来宾则张开大眼睛,似要掩耳而不可能。那些奏乐者有意与我开玩笑,却故意将锣鼓打得通天响。我则继续东望西盼,汗流如注,但因为害羞所迫住,不敢逃去,只好死站立。而更加使我难为情者,是在耳边左右,听来人说:"实在不可忍耐啊!"有些说:"真使人讨厌啊!"又有人说:"好似鬼啸!"可怜的卢骚,在此惨淡之时光下,你当不想有一日法兰西之王,与其宫里人,对你新谱上拍掌称说:"何其音之袅袅,真使人销魂啊!这些美调直打入人心坎也。"

明日全地之人皆知我的成绩,这样当然使我不能在此地再住,于是就到郎沙渡[1]去,在此过冬,得有较多的学生,使我能够清还在旧

---

[1] 今译纳沙泰尔(Neufchâtel),德语称"诺恩堡"。瑞士西部城市,纳沙泰尔州首府。

地所欠之债。

在教授他人中，渐渐自己也学得音乐。生活本极温柔。一人费用又不虞缺乏，可是我心情中有如感觉不足一样。每当星期日及放假期，我则往田野去，或则徘徊于左近的树林间。一出城外，非到晚时不回来。一日，到步里[1]见一长须而衣希腊玫瑰色服者，道貌岸然，但言语不达，似操意大利腔，他所说的，只有我一人能懂。我遂为他翻译。他极欢喜，起来与我握手，彼此认识起来，那时我权充他的舌人。他席上有好菜，我的则极粗劣，他请同桌，也就承受。且饮且谈之间，我们已成为熟人。他向我说是耶路撒冷的希腊主教，此来拟在欧洲筹款去修理圣墓的。他因言语不通之故，请我为书记兼译人。我稍行思维后，就应许他。立谈之间，竟于这个素不相识的人飘流到不可知之乡去了。及后行到梭罗[2]，局势始为一变。

到梭罗后，我们第一要紧事，是去拜候法国公使。这个于主教大有不利。因公使乃波那侯爵，前曾使土耳其，当然稔知圣墓的事情。主教单独被问一刻钟，公使识得言语，故不准我一块同入。及其出时，我才单独被召，因我是巴黎人应受公使保护的。他问我实在的情形，我要求在一特别室陈述。他带我入其内室。我遂跪在他的脚边，告诉他一切的真情。他见我语语从心腑吐出，又听得我的小历史甚有趣味，遂执我手带入其夫人之室，为我介绍。她对我极美意，说我不可与希腊教士同飘流。于是决定使我在此地等待别件事务去做。我要往送主教，也不允许，仅遣人去告诉他我已被扣留。不到一刻钟后，我的小箱子已送到。拉马丁尼亚为使馆秘书，负责看视我。当其带我住在一间房时，向我说："此房曾经吕伯爵请一个与你同姓的名人[3]住过，今只待你继续他的令名；有一日人将称为卢骚第一，卢骚第二了。"这个预言，我此时并不敢希望其实现。由今看来，文人的价值

---

[1] 今译布德里（Boudry），瑞士城市。
[2] 今译索洛图恩（Soleure），是瑞士西北部一个州的州府所在地。
[3] 指诗人让-巴普蒂斯特·卢梭（1670—1741）。

原来如此，则又怨此种预言之终于实现了。拉君之话竟使我生起好奇心。我遂将在此房间内所有此诗人之书籍看阅。因信他人之言，以为自己确有诗才，遂也学做一首赞誉公使夫人之诗。究竟这个嗜好不能支持下去。我时不时做一点极平常的诗句，这固然是个好练习，而于散文的帮助极大。可是我与法国诗一道实无缘分。

久于经历世故之后，先前小说式的行径，渐觉消灭。例如我此时不想见爱于公使夫人，也不想在公使馆有大作为。故当人问我有何希望时，我只答愿往巴黎。公使甚为赞成，或者借此以解卸对我的责任。同时有使馆驿官迈歪约先生，说他有友峨打是瑞士旅长而服职于法国者，甚愿得一助手为他侄儿之用，其侄在巴黎也系少年武官。如此安排，居然决定我的行程。在我个人既有旅行，与能观光巴黎，自然无不乐意的了。人给我几封介绍信，与一百佛郎为旅行费，及许多好教训后，我遂就道。

此行有半月，可算为我生平中最快乐之一。年少，身壮，有钱，有希望，又是步行，又是我独自个人旅行。凡知我的素性者当知这最能使我梦想天开逸趣横生了。当人使我坐在其车时，或有人伴我旅行时，则我断不会有种种的梦想了。说及此遭的迷梦，乃是属于军旅的。想及此去依倚军人，我自己也就变成军人了。起始假设做一个贵族式的兵士吧，不久，我就着了军官的服装，和上一绺白帽缨了。愈想愈心花怒放，我已习了一点几何学，一些炮台术，叔父是工程师，这已有一点战术的血统了。我的近视眼，未免缺点，但也不大要紧，只要有毅力与镇定的心胸，当能弥补这个缺憾。我曾念过一本书，不是说杉白大将军，同一样近视眼吗？为什么卢骚大将军不可以呢？这个迷想，使我眼前所见的，已是一排排的兵士、战壕、木栅、炮队，而我则在炮火迷濛之中，手执望远镜指挥若定一样。可是当我经过良田绿野之时，见其美畴清流，则又使我懊悔何为而从事于战争了。又觉我温柔之心，不是为战争而生的，忽然间我又愿与可爱的牧女为群，而不愿再与战神为伍了。

及到巴黎的左近，使我竟将早日崇拜的观念打消。当我在杜兰所见的巴黎，外廊何等辉煌，街道何等美观，住居何等齐整与雅致。我以为实在的巴黎尚当远过于此，料想它必定是一个大且美的城市，气象魁宏，所见的皆是美路与金石建成的宫殿。可见我当从圣马叟[1]近郊入巴黎时，所见的乃是小而且脏的街道，丑而又黑的房子，不干净极贫穷的居民，许多乞丐、小车夫、拖狗者、卖药茶与破帽之小商人，这个形状刺激我之深，至于将来已经深知巴黎的美丽之后，尚不能涤净此日的厌恶。我虽后来在此城居住，但时时刻刻在寻得生活费而离开这个讨厌的城居。凡驰想于描写太过度之人，常常得到眼所见的实情万万敌不过耳所闻的传说。人对我夸张怎样美丽的巴黎，使我以为与巴比伦相埒。假使我真见巴比伦，安知又不再被骗了一回呢。明日，我往视巴黎歌舞院，及后观光那凡尔赛的王宫，以及览海景与一切事情，均不能满足我所要求。我的希望已超出于自然及人为的工作一切之外了。

即如介绍信，也因太富于希望，而致易于失败。有一封介绍太好者是给苏柏先生的，我往见他好几次，而终得不到一杯水饮。最好接待的是介绍人的嫂嫂迈歪约夫人，及其子，时常我在其家用餐。迈夫人美丽，黑发，照旧时装一绺绺垂于额前。她有不朽的神情与一个好心灵，似能了解我的才思，故对我极好而常予之以济助。说句对法国人的公道话吧。纵然，有人说他们许多坏话，但他们多是诚实，不过常使人误会其用意之所在罢了。瑞士人遇人称扬，只能哄骗愚蠢之人。至于法国人外面似极简慢，而底里常使人得到许多料不到的好处。我应进一步说，他们实在不肯撒谎，又生性都是喜欢服务，而讲人道及慈善之心，比任何国人为热烈。不过其民性轻浮与浪荡一点，故他们虽常肯与人表同情，但这样同情易发也易散。当与你谈时，他满心有你影在；一不见面就全忘记了。他们的心是无恒的，仅能保存

---

[1] 今译圣马尔索（Saint-Marceau）。

一个时间性而已。

所以我随处受欢迎，而无人肯为照应。旅长峨打虽有钱，而对我极刻薄。使我为他侄子做勤务兵，连兵服尚不肯发给。迈夫人及其子劝我勿受其职。我等待他事做，而也无一事得着。百佛郎不能继续长久，不免起始着急。幸而得到公使那边再寄些款来。如我稍能忍耐，他或者能别为力。可是我不能如此无聊坐食，而求人济助，以是灰心堕气，社交不讲，遂致与各方面断绝。于是我想去寻妈妈。但何处去找？迈夫人告诉我，她已往萨洼或杜兰。有人说已往瑞士。但无论如何，我一定去寻。心想在外省终比在巴黎易于寻得。

于今使我有懊悔者，是当旅行时不曾写得日记。无论何事终未比我独步旅行时的多思想，多活泼，多生命，与多于自我之表现。步行能使我观念活泼，与再生。当安静时，我不能思想。应使我身动摇，而思想始能出现。举目眺瞩那田畴，一地一地的美景，联属映于眼帘，广大的空气，大饮大食，动作后康健之取得，野店的自由生活，总之一切不受制于外物，我唯得到自己所在，而使脑海清澄，思想上敢于大胆驰骋，一身几与万物融洽，而于其中选择其相宜者为之缀合，无牵无挂唯兴所之。如是我为自然之主，心则流动于事物之间，虽与事物结合，而不执滞；与事物相牵连而不为所役。兴之所至，即情之所注。假如我将此流动者凝结而为我的言论，则见其笔力透纸，文彩清辉，而表现上则觉具有无穷的力量。人看我老年时的文笔，已觉得到一点。而谁能知当我少年旅行时所想而未写出的宏富典丽。……你若问那时为什么不写出？我则答为何要写出？为何将我眼前快乐者舍弃，只去告人自己所得的快乐？一些读者、一班群众，或至全地球之喝彩，究与我有什么相干？我已在天上翱翔了，又何屑管这班地上之人。况且我随身带纸笔吗？如我想到此，一切又俱不至了。我不能预先知道我的观念来不来，它来随它兴，不是随我兴。或则它全不来，或则它全群来。它的量之多，与力之大，使我疲于应付，一日可写十部书，而且写不尽，又有何处得时候去写出？到达时我只想食，起程时我只想行，我所感觉到的只知有一天堂在我面前等待，只待我去寻觅就可得到了，又有什么心机去想写书呢。

此遭从巴黎往里昂，一路上最使我得到上文所说那种梦想的实现。当我前来巴黎时太过于从事实着想，以致不能尽量沉醉于迷梦。此遭，所有阻碍物已完全撤去而唯使我深埋于理想之乡。因此时常使我忘失方向。而在我也以直接达到为恨事呢。最好是往里昂，如要去寻遍大地后始能达到一样。我实愿它永远不能达到啊。

有一日，因见一美景，而使我拐弯，愈拐弯愈得幽胜，而终于迷失途径。过了几点钟的转向，而尚不能得到正道。疲乏之余，继之以大饥渴，邻近只有一间农屋，只得入内，以为一如瑞士的乡人一样富裕，而乐于救济路人也，遂请治午餐而愿给其价。他给我些清奶与粗面包，并说仅有此而已。我饮其奶甚甘，而将面包食完。但实在不足果劳人之腹。这乡人见我实饿，说我是好人之后，遂即启一地板门，下取一块好面包、美味的火腿、一瓶浓厚之酒，加之一盘炒蛋，使我得到一顿好餐饭。当我给他价钱时，他显出很惊怕骇异之色，竭力推辞。而我尚不知为什么他要这样害怕。及后他告诉我那些狗狼差吏，满地骚扰。他藏起酒食，恐被没收。他藏起面包，以免抽税。并告诉我，如有人知道他尚有粮食，定必被吊死。这个新闻在我尚为头一回听到，但至终身永不会消灭。并由此，种下在我心上帮助群众反抗恶人之根苗。此乡民虽然宽裕，但不敢安然坐食其血汗所得来之面包，而不能不装作与群众一样的贫穷，以免受意外之祸，世上宁有此理？当出其门时，我为他怜悯，与代他冤枉。可惜这个天然富有的地方，竟被凶恶之人蹂躏到这样民穷财尽的地步！

此次旅行的回忆，所能存留于今日者，应算这事为最真切。到里昂，我往访滑浪夫人的女友沙特肋女士。她固为我前到里昂时的老认识者。她说其女友确曾路过此地，但其后不知何往，遂劝我最好在此等，而候她去信探问。我即答应。但不敢说囊金快尽，于势不能久待。她待我太好了，使我不敢向平等朋友前开口，如讨饭人的要求一样。

在里昂时，忽又逢到一桩危险的事情。日来自觉存钱不多，力行节俭，不敢在客店中用餐，以致随便用五六个铜子（在店须二十五个）在外充饥。食固无定，而宿更无踪，因未在店用膳故不好意思住在他们店中。且喜值逢好气候。一晚，极热，我就决定在外露宿。已经占定了一街椅，忽有一教士经过，看我如此，问我是否无住所。我即承认。他觉得可怜悯，遂坐在椅旁与我攀谈。他说得甚动听，似是一个极有理智之人。遂向我说其住房并不宽大，但不肯听我如此外宿，请我与他同床。我意在得一个好人帮助，即承受其好意。到其房时，觉得虽小而尚洁净。他招待我甚好。彼此食了两粒火酒浸的樱桃后，遂即就寝。

此人竟与前在第二书说的假犹太人有同样的性癖，但发泄得极温和。或恐我的反抗，或则恐其图谋不成，故其手段在使我不惊惶，而重在引起我的同情。在我呢，则比第一次有见识，早已料知其计谋而使我心恶。来时匆匆，不知其屋之所在，与不知其为何如人，故我恐声张被他暗算，只好装做不知为何事，但对于他的抚摩，表示极端不愉快，而不愿他继续下去。因我表示极得法，使他不得不停手。随后，我则用极和平与极坚决的语气，为他陈述前次碰到那犹太人的恶遇，而为之描写此中的丑状，令他也为之吐弃。我们如此得安稳过了一夜。他并告诉我许多道德及训言，虽然坏蛋，也尚有一点理性存在。

明早，教士先生表示愉快，请其住店中的姑娘备早餐，她甚美丽，但无情地回答他无暇工夫。他转告其姊，这个更毫不瞅睬。我们尽管等，但早餐老不到。我们遂到这些姑娘们房中来。她们对教士极不客气。对我呢，那大的姑娘将鞋尖踩蹦我足边，而我此边适生有鸡眼，遂至于截去鞋边以减痛。其少的，从后头将我要坐下去的椅子拖去。她们母亲又从窗上泼下我一面水。无论我到何处去，都不免受其欺侮，这个实为我生平所未曾逢到的待遇。她们对教士更形狠狠，可惜我不知其因何怀恨至此。初则痴心以为她们对我必较好，而卒之更不免于错愕到万分。说及教士，他装做不见不闻，知早餐不可得，遂跑出去。我也求之不得就跟出来，以避其荼毒。出后，他尚要请我饮咖啡。我竭力推辞，彼也不勉强。转过三四个弯儿，彼此分别而去。我无论在巴黎，及任何城市，总不遇到这样的对待。这个使我深深印入对于里昂之不好观感，而常看它的风俗，为欧洲城市中之最败坏者。

我宁可受饥饿，而不愿借债，遂使我几夜在里昂露宿。在我意存有点钱当用之食饭，住宿当然可以节省。而又可怪异者，我虽处如此境遇，而并不为烦闷与忧愁。未来之苦难，我一点不挂念，一心在等妈妈的消息。虽则席地而睡，无异寝息于玫瑰园之中。有一夜，在城外曾经尝了无限温柔的憩梦：这是在浪河或骚河之上，究是哪一河已经记不清楚了。花园依高原而建设，对面则为大道。此日热气蒸腾，夜景爽快，露珠沾在枯草上，并无风信，四周静穆异常，空气虽清新而不冷；太阳下山后反射出那血红的云彩，映在水光变成玫瑰色；高原之树上栖了许多春莺，正在跳来飞去。我独自散步，心旷神怡，鉴赏这些自然的美丽。其所不满意者，只在感到无一个女伴来同享乐之苦耳。一路行去，梦想不休，以致夜深尚未止步，并也不知其困顿。卒之觉到困了，遂睡于高原之墙内的一片木板上，面上便是树枝，中有夜莺恰恰啼以催我睡眠。睡已这样香甜了，醒来更加愉快。太阳已在发出万丈的金光。张眼见到的是水流草绿，与极美的风景。起来整了衣襟，已觉饥饿，尚存有十二铜元，预算尽够一顿的好早餐。行时觉得甚快乐，信口唱歌，记得所唱的乃一首巴氏词曲。此曲竟使我得到意外的好午餐。当我高唱时，忽然背后有人声，转头见是修养士，似喜欢听我唱者。他问我是否晓得音乐，我答"一点"，意在暗示我识得极多。他又问是否曾经抄写歌本，我答常时。此是实情，因我所学习者皆从抄写得来。他遂向我说："跟我来吧，我要劳你数日工作，一切供给俱足，只求你勿外出。"我答应后，就跟他走。

一连用了几日功，抄写得极坏，错误与遗漏不少，但雇者仍然给我好酒食，与一个不应得的金元。这个支持我生活到有人来救济之时。因为不到几日，我得到妈妈在山北里的消息，而且即寄旅费来，使我喜出望外。自此后，我虽有时缺乏，但终不至于挨饿，这是一个转运的日子。感谢上天！使我以后虽常贫穷，但不会再如此日之空腹野宿了。

到此，尚当在里昂待了七八日以等旅费之寄来。此时我常往沙特肋女士处倾谈。沙女士不少也不美，但甚有风韵而且极亲热。她并有智识，善能观察人。我头一回从她学得研究世人的艺术。她喜欢吕洒[1]的风俗小说。在我虽也喜欢，但不如感情小说之甚。可是我得沙女士教训不浅。与一个有智慧的女子谈论，其启发少年人的心情，比受什么教育家的都大。在她家中，又认识了许多人。其中有一少女仅十四岁，名纱儿小姐者，此时当然不能使我留意。但过八九年后，我对她狂热不堪，她到此际确实变成了一个最可爱的女子了。

说起来，真怪事。我的梦想常与事实相反。处逆境时，心更安逸；而处顺境时心更觉不满足，这是由自己的劣头脑常与环境相反抗之故。它对外物不能照事实去反映，而常愿重新创造。我所要的，是将事实渲染上色彩。故要我描写春天景象。当在冬天的时光。要我写一好风景，当使我面壁而坐。我敢说，如把我禁在监牢，始能使我写出了"自由"。就此次旅行说，早已存了一个未来应有的幸福，故一路上不觉如别次旅行的痛快。诚然，我心满含得见那可爱之人无限的愉快。可惜这个醺醉在先头，转觉眼前无意味。我唯等待未来的幸福，以致眼前的兴趣转觉悄然。心中固然极其安畅静逸，可惜无外之兴奋。对于外物之触我眼帘者，只觉是树屋、川流、十字架，如此而已，不能使我超出于物质之外，而逍遥于云霄之中。

可是，此回旅行也有可记者。不愿见妈妈太快，故意在延长其日程。东观西望，已尽飘流浪漫之能事。在好的时光，步行而观好风

---

[1] 今译阿兰·勒内·勒萨日（Alain Rene Lesage，1668—1747），是法国18世纪初期的重要作家，主要作品有《杜卡雷》《吉尔·布拉斯》等。

景，不要忙迫，目的只在得到旅行的快乐，这是我生平最喜欢的事了。我所谓好风景者，不是平原，乃是急流、巉岩、雄柏、黑林、高山，不平之路一上一下，深壑无底，使人望之生怕。我的游兴如此。幸而近山北里的地方，就能得到此种的兴趣。邻近有山，从山顶削落，名为"天梯"，中有羊肠鬼道，名赛娜者，其下有深壑小溪出其中，千古流泻不绝。道旁围以高栏，以防行人之倾跌。我则凭倚其上，俯观下界目眩心跳。而愈使我目眩者，愈使我乐于凭眺。唯求安全不生危险，则我虽鼻垂栏外，至于几点钟之久，也不烦恼。眼见那飞瀑从天而降，黑鸦与鸠枭盘旋上下，飞鸣呼号于我头上万丈高的巉岩雄柏之上。有时，我则聚集石子后，一个一个从下边的疏林仄径处挥去，看它一直滚到壑底为乐。

将到山北里时，又有一种相反的风景，行道乃在美丽的瀑布之下。山形甚凸出，故水射出时，成为弧线形，行人能从石隙与瀑布之中而过，免为水所袭湿。但稍不留意，如我一样的癫狂，则终于全身如注。因为水从极高而下，变为云雾，当人靠近这些云雾时，初则以为不着水，而不知满身是水矣。

终于行到目的地。我见座中不止她一人，王家总监也在其内。她见我未曾开口，已执手向他介绍，无限温柔，使听者神为之醉。"这是，先生，可怜的青年，值得照顾他到免用照顾为止呵。余的他自能成功免我代为操心了。"后始向我这样说："我的小孩，你已隶属于王，感谢总监先生，他当为你安置。"我张开大眼睛，而未发一言，以为我的财富即在眼前。我到不久，就为登记处秘书。自我逃出日内瓦四五年以来，东飘西流，至今日始是头一次得用自己之力食自己之饭。

在我少年时，这样长期的胡闹，一行念及，自己也为之汗颜。虽然生来有些似成人，但小孩期过长，过二十余岁后尚保存许多的童性。我已答应读者，将我真相写出来。故要知我成年事，当先知我少年的行为。我对外界事物并无印象，只有记忆；并无意念，只有痕影。凡初始所观感者，当然较易于留痕。他与后来的记忆及痕影揉杂成合，而生出一些新的情感与观念。因此，当我细写初年的因由时，即在使读者去判断成年的结果。我所要的在示读者一个透明的心灵。所以从各方面写出来，与从各时间聚集起来，使读者得以一直看到底，于以探究此中因缘关系之所在。

如我直接从结果处下断语说："这是我的个性啊！"这个容易流入于骗人或自欺之途。但我今从最简单起头处叙述出来，不加批评，仅在描写事情怎样而至，我如何对付，如何思想，如何感动，如此除我有意作伪说假外，所叙述者断不会有错误。纵我要作假，也碍于事情之所在，而不易于着手。这样一来，唯在读者观察事情之所以生，而去下判断，如他判错，当是他的过了。并且凡所描写的，不但要诚意，而且要照事实，这个也唯读者去判断是否如此。我所能的只在全说，而听读者去取裁。于少年时代所描写之方法，自第一书起至此书止，我都照这个宗旨无忌无讳去实行。可是成年之事，不如少年时的易于记忆。但凡能记忆的，我也当竭力写出。读者如以为无趣味，则亦听之。我所怕者不是在于多说与说错，而在于不全说出，与把事实遮盖过去呢。

第五书（一七三二～一七三六年）

（卢骚二十至廿四岁。——译者）

似是一七三二年的时候，我到山北里，其事在前书已说过，并说我为王家的秘书。此时我已二十过去，二十一方来，思想方面虽稍见发展，而判断一端仍然幼稚，其所靠仗于女主人教训之处者尚多。我虽有若干年的阅历，但尚不能纠正少年时小说式的观念。险阻艰难固已备尝，而于人情世故尚缺经验。

我住在自己家，即是在妈妈处，然大不如旧居安娜西之快意。既无花园，又无泉流，也缺风景，所住之屋，黑暗凄凉，我住的房，更为黑暗与凄凉。一墙遮于前，一死头小巷，空气少，日光乏，地位小，蟋蟀众，田鼠多，天花板又烂，实在不宜于居住。但我常在公事房与在她房间闲谈，故我房虽丑，而也不大觉得。在她所以租此者，乃因别有外交手段的作用。这屋本属于财政总管的，她居此，乃在讨好，故虽朝廷纷扰，而她年俸免被裁撤，因房东已成为好友，而肯为之斡旋了。

家事与前一样，忠仆安尼，仍在跟随。安尼是莫特鲁乡[1]人，自少在柔那[2]采茶为生，她因此用他为采药人。仆则勤究植物，主则给以种种便利，故安尼若不早死，定能成为植物界的人物。正经，厚重，他又比我年大，堪称为我之管理人，而常纠正我的过失。凡事他

---

[1] 今译蒙特勒（Montreux），瑞士沃州的小镇，位于日内瓦湖东岸。
[2] 今译汝拉山，在法国和瑞士的边境。

都不客气地尽其监督之责,我在他面前,也不敢一点为非。他并且监督到女主人。她也敬重其有理性、忠直、热诚,而能为她谋福利,故凡事极肯迁就。安尼确是仆人中之奇人,为我生平所未曾见到者。迟缓、严肃、审虑、行为端方,而判断敏捷,有主意,强烈的情感藏于心中,而不发泄,一生只做错一件事——一件极严重的事,即在于仰药自杀。此事在我到后不久发生,由此我才知道他与女主人有秘密的行为,但非由她告诉我,而我终于不会起疑惑的。以他那样热诚、忠实,她对他如此深爱,也极合理。在他也极能称其爱。他们平居,极少争执,纵有,不久也归于和好,只有此次,其结果甚劣。当女主人盛怒时,骂他一句难堪之话,使他受不下去,遂吞下鸦片药水后独自去睡,决意与世长辞了。幸而滑浪夫人,挂心远虑,一见药瓶已空,即料及其当然之结果,她急得手足失措,我闻其号呼之声而来,她告诉实情后,求我助她救活。经过种种困难之后,始能将所吞毒水吐出。而其隐情,在安尼自己,永未向我泄漏。自我知道这个秘密之后,我对此种结合极为感动。由此,我对安尼,不但亲爱,而且恭敬,我愿为他的弟子,自以为不失减了自己的身份。

当闻及有人比我更亲密去亲近她时,我自然觉得难为情,虽则我不想去代替他,但终未免不介介然于心,这本也当然之理。可是我对这个致我烦闷之人,不加仇恨,而唯推其爱她之心以爱他。一切事能使她快乐的,我都祝祷,那么,她既需要他,我也当使他快乐了。在他方面,也能体其女主人之心情,诚意对她所择取的友人。他固然不敢自作威福,而唯以我为念。我也不敢为非,而唯以他意是从。我们如此亲密地过日子,只有死神来临,才能解散此中的深缘。由此益可见这个妇人的德行了:凡她所爱的人,彼此未有不相爱的,妒忌与敌视之心,被她的感化而消灭,我永未见她所爱的人中,彼此有互相倾轧陷害之事。凡读到此者,请暂时勿下赞誉,只好好地去回想,如有别个妇人能如此者,则请他们安心放下生命给她吧(虽则她是如何下等之人)。

自此时起，到一七四一年往巴黎止，大约八九年间，在我无甚要事可记，只知一面在锻炼性格，而一面在研究学问。于公事暇时，自己则习算学几何，并习植物，化学，及解剖学。而最使我勤习的是平生嗜好的音乐。与妈妈一起学，更使我对此术格外欢喜。音乐乃我俩共同联合之媒介，彼此都不大内行，缓缓地共同领悉一曲后即皆大欢喜。当我见她正在忙于制药时，我就向她说："妈妈，有一'双调'极美丽，能使我于唱时得尝到你酸苦的药味呢。""呵！是吗？"她答我说，"如你使我药烧却，我定教你吞下。"如此争执间，我将她牵挽到琴台来；精神别有眷注，药品已都成灰，她将灰向我面上抱怨。这些事情煞可爱人也。

　　尚有一事更比此有趣者：我们住处狭窄，势不免于向外边求点空气。安尼请妈妈于城外租一花园，以植花草。园有屋，放一睡床，与应有的设备，我们常到其间午餐。我并且常睡于其中，书画以及一切的安置务求美丽，使妈妈来觉得其新奇。我常离开她，而特地到此园来点缀。在后来若干年久，我曾闻吕森堡[1]夫人，讥笑有一人特意离开情妇，而只喜欢与她通信的故事。我答说我就是这样人，而且已经实行过。我非愿意离开她，与她一块时，我极快乐，不是厌烦，不过许多来人使我不喜欢，故我愿到此别墅，较能享受我们独自的幸福。

　　工作、欢娱，及一同讲习学术之乐，使我过了安逸的生活。那时全欧的沸腾，敌不过我一个人的安静，法国军队正在扬旗呼号于我们别墅之前。在我方面，实在倾向于法国之胜利。这个倾向，我也不知其所以然，似乎由我喜欢读法国文学而生。读其书，认识其英雄与其淑女，当然不能不随而爱其国土。故我后来无论如何受法国人的欺侮，而仍然是一个极热烈的法国主义者。

　　天要使我的音乐学问成就，适有修养士巴肋来到。他是好音乐家、好人，能弹一手好钢琴。彼此相识后，几不能离开。我们互相攻

---

[1] 吕森堡，今译卢森堡。

讨音乐，于是我遂向妈妈请求得每月在她家开一次音乐会。合起了六七人，由我指挥，虽然不如前次之失败，但也不见有多大成功。

我既专心于音乐，遂拟舍弃公事房的秘书职务，以便从音乐讨生活。妈妈初虽不愿，后也同意。此事实行后，世人以为我舍此好差事，必定是有财产之人；或则以为我实在有音乐的特长。"无目之国，独眼为王"，在这个地方，我虽技劣，而也得称为好先生了。因此学生来的不少，所以比秘书的薪水更多。

从公事房，而到音乐室，当然苦乐不相同。在公事房那样肮脏、无聊，同僚之人更为肮脏与无聊。我常因工作过劳，与被臭味所攻，及讨厌之故，而至于头眩。如今则完全与此不同。凡所环绕于我者，乃一极美的世界。一切富贵家庭，对我含笑欢迎，温柔接待。美丽与盛饰的女郎，等待我唯恐不至，接待我唯恐不周。我所见的均是可爱的物。我所嗅的乃是玫瑰与橘花之香味。满室是歌唱、欢谈、笑谑与玩耍。假使利益与公事房相等，而人也当舍彼而取此了。故我对于放弃那王家职业，确不懊悔，虽至今日想起来也不懊悔呵。

可惜此地人不富，但安知他们富起来，不更为可惜吗？地方虽这样穷，可是为我所未见的最佳及最慈爱的人民。若一个小城邑而其生活极温和者，应算是这个山北里了。许多贵族来此居住，以致生计艰难，遂使少年不得不往外从军，及老回来，安居是间，故多以名誉理智为重。女的，类多长得极漂亮，不漂亮的，她们用装饰与风韵，也能变为漂亮。这真奇怪，我今回想昔日认识的此间女人，竟无一个不可爱者。或说这因我此时是少年教习，彼等女人不得不装扮表情以取悦。此或不错。实在我一想起那些女学生，未有不使我快乐呵。第一位是迈那梨女士，住在邻右，为我友的学生之姊。棕色皮肤，而极活泼，含有风韵可人的活泼，而不是胡闹者。不过稍瘦，恰似大部分的少女时期应有的消削。可是她那双光耀的眼睛，那个精致的腰围，与及动人的容光，固不必肥润而始令人爱。我是早晨去教的，大概她正新睡初觉，通常尚未整装，头发随便束起，缀以花蕊专门为我插的，及我去后，才摘下花而理发呢。我一生最怕的是在见了那不穿外衣的美人，比那整装后的美人更可怕。蒙东女士家，是午后去的，也使我得到无穷的快感。金丝发，集中结束，极精致，甚羞怯，皮肤白得可喜，声音清朗和谐如箫音一样可听；在她奶上有滚水烫后之伤痕，虽用纱遮护，尚隐约可见，这点常引我注意，到后来我的注意竟不在伤痕了。莎儿女士是另外一个邻人，这是一个成年女子，高大、强壮、肥胖，极其好看。她虽不能算为美人，但其风韵、脾气，及其性格，均堪列入为上上乘。她姊莎尼夫人为山北里最美的妇人，不习音乐，而使其女跟我学，还是小孩，可是天生丽质，后来当能继续其母之美丽，只惜稍过于红色一点。

在此可纪念的名册内，尚有一位忘却名姓的法国女士。她说话迟迟似女修士，但所说的话又极有兴奋性，与她的外状极不相同。并且她极懒惰，毫不提起精神。经过二月之功课后，她愈见疲敝，似乎专与我为难，要使我更加对她努力一样。故这个懒惰的神情，又似故意特为我而发的了。可是我生来最恨束缚与受制。故对她的倦态，未免起了讨厌。人说在回教国，每晨有一位官员巡于路上，嘱咐丈夫对其妻们应尽职。我想这样命令，必定使我成为最不成材的丈夫了。

在城外，尚有几个女学生，其中有一个关系甚大，亟应在此说明的。她为点心店女，名叫辣儿女士，面貌恰与希腊像一样，为我生平所未见的最美丽者，但美中而无生命及心灵。她的死气、冷淡，与无感觉，可谓达于极点。人不能使她喜，也不能使她怒。我敢假设如她给予男人时，不是为兴趣，而是为愚蠢。她母亲因恐其被骗，故一步不离其左右。又想使其女感起兴趣，故使她习唱，而又与一少年教师习唱。可是归根全无效果。其母比其女多分活泼。她有一个孩儿面，其矜持，玲珑，脸上有些斑点，如火般的小眼睛，而稍嫌朝霞红晕一点。每晨，当我到时，咖啡牛奶，必已齐备。为母者必定向我嘴上亲吻。我想若我照样加诸其女，不知她将何说。这个又做得极自然，故当她丈夫在时，嘴上亲吻，与说笑等事，一样进行。他的傻态，恰称为此女之父。所以妻子不用瞒骗他去偷奸，因为要偷就偷了。

辣儿夫人对我太好，这个好意，使我感动极深。我向妈妈说及，好似毫无神秘之事一样。因为一事不向她说，于我心极不安，我对她和对天主一样的坦白。她见此事，不如我所想的简单。她想这不但是普通友谊，实有别情在内，遂设法使我避免。适遇一事来临，于我更见危险，故她更有援助之必要。

伯爵夫人蒙懂[1]，为我别一个女学生的母亲。甚有智慧，但极泼辣，妈妈与她相识，故稔知其性情。她误会妈妈夺其情人之爱，故极怨恨，常思报复，而均不见成功。今举一事以例其余。一日，她告诉其男朋友说："滑浪夫人，外面可观而已，其实不识情趣，不晓装扮，而常用巾遮盖胸前，好似乡下婆一样。"说及后一层，此人答她说："她实有理由，她将一只极大且丑的老鼠，放在胸前，假装作奶头，人常见鼠在其中突跃呢。"蒙懂夫人信以为真。一日，遇妈妈与此人正玩牌时，她从其后将坐椅半倾，使遮巾翻开。但此人所见的，不是老鼠，而使他见到永久不忘的动心物件，蒙懂夫人这回又失败了。

我不是要人，不足为蒙懂夫人所顾盼。我的脸孔，也不为她所喜悦。但她以为我有才能，而想能代她作些诗歌，诋毁其素所仇恨之人，使本地方起了大风波。如此做去，我当然为她受过，或者终身被其仇人所囚禁也未可知。幸而此事不曾成功。她请我一二次聚餐，见得我是傻子，不堪为她驱使。故我只得为她女儿的教师，不至为她的诗翁，与社会的毒蛇。

妈妈见我为许多邪人所引诱，意在救我出于少年危险之途，而使我自己知已为成年人。可是她的手段出得奇怪，为一向女人所未曾用者。她态度比前较沉重，较检束，说话极有分寸，而极含有深意，当然我对此不能不问她解释这个新态度，这是她所预备必有之事的。于

---

[1] 照前后文来看，此处的蒙懂应为蒙东，伯爵夫人蒙懂应为蒙东伯爵夫人，即前文蒙东小姐的母亲。又译为芒东。

是她请我一块明天去游小花园，设计只有我们二人同去。此遭聚谈，她对我极温柔，极有理性，其语气不是诱惑，而是教训。虽则她的语言有意义，态度甚沉闷，可是我此遭的观念，与平时大不相同。她对我事前的暗示，使我已为之焦急。及听她说话时，我即时不免于如醉如痴。心中不在明白其意，而特在寻其味，及知其趣味之所在后，使我即时发生一个新观念，而为一向所未曾想起者。我于是一心只在想念她，至于她后来的话说什么，在我连听也不肯听了。

要使少年留意你所说的话，不可使他于半截间，别有误会，可惜普通教师不晓此中道理。即我在《野美儿》书中，也每每不能避免此弊。凡少年听到一事，每每比说者跑得更快。故要使少年注意一件事，不可使他先行误会。可惜妈妈对此层不甚灵巧，以致太过于迟重，而至于所要防闲者不能成功。我呢，一自听懂大意后，别有一种心情，余的皆等于废话。因我想此事不是男子能与妇人讲价钱，而妇人中也无一个肯答应的。又奇怪是，她准我回想八日，我则骗说不用这样多等。其实这种新观念，打搅我至于极纷扰；八日之间，当然不能安排得有好好的答复。

人若想我待此八日，如八世纪之久，则未免于猜错。我所愿的，是将八日的时间，无穷期延长下去。此时心情焦急与惊怕到万分，常想怎样避却这样幸福来临的方法。但人应知我此际的欲望甚强，热火上升，渴望爱情，身体极健，而且少年。我对女性未曾一次接触，故其梦想痴迷与好奇之心更加热烈，使我急切想做为"成人"。又且我对她的亲爱，热诚，与日俱增。在她左右，使我安乐，离开她，使我怀想。满心仰慕她的慈爱，与她的女性、音容、人格。总之，她所有一切，皆使我视为宝贝。人切勿想她比我大了十至十二岁，必定已为老妇人。可是自我认识她五六年以来，她极少改变。在我眼中，直觉她毫无变动一样。她对我甚温柔，对世人均极好。腰围稍觉圆胖一点，但眼神、肉色、奶部、状态、金丝之发、快乐之容，到此时尚与昔日一样。就其声音说，尚保存少年时的铿锵。这种"银音"感动我之深，至于今日如听及一个少女之美声，使我即时为之掀撼不止。

以这样可爱的人，而使我有取得的希望，当然不免使我难于矜持。在后来长大时，一见爱人，便头热不能支撑。但在此时，我竟能这样去抑制这种初试的快乐，竟能使我见此中苦多于乐之心情；竟能使我对此事不醺醉而唯推却与恐怕；竟能使我假如不要这个肉体的快乐，而不患见罪于所爱之人时，则我当乐为之而不悔。这些情状，实在离奇。我对她的爱情，确有许多离奇事，此一端也，尤非他人所得而猜到的。

读者，或有以她既被别人所占据，势必减少我对她的钦仰之诚意。此又是大错特错之猜想了。这个占据，使我不乐：一因底意识的妒忌；一因那个人与她及我不配。可是我对她的情感，仍然如旧。我敢宣誓：我得她愈少，而爱她愈多。她的好心与美行，较以肉体动我者何止千万倍。我对她也知这个肉爱的危险是极难避免，故努力克己；而对她则以特别人物相对待。我悲悯她，又使我自悲。我将这样说："不必，妈妈，我不必此，而断不至于被他人所引诱。"但我不敢。第一，是这件事乃不能出于口的。其次，我些话实在言不由衷。世界上唯有她一个妇人，才能避免我许多人之引诱。虽则我得到她，不见喜欢，但我得她，就不再为别个妇人所得，这个差足安慰我离开她就难过之情怀也已。

长时间与天真烂漫之同居习惯，使我爱她日加浓厚。而且我们之相处，又有一种特别的情形。我爱她不只热烈，而且纯洁。一心愿叫她为"妈妈"，一心愿自认为她的"儿子"，我已视我们为实在的家人了。这个也可以解释她虽使我爱，而我不想去占有的理由。我记得初见时的情感，虽不激烈，但极醺醉。在安娜西时，这样的迷醉，到山北里已不存在；但我久久爱她。可是全为她不为我而爱她；全不为我的快乐，而全为她的欢喜而爱她。她于我不只是姊妹、母亲、女友、情人，而实在超过这些的，所以她不是我的情人。我太爱她了，所以不敢存有非分之心，这是一个极浅明的意念呵。

此日，此大可怕而少可爱的日子，竟到了。我答应一切，不敢不践约。心头膨胀去承受那不可得到的利益，但我终于得到了。第一次，我竟在一个妇人的手臂中，而且在一个可敬爱的妇人手臂中。我幸福吗？不！我唯得到快乐而已。觉得心中有不可抑制的忧闷，来毒害这个幸福。这似乎犯了"逆伦"之事一样。两三次上，我把她紧握在手臂，迷离中我将眼泪流注她的奶前。她呢，不忧，不喜，温柔与适意而已。她固然不是荡冶之流，也不喜淫荡之事，故无极端的沉醉，也无极端的懊悔。

我当常常这样说：一切她的过失，皆由错误，不是从情欲而来。生来本是好女子，心情原是冰清雪洁，她所喜欢的是高尚，所倾向的是正途与道德。她的嗜好是纯正，而所有的一切都是一种好习惯。可惜常不能去实践。错处，就在她不听"心情"，而听"理性"去安排。理性上，她虽受骗，但其心情每能超脱，可惜她被哲理所误，使她行为不能照心情去做。

叠卫先生，是她第一情人，也为她哲理的教师。他特造了许多信条来迷惑。他见她爱丈夫，尽责任，冷淡与理智，而不能以情欲引诱，遂改用诡辩的方式以进攻。他说她尽责任，是极无聊的事情，这只可骗小孩子罢了。夫妻结合，原非要事，对夫正经，不过是社会一种观念，能使丈夫不知道，便是为妻者独一的天职。故与人偷情，只要丈夫不知，良心上也就可以无憾了。他使她相信一切事情，皆有存在的理由，不必将世上许多事情看为邪僻。凡妇人以为对者，大胆做去，究竟未有不对的。这样浸润，他竟能将她的理智完全推翻，只是心情尚未被打击而已。可怜他受了眼前报，自己只好以妒忌终其身，坐视她的第二情人巴玲教士来享其成。

她对于这些信条，虽不致全为所误，可怕尚有别种坏观念来添加。这个后来的更能与她的好心情相结合。她深信男子所以肯输诚于女子者，无非在以得到女子之身为目的，故她常以金身为献诚的玉帛。此外，在她尚有许多纯净的男友，但对待他们总是温柔无比，故也能得其助力。尤奇怪是：她常能操纵男子对她输诚。她的爱情特别浓厚，凡与她愈久交者，愈能得到其层出不穷。尚有一事，应特别提出者，她所要给予的，仅在可怜的男子；凡声势显赫者，类多不能得其欢心。有时虽最不相配的男子，也能分得她的恩典，但这不是她的下流，乃因她的性格太慷慨、太人道、太要人欢悦、太过于多情，以致每每不能制止这个浩荡恩情的给予罢了。

虽然诡辩的信条，使她迷惑，可是她出了许多力量去挽救。她有的是无穷的德行，足以补偿过失而有余。况且这些过失，不是肉欲在内主动呢。叠卫先生欺哄她只有一件，而因此使她得了好教训的何止千万条。她的情欲本非漫无限制，当其诡辩之说勿来打搅之时，常能跟随光明之途而行。即论她的错误，也可佩服。她虽做错，但其心未曾不要做好。以欺骗，与谎言，为最大的仇人。她为人是公正、平等、人道，而肯尽义务的。对于朋友及职守极尽责任。又不会复仇与记恨，对于世人一味以宽恕为怀。就她最不可恕的乱交情人一事来说，她也未曾一次因此为利。她虽慷慨，可不是为售卖，虽然她常常为金钱所困迫。故我敢说先前苏格拉底已经佩仰亚西巴贰[1]了，若他生存时，定能佩服滑浪夫人。

我先料到必有以我说她多情，而性格冷淡为矛盾者。此或有理。但自然是这样造就她，或者有误。而实情如此，我只能照样说出。现时尚有一班认识她的友人，又尚可以取为证明。我再添一句话说：她只有一件快乐，就是在使她所爱之人同样快乐。若有人以我话不足信，则也只好听之。我的责任在说实情，不在使人起信呢。

这样亲密之后，她不以小孩而以成人待我，给我许多好教训，使我心极感激。当人用真心向我谈话时，我心就大大放开来承受。故虽有许多道德的教师，不如一个为人所爱的多情女子，较能使人得到好

---

[1] 今译阿斯帕西娅（Aspasia），是古希腊著名的交际花，雅典著名政治家伯里克利的情人，以美貌与智慧名动整个希腊半岛。

教育。

她要使我识得人情世故，以为后日出身之地。故不但教我内心的修养与判断，而且教我外表的态度，以便为人所亲敬。在她自己则极深通人情，故不用撒谎、欺哄，与得罪人，自能操纵世人而裕如。这是她得于天者独厚，并非人力所得而成，故这样处事的技能，只能为自己用，而不能去教人。所以无论她如何要我深通人情世故，而终于不能得其效力：一如她叫人教我舞蹈与学剑一样，使我于此二种技术，也终于不能学习得来。

我们二人的亲密，不知安尼是否察出，我对他似极公开。此人干练而静默，虽心口合一，但心中所思的，常不宣诸口。对这事，他虽不说出，但其状又似已知道。不过他以其女主人之心为心，纵然知道，也断不至于有恶意。他比她虽不老，可是极严重与成熟，看我们也不过二个小孩，应加以怜悯罢了。我们对他也极敬重，未敢丝毫有放肆。自从这事不忠实后，她对待他更为亲爱。她知我所思、所感、所呼吸的，只有她一人，故对我表示她怎样爱安尼，而望我同时也起爱念。她激动我爱他不在友谊，而在可敬的性格，这个又确实能打中我的脾气。多少回，她使我们两人，一块感动，而用热泪亲吻表示我们二人均是她幸福的支撑而缺一不可呢。有些女子，读此当捧腹大笑。但若知她的常性者，当能知道她所需要我们二人同时一块的，不是肉欲而是心情呵。

如是，成立我们三人在世界上绝无仅有的社会。我们三人的祝望、痛痒，与心情，都是共同一气。一切事皆以我们三人为中心。彼此亲密的程度高到：如餐时若有一人不在，或多一人来，则觉极不自然。若当我们仅有二人聚谈时，则终不如三人一块时为高兴，我们以诚信相感，又以事务相勉。妈妈计划甚多，又极活动，使我们二人时时有工作。我意谓无工作不止是社会之祸害，也且为个人之厉阶[1]。

---

〔1〕 厉阶，指祸端；祸患的来由。见《诗经·大雅·桑柔》："谁生厉阶，至今为梗。"

无事做不能使精神团结，思想启发。彼此关在一门内，终日无所用心，势必啰啰苏苏，而说谎、捣乱、设计害人等事，也不免于同时发生了。若有事做，应说话时才说话，如此又何等清闲。故天下最无聊之事，莫如无事可做，与终日谈话。更说远些：要使一个社会有兴趣，不但要各人各有事做，并且要所做的能出点精神才好。例如打绺不能算什么事，若挑绣则有时须出神不能乱谈了。有些女人，终日无事做，只管起来，坐下，来回，踟蹰，谈论不休，这是何等可笑的行径。当我在莫耆亚〔1〕时，我常往邻家打绳子，衣袋中则带了绳斗，这样使我可以终日免说无谓之话。如各人能这样做去，则人免变成凶恶，所有社交也较快活了。故我敢说句笑话：这个世纪的道德标准，应当建设于这样的绳斗上。

妈妈的计划真多，家事日见艰难，而她梦想的前途愈复杂。一班走江湖，制造家，与一切人皆到她家来，分配得极富裕，而于必要时连一文也不可得。但她有本事能如此延长下去。在此时说：她想在山北里设一皇家植物场，并安置一个场长，暗中是在请安尼担任的。这个地方，位于亚儿坡山脉之中间，当然极适宜于植物。妈妈并想附设一间制药学校，这个为贫穷的本地人筹点生计也为极好的事。为此事，妈妈竟能用手段将最无情感的医师主任格罗西打动来与她帮忙。

这个计划如能成功，或者使我专攻植物，它与我性情本相近的。可惜竟因一件意外事，而将全部计划推翻。天教我是惨苦之人，故每有可以成就的机会，而终于不能达到。一日，安尼于亚儿坡山中，采奇草，"天使子"为药，以应格罗西之求。因冒暑而伤风，致成肺炎。虽所采"天使子"，据说为肺炎特效药，而也不能奏效。虽名医如格氏，也不能救活，虽热诚于护侍的女主人与我，也不免终于束手坐视于五日后死在我们的面前。我为他憔悴，悲哀，难以笔喻。如死者有知，或能宽慰于万一吧。这样使我失去了一个至可靠为终身的益友。

---

〔1〕 今译莫蒂埃或莫底埃，今属瑞士。

此人实在不可多得：生性聪明，足以补其教育之不及；虽是佣仆，但有大人先生的德行。使他为世所知，当然不至于终身屈在这种下人的地位呵。

翌日，我正向妈妈表示此人损失为最可悲惨之时，忽然想起他存在的装饰品，及黑衣一套，可以由我承袭。凡我所想于脑内的事，未有不向她说出的。她听我这些下等及可鄙之话后，转想死者之高尚，不重利益之可爱，遂而默焉不言，只有转身大哭。可贵重的泪呵！你已深深流入我心中了！已将我心内下等的思想统统洗濯净尽，自今以后，这等下贱之存念，再不会走入我的心中了。

这个死者，不但使妈妈精神上损失，而且于物质的损失极大。安尼是极规矩之人，理家井井有条，家人均怕他，即妈妈也敬爱其人而至于不敢不顺从。自他死后，一切家事，遂全翻乱。我比他缺少严重，虽有时向家人要行整顿，但一经妈妈劝解之后，便也置之，以致家事日渐颓坏，债务更加高筑。在我唯想节省以免于破产；自此时起，我对费用极其悭啬，一直到终身尚保存有此遗痕。此时又更使我留心学习音乐以为后日独一可支持家中之职业。

如此二三年之久，更迭从事于音乐、交游、计划，与游历之中，用心纷驰，毫无成就，但终以读书为主要之目的。当我回日内瓦时，与故人西蒙先生酬应甚殷，他又能引起我攻治文学之嗜好。在山北里与一物理学教授稔熟，向他学得将爆发品装入瓶中之法。及启视时，如被炸弹攻击一样，使我几于殒身，两眼盲废则至六星期之久始愈。

本来，此时身体，已觉衰颓，加以这个意外之祸突来袭击，遂致更形困顿。我本有一个好身躯，胸围广大，理应有好肺部，可是我呼吸不便，常似受了极大的压迫一样。不知不觉中，每每不免于唉声叹气。心中又涌跳，更至于吐血，疟病又来，这样少年，毫未残贼，何以能致成此症？

"热炉蚀利剑"，人曾这样说。这个确实是我的病因了。"欲望"使我生，也使我死。什么欲望？——人问。极小的事情呵！极微细而又极可笑的事情，每每使我如得古今未有之美人与世界之王冠一样的狂热。第一欲望，是妇人。我已有一个，但肉体虽然满足，而心灵则感缺乏。男女爱情，使我比肉欲更觉重要。我有的，仅是一个可爱的"母亲"，可贵的女友，但我需要的是一个情人。于是在我心中，不免镇日思量，用了万种方法创造出那理想的情人。当我抱她时，如我不假她是情人一样，则我虽拥抱极紧，而终于感觉不到快乐。我虽在温柔之乡，而终于不得幸福了。幸福的享受呵！此物能为人类所有吗？嗄！如若我一生中能够一次得尝着充满的幸福，而又是属于爱情的，则我这个憔悴形骸必定心满意足，立时魂归黄土了。

迷恋于爱，而无目的，这是我致病的大因由。其次，妈妈的经济状况，日就破产，以是我心中更加惶恐不安。我的恐惧常常超过于事实。每一想及她结果的悲惨，一想及这个为我终身可倚靠而于此得到幸福之她，终将不免于因贫穷而致分离，则我的精神摇撼到万分。为情痴迷，又为贫恐惧，这两个可恶的恶魔，竟同时来向我夹攻。

音乐的嗜好，又是我的致命伤。手执那本幽奥的拉牡[1]乐书，心想念熟，而脑苦乏记忆力，但我不因此而不肯不刻苦背诵，并且刻苦至于常常全夜不寐而抄谱。甚而至于倏时的嗜好，一次的旅行、一音乐会、一聚餐、一散步、一小说翻读、一戏剧观看、一弈棋输赢，均足使我发生极凶猛的情绪。谁能料及这些最小的事情而使我认为天大的机会呢？即如那本《格勒笼》[2]小说，使我念后，竟为书中可怜之人悲悯，至于累月不快呵。

身体日觉衰颓，前时剧烈的欲望，也渐削弱。既已觉身子不济，则也安心听命，不再如平日之憔悴于无谓之种种小事情了。我此时心中所感到者，不是讨厌，而是忧愁，全身均觉刺激不安，往往不知何故，自哭自泣，自叹今生之幸福如此已矣，又极叹惜可怜的妈妈，她

---

〔1〕 今译让·菲力普·拉摩（Jean Philippe Rameau，1683—1764），法国作曲家、音乐理论家。
〔2〕 今译《克利夫兰》，法国作家普列伏神甫陆续创作发表的四卷本长篇小说，全名为《一位英国，或：克伦威尔的私生子克利夫兰先生的故事》。

所靠我一人支撑将破之局面者，而今我竟无丝毫援助之可能了。如此忧愁万端，卒之大病已成。她护视我，为向来最好之母亲所未曾有。这个服务，使她得此祛除世务之纷纭，也不算为无益。这样温柔之死呵！如此时死，我虽未曾尝到生的快乐，但也不曾受到痛苦。这个未受人类苛虐之灵魂，得以安然而逝，如此而死，我身的一半，也可算不死了。天君泰然，毫无刺激，这样的死，不啻等于睡眠。况且服侍我旁者，那样温柔。这样死法，当然也不觉得痛苦了。我当告诉死神说："你已得我身了，安排我更快乐吧。"记得有二三次，身体太不自在，乘夜而起，到她房去，给她好教训，所言皆含有大道理，而于她自身利益说得更关切。好似泪是我的饭粮与良药一样，当她坐在床沿，我在她旁执她手时，泪珠更涌出得淋漓痛快。这样好几点钟的夜会后，我回去比来时身体较好。因为喜欢她的答应，盼望她的实行，我睡眠得极香甜。祷告上天吧！若于此时归宿，不至后来经过许多风波，以致怨恨生命的负担竟那样重了。

经过千万的护持，无穷的艰难，她把我救活。确实，唯有她一人始能救活我。我不信医生之药，但信友人之言。我们彼此生命之相依，这一点又较比何种药为有效力。人生哪有再比将生命付托于所爱之人，较为香甜与灵验之事呢。我们彼此相亲相爱，固然不能复加。但她那种真情绪，若论世间母子之情，岂足比喻于万一？我虽愿为她子，她比亲生的母亲又更加母亲了。我们一体生活，誓愿不再分离，只靠二人，已一切满足，不再于有所外求了。所有幸福与希望，全靠在这样密切结合之内，自人类以来恐怕未曾有过我们这样相爱的恳切。这不是爱情，这比爱情更超一等。这不是肉体、性欲、年龄、面貌之物，这乃是自己个人生命的存在。失却这个存在，自己也就不能再生存了。

病态虽好，而壮健终未恢复。胸部仍然压迫，疟势尚未净除，困顿之状可掬。一心所希望者，保此残生，以报答她的厚情而已。但住居黑暗凄凉，使我们二人的生存也因此不得痛快。前时那花园，本来离城不远，已不足得到幽静的生活；况自安尼死后，此园也久已辞租。此际，我见她已久厌城居，怂恿她不住城而居乡，以享田间之乐事。她本极赞成的，可惜她不敢辞退旧屋，怕引起房主之怒。她对我这样说："你的隐居计划，本极美乐，也是我的愿望。但隐居时，也须生活，在林内找不到钱时，也当回到市上来。偿他房主圣罗郎侯爵一点孝敬吧。使他也留给我一点。我们就此仍寻一间僻静而离城稍远之所在，以便得到隐居之乐事，于必要时，我们也可以回城来居住。"就此计划，我们寻到城外之山默特去了。此地离城虽不远，而俨若山居；位于两稍高之山峰间，而有一个南北向之小谷；其下清流，穿沙石，映树林，而涓涓不绝。所租居之屋也极美丽宜人。前面有高阜，花园居其中，上有葡萄架，其下有青草场。栗子树扶疏，泉水可饮。园之极顶又可养家畜。凡一切山居之乐，皆为我们所有了。我记得时属一七三六年之初秋，于第一夜就睡时，我喜得几于发狂，不觉紧握那可爱的女友，热泪涌溅而向她亲吻，并这样说："呵！妈妈，这是一个幸福与无罪恶之居所呵！如我们在此不能求得，将遍天涯也不能寻得了。"

第六书(一七三六年)

(卢骚二十四岁。——译者)

　　一片田地一花园,
　　泉绕屋边涓涓流,
　　又有树林扶疏影,

只此我已心满不敢再添下一句:

神仙已太满足我的愿望了![1]（上四句为拉丁诗人诗。——译者）

　　实则我尚何多求？我并不稀罕为这些物之拥有者,但求能玩乐就够了。好久来,我已屡说及曾经验到,"拥有与享用,完全是两样",即如丈夫之拥有妻子也终不如情人时较得了享用之乐。
　　从此时期,我始得到幸福的人生。从此时起,才可说是我曾生存过。可贵与可惜的光阴呵！你回转过来吧,缓缓从我记忆中流去吧,你何必如此急逝呢。说及这些往事,虽是极动人,但是极简单,说来说去都是一样,我知读者听到这样一味无奇的事情,必定与作者永久说一样话同觉得为讨厌。况且这些若是事实、行为,与语言,我尚可以敷陈出来。但它既不是言辞可得而达,与由事实可得而表出,这不过是我的情感所经历罢了。我又将如何能说出呢？我与日光同居,我

---

[1] 此四句诗为诗人贺拉斯《讽喻诗集》第 2 卷讽刺诗 6 中的拉丁诗句。

极快乐；独自散步，我又快乐；见妈妈，我又快乐；离开她，我也快乐；穿林，登岭，奔波于谷中，读书，休息，于花园中工作，收拾果子，助理家事，而满处快乐跟随我走。幸福之神，不在外物，而在我身，他无一刻离开我的了。

在此时期之生活，至于今仍然存在眼前，丝毫并未忘记。一切事在此时期之前与后者均不能全行回忆，唯此时之遗迹则整个地永久保留。我本喜欢"未来"的梦想，但今为此可爱之纪念，则我愿退化到"过去"的回忆，不想于"未来"中求希望了。这个过去显明的回忆，使我在今日的惨况中，仍然得到快乐的安慰。

我今举一例以概这些回忆入我之深切到何地步。头一日，我们到山默特，妈妈坐轿，我则步随。路径上升，她怕轿夫辛苦，到半途下轿，与我同行。路上她见篱边有蓝色者，遂向我说："这是山葵尚在开花。"我永未见此花，并未低头去观察，而且我的短视眼不能细查它是何形状，仅泛泛地一观而过罢了。如此过了三十年，永未再见此花。忽在一七六四年，与友人在可怜西耶之小山上，我正在采草花时，远望丛林中不觉欢叫一声："呵！那是山葵。"究竟，确是此物无讹。友人甚乐，而不知我之所以乐也。他若读此，当知此中之缘由也。就此小事而观，读者可以推论我于此时的生活，印象到如何之深切了。

田野空气，不能使我复原，而且更加疲倦。极讨厌奶，遂以山水代，每晨起于散步中，我可饮二瓶山水之多，不到二月之久，胃弱已不能消化。我想如此更难于支持了。忽一晨，于竖直桌脚时，觉得脉跳而头鸣，其剧烈至于耳朵不能辨别精微之声音，一直至今虽不聋，而尚重听。其脉跳头鸣，也终身未愈。我本是善睡者，自得病后，夜乃常醒。种种病象，使我断定不久于人世了。可是我想在这短期的光阴，竭力得到一些的生命。脉跳已惯了，也并无何种痛苦；夜虽不能眠，也并无何种妨碍；气虽促，而当我不奔走时，也不致生出大影响。

这个病本可杀我身，但结果只杀却我的欲望。感谢上天！竟使我精神上转因此得到些好结果。我可以说,当我视己为死人时,起始才觉得我是生人。从此后,我才从最高上的方面进行。第一,我起始坚信我固有的宗教。妈妈生来本良善,故所信的是良善不是复仇的天主。所谓地狱等说,依她意不能存立。她虽常与教堂主张不合,但并不因此而不是一个好的天主教徒。虽则我不能全遵她的话,但听她许多金言后,确足使我不怕死后尚有下地狱落火坑之种种缪辖[1]。我以全生命付她,自知身子将离我而去,而我更当强力硬把给她,深信她的话足以保障我的安全。这样安心立命,毫无刺激地生存下去。使我在此极少的日子中,不但得到镇静的心灵,而且得到物质的享受。尚有一些乐事,足以使我的幸福完满者,乃在使她与我同样喜欢看顾那花园,家畜,鸽子,及牛母的生活。我借此消遣度日,比牛奶及药品,更能给我生存下去。

  葡萄与果子的收成,更来促成我们此一年中之余乐。田间生活,逐渐引起了无穷的兴味,乡人也逐渐来相亲,可惜是冬又至了,我们转回城里,毫无异于充军去。尤其是我,以为将不能再见来春的田野了。于临去时,我亲吻树与地,行行又重回头者,何止若干次。自失却音乐的学生后,我已久不涉足于城内的社交,所乐与朝夕会晤的,只有妈妈与新来的医生梭罗孟。他是好人,有智识,崇拜笛卡儿学说,解释那"世界原理"甚精明。这样有兴趣与有益的会话,使我觉得比他的药方于身体更有益。无谓的言谈,常使我讨厌,至于不能承受。但贤人的名论,又足引起我无穷的兴趣。我既喜欢其人,遂也想学习他所治之学说。其在当时盛行之学说,我均欢喜过问。拉米先生,那本《科学大纲》,尤使我百读不厌。我此时极嗜读,每日好似即是我此生最末了的日子一样。努力用功,多一日好似我实在得到多一日的生存。在他人必谓我因此不免于重加病痛。但在我则觉得甚愉快,心灵与肉体一律都觉得愉快。因为日事于攻读,痛苦恍若忘却,

---

[1] 缪辖,纵横交错。

虽病状不觉减少，但既不觉得太痛苦，则我对于疲困不睡等症，也已习为平常，一心只等这个颓敝的机体，日事减削，至于死神来解散就是了。

因此，我不但不汲汲讲究卫生，并且药品也不大用，不管他人怎样强迫我。梭罗孟先生见我病，也非药品所可得而愈者，只好用一种平常药品以骗妈妈，而取得医生之信用。就此，我也不遵节制，酒也饮，一切如常人一样的随便，仅就我所能消受的而加之节制罢了。于是也常常出外访友，读书一事，更为嗜之不倦。把邻居书店所有的好书均行看过。好似今生读不够，预备带去阴间再温习一样。并且选择几本书，俟明春到山间去读，如若我能生存到此时可能之话。

我果然有此福泽了。当然使我要享用到一丝不放松。当我看见那树木初蓄蕾时，快乐之情，难以形容。再见春天，在我好似再生于天堂一样。春雪才融，我们已经离牢狱而赴山默特，以听春莺第一声。我自知从此不会死了。实在乡间景象，确不会使我大病。我虽痛苦缠绵，但终能起床出外散步。当痛极时，我常这样说："当你见我濒死时，望你抬我到橡荫之下，包管我就复生了。"

身虽衰弱，田野工作仍准我力量去做。常以花园不能由我个人力量独理为忧，故急于从事执锸。但不几下，气接不上，汗流如注，于势不能不休息。当下俯时，脉跳加甚，血向头升，使我又不能不即行伫立。这样重的工作既不能做，我就改为养鸽。至于操心之勤，常使我连接数点钟不觉讨厌。鸽子本极怕人而难于养熟的。但我的鸽子，竟受我暗示至于随处跟随，并允我把执玩弄。当我一到花园之家畜场时，就有二三只鸽来栖在臂弯，宿在头上，这样麻烦到我虽爱它们，而也不愿有这样过分的亲热。通常对于惊怕之野禽，我都喜欢豢养的，这真是一件快乐之事，使它能够信我的至诚，与爱我以自由。

我前说已带书到来。但我读书之法，极为奇特。我有一个错误观念，以为要读一书有益，当把书中一切意义连类引申，寻根究底而后可。因此我常执一书，未曾读过十页，已搜遍全个储书馆之参考书。如此劳而无功，时间空废，而脑力困顿，以至于眼不能视，心不能用。幸而到后来，我知此方法不对，遂而别求其新的路径。

凡求学问，最要的是在求其与各种学问相联络之处。于联络处，可以见到它们互相照应，与融会贯通之妙用。人类的精神，每苦不能全知，故应当寻一个大纲为总束。只要方法好就好了。我的读书大纲，是将百科字典的各种学问，先行分门别类，次则将各门类重新组合，用我深思与悟力，常常由此得到万殊一贯之功用。我不知能否活到廿岁，但尽力用功，如将把所有知识全备于一身一样。这样时光可谓善用了。不管死神何日来临，也不知生命延到何日，我只有勤力用功而已。

这个用功方法，于我确实省力。当我专执一书用功时，不到几页，则神疲意倦。勉强读下，则目昏头眩。今将各种智识轮流替换，不即不离，兴趣丛至，而学问自得。乡间生活，又助成我各种消遣之变动。这样读书与消遣，代替交换，趣味与学问同时也两得了。（译者按卢骚这样读书法，确有趣味。不过自己为之，非大聪明，难以达到目的。译者愿于暇时，师其意而作一部百科贯通之书，将各种学问融为一炉而冶之，此愿不知能达否？）

虽然，疾病缠绵，但我不觉生得讨厌。好景良辰，况有佳人作伴，此乐难以笔述。唯有心受之人才觉得出。每晨起床，日尚未升，我从邻右草地跨过，而散步于其旁之美丽大道。此路之下，有葡萄园，循山坡而延长到山北里。行行之中，我仅有祈祷，这不是无谓之噏唇，乃从我心坎中发出一种感谢大自然的内音，感谢他创设这样美丽的景象，为我所受用。我不愿在室内祈祷，因墙壁与人为的工作，能使我与自然之神隔绝。从自然的景象中，而直接认识自然伟大的工作，不期然而使我的心去皈依。我的祈祷，是极净洁，而可得到神明所允许的。我不为自己祝福，只为她祷祝白璧无瑕安乐免祸。又为忠直之死者，祝福其好来生。实在说：我不是祈祷，乃是欣羡与鉴赏。

因为凡对这样善良之富户，与其向他求乞，不如自己安分努力之为愈呢。在散步时，田间风味，百赏不厌，远远伫望妈妈已晓未？如其窗遮已启，不觉喜出望外，奔驰而回。如尚未启，则我入园内踌躇，或治园事以待其醒。当窗启时，我入内在她床前行亲吻礼，往往她尚在半睡之中。这样亲吻，又净又嫩，并无肉欲掺杂，纯为一种无穷的醺醉。

早餐，平素为咖啡奶，这时候是一日中之安闲者，我们谈得自由与满足。这样早餐，比别家时间较长，可是我实喜欢如此。英国及瑞士式的早餐比法国各人在房内早餐或全不食为好。与妈妈经过一二点钟的晤谈后，我往读书，至午膳始休。此时我所研究者，是普鲁亚的《逻辑》[1]，陆克的《尝试》[2]，马尔不依[3]，来本士[4]，笛卡儿等大作家，而常惊疑其学说之互相矛盾。我出全力想为调和，当然徒见劳而无功。我于是想出新法，不加入自己的意见，只在勤记他们的言论，以便将来胸藏饱满时，始行比较与采择。经过数年这样的功夫后，我起始去自己判断。到后来遇表现我个人的意见时，当然不致以人云亦云为自足了。

几何、代数，并同学习，但代数经过几何之形图证实后，较能使我有心得。拉丁文，用了许多工夫，极少成绩，虽则我能看拉丁书，可是终久不能谈与写。午时未到，我即辍读。如午膳未备，我则往视鸽与治园，一听及人叫我时，我则喜跃而前，胃口常觉极佳。全身虽病，而胃脾甚壮，此足可为纪述者。每星期有二三次，当天气清

---

[1] 普鲁亚，今译波尔-罗亚尔。此处的《逻辑》又称之为《波尔-罗亚尔逻辑》（*Port-Royal Logic*），是17世纪欧洲最有名的逻辑教材，其作者是位于巴黎郊外的波尔-罗亚尔修道院的两位笛卡儿派修士，安托万·阿尔诺（Antoine Arnauld, 1612—1694）与皮埃尔·尼古拉（Pierre Nicole, 1625—1695），初版诞生于1662年。

[2] 陆克，即约翰·洛克（John Locke, 1632—1704），英国哲学家。此处的"陆克的《尝试》"当指洛克的《人类理解论》。

[3] 马尔不依，今译尼古拉·马勒伯朗士（或马勒布朗士，1638—1715），法国哲学家。法兰西科学院院士。

[4] 来本士，今译莱布尼茨（Gottfried Wilhelm Leibniz, 1646—1716），德国哲学家、数学家。

朗时，我们则往屋后的亭上饮咖啡。亭之四周，绕以藤萝，乃我手植，以摄荫凉，借为我们避暑之地。我们在此约一句钟，参观那菜与花，及谈家常事务，为状可谓极人间世之至乐者矣。园尽头处，尚有我的小家庭——蜜蜂。我常与妈妈一同去看视。在它们工作中而最能引起我注意者，则当其从花间回来时，屁股上装满了花蜜，几于不能走动，使我每为之叹赏不置。有两三回，因我鉴赏之深，更被它们毒射。可是到后，亲密之情，已经成立；无论如何我近它们家，总不至于生恶响。于时，窠满，蜂众，正要分窝，我往平章，则左右上下，全身被其所包围，手中面上，都是蜂子，依依如家人之相亲。凡禽兽皆怕人的，这个惊怕皆有理由。但一当它们却知你不毒害时，它们则信你到底，除非残凶之人，才肯不接受这个信托呢。

午后，我虽仍继续读书，但玩耍休息之时候较多。历史、地理，为我所好。天文，能助以仪器，更足引起我的兴趣。我的短视眼，仅靠粗陋之机械，不能灼然于天空之所在。在此应说一个可笑的纪念了：为要知星位之故，我曾于夜间在园内张灯置器以测量，我的夜装又极奇特，遂致引起一班乡下人的骚扰，宣传园内出有巫神作怪。

这样就是我在山默特用功之境况。以粗工说，我愿如乡下人之努力，可惜我力量不足。以读书说，我虽勤于背诵，可惜我缺乏记忆力。以致诵念几十遍，而随念随忘，可是我勤读不辍。往鸽子窝，草地，及葡萄园，均带书自随。以致树下篱边，皆有遗册而忘带回，有往往已经过几十日而始发现者，则册本已为雨蚀、风残、蚁食、虫蠹了。嗜读至于成狂，虽在忙冗之中，牙齿间尚吃吃作声。

因看一些宗教书后，习知死后应有地狱磨难之说，使我心实不安。虽则心地清白，与已经读了许多有科学性之书，但地狱之说，在我仍然根深蒂固。我常自己问自己："我的现状怎样？如我死后，是否需受地狱磨难？"如此忧虑不止。一日，正在挂念此事，忽想用石打树的预验。我自己说："我将此石击此面前之树身：如中，我得救,否则我入地狱。"说后,手就石而极呈颤动,幸而击中树的中央。但这不是难事呵。因我选一极大之树,与走得极近树身。可是自此后,我就放心了。及今想起此事,我不知应笑与应哭。可是你辈大人们呵,必定讥笑无疑了。这是你们的幸福呵。可是不要咒骂我的悲运吧。我确实觉得自己有万种的苦衷呢。

但这个怕入地狱之念,不会减少我对死的前途之勇气。此时,我以为快死,比久病较为痛快。况且我有何求于生?我虽少年,但生的艳福已尽受了,又好似已逆料我暮年之悲惨一样,故此时并不以死为念。且我又何所怕于死?既无过去之懊悔,更无未来之希望,我所享福的,只有现时的幸福。草地上午膳,花园内晚餐,果子的收获,葡萄之取得,与夫善良之乡下人剪裁葡萄枝以为乐。这些乐事,不啻置我于天堂之上了。记得是圣鲁意[1]节,适为妈妈同样可纪念的生日子,我们往游对面之山谷。妈妈虽丰润,但极良于行。穿山,过岭,入林,出谷,时或休憩于山林之间,不知时候之将至。我们谈及结合之乐事,与及温柔之命运,但愿生生世世如此足矣。周围环境也似为我们祝福一样。宿雨初晴,微尘不染,泉流响得琮琮,微风将叶轻轻翻动,空气新鲜,天涯尽处无云霭。天的洁净,正如我们心中之洁净。我们将带来食物,在乡人家烹调,与其家人一同分食。这些好乡人又真可敬佩呵。食后,我们在大树下取荫,我则拾取干枝以烧咖啡,妈妈则在蓬勃乱茅中采取花草为我解释此中的奇状与杰构,使我引起植物研究之趣味。正在兴高采烈之时,这个梦象似乎在七八年前,在安娜西曾发现过。我因此深为感动,而至于流泪。于深深亲吻这个可贵的友侣时,我极兴奋向她说:"妈妈,此日已经注定许久了,我前所见的确是如此,我的幸福靠你给予,可谓至于极点了。希望这个幸福永久不会减少,希望幸福与我一样地长存呵。"(译者按,世岂有前定之事?此为一种心理变态作用,往往于眼前正在进行的事情,

---

〔1〕 即圣路易(1214—1270),指法国卡佩王朝第九任国王路易九世。

好似曾经做过一样，译者及许多知友也有此象。）

美好的日子，就这样流去，我的幸福也就这样地流去，当然常常别有操心之处，不过结果都是极好的。妈妈本爱自然的生活，自与我同居后，更感到自然的兴味，由此她逐渐地也爱田间生活，她能度地取材，有时租了田，有时租了园，而极愿为农人的工作。及后她竟租起农房躬为农妇来了。我对此初极反对，以为她对农事，也如别事之经营一样，终久必归于失败。但既见她定了主见，我也乐为赞成。转想此举或者有成，可以助她的生活。因此我愿出尽膂力，为她耕耨；愿出心思，为她指挥，并愿为领导她一切之工人。这个锻炼于我身体也极有利益。

一七三七～一七四一[1]——下届冬令，巴里约从意大利来，为我带了许多可爱的音乐书。既然我已为"法律成年人"好几个月了，我就往日内瓦取回自己应得我母亲所遗之产业。我父也同时到此邦。执政者因有大事故，遂也不注意他前时的讼案。他得我兄一份之遗产，因为我兄死生尚未明，故仍归父亲管理。至于我所分得的，除买些书外，全数带回奉上妈妈。此回更可见她心灵的伟大。她看银后，并不掀动，仅储备为我自己之费用而已。

久久，我的康健，仍未恢复，衰弱日甚。面白如死人，瘦损如麻秸。脉跳可惊，数又加增。终久好似胸中被压一样。至末了几于跬步难移。行一步就气促，低下头就眼昏。极喜欢无端而哭泣。虽听枝落鸟啼而也惊心。但内心又极安静。人类生来，就不会心身同时俱能享福的。在此时说：我的精神虽快乐，而身体则不免于摧残。若论今日，年过六十，精神正极惨淡，而身体竟告康健。

为补充了智识，我遂兼读生理学，而尤注意于解剖一门，以为我病的研究。这个智识供给我许多可惊异的材料，似是一切病象均为我所有的。故我不骇异我的死，而骇异何以我这样多病而尚能生存。假我未

---

[1] 本节标题为"一七三六"年，但此处时间与标题不符，原文如此，疑为当年错误。——编者案

病，看这书后，也必生病了。但于今增加一层痛苦的，是在于急要治愈病之方法，这又是读医书之人所必引起的暗示的。我于是断定我是心瘤病。前听安尼说，孟伯利耶[1]住有费惹先生，能医。妈妈也有闻及。故我决定往此地求治。从日内瓦拿来的费可以够用，妈妈更催我就道。

谁知医生就在我眼前呢。初行骑马，因不习惯，而改乘轿。在麻廊忽来有五六乘，合成为病人的旅行队。轿的大部分，乃属于新婚娘哥罗比亚者。与她同行有拉娜须夫人。她无新娘的稚年，与美貌，但也风韵动人。初时以我的羞怯，和她们的盛从，当然不易于认识。但一路同行，宿同店，食同桌，当然终至于认识起来。我虽不愿这个社交，因人多事杂，与我病状却不相宜。这好似一班俏皮女子，要人爱她，先假装不瞅睬，我今也是一样了。新娘甚多情人，不能分心于我，况且不久分离，丁我无可纪述。独对拉娜须氏，则有路上许多历史可说。因为拉氏竟于看中我了。可怜的卢骚也已销魂失魄了。别矣！疟疾，与病魔，与心瘤。一切近她身都已消失了。唯存那"脉跳"，她未曾治好，而且她也不愿治好啊。初时，我的病状乃我们相识的媒介。她们知我往孟伯利耶就医，而我的样子也确实有病，不堪承教的。可是我虽病，而她们竟不肯放弃。每早上，她们请人来问我夜中消息，并请同她们一块饮可可茶。有一次，我竟如平常口不随心，而答她们说：连我也不知夜来的病状如何。这个答复，使她们以为我发狂，而愈使她们起了侦察的好奇心。有一次，我忽闻新娘子向她女友说："他虽孤寡，但极可爱呵！"听此，使我胆加大，我果然终于可爱呵。

彼此相识，当问姓名，与从何处来，及何职业。我想那新改教之名，恐碍面目，假装为英国教士名达田。人遂以达田呼我了。同行有拖里干侯爵者，同病而脾气不好之人。遂哓哓问我英王近状、相臣行径，及圣日耳曼的旧宫之状况，使我几难于应付。幸而我从哈米顿得来的常识，尚足支持。又幸而人不与我谈英国语，若与我谈，包管连

---

[1] 今译蒙彼利埃（Montpellier），是法国南部城市。

一个字我也不懂呵。

这样成了一个好队伍，有人于半途分手时，则彼此致其歉仄与再会之忱。有一日，适到圣马些郎，拉氏请我去礼拜，我照平时一样的严肃，参与祈祷及礼拜。这回几败坏了乃公事。她后来告诉我，疑我为真正的道学家，几于不敢再行挑逗。可是她继续用情，向我多方引诱。其温柔处，令人虽铁石也要点头。当她愈进行时，我虽傻子，也能觉察她的用意。我此时春情正在掀动，每每向自己或向她叹息："真的吗？如果这样，我真最快乐之人了。"我想我这样简朴不情，只有引她取笑，断不会引起她的真心。

到鲁马时，新婚娘与其伴随，分途去后，所存的，唯有拉氏与拖侯及我三人。侯爵虽是病人，而喜欢咒骂，可是底里是好人。但他不愿食人家的"面包屑"呢。故他虽见拉氏怎样向我殷勤，也不致起妒念，仅对我表示其讥笑的神情而已。而我因此更不敢承受她的感情。但我于心又不能放过。如此更觉其内外冲突，憔悴不安。

她终于胜利达到目的地了。到瓦郎西，我们照例一块食后谈天。这是在城外一间客栈，那间拉氏所住的房子，更使我永久不会忘记的。食后，她要散步，侯爵例不同往，唯我作伴。这是一个密谈的最好机会。于是一同环城而行于壕边：我则叙述我的病史，她则万分爱惜怜悯，爱惜到常把我手压紧她的心头。我虽怎样傻子，也知她是出于诚意。我此时也极冲动，难以支持。她本可爱，爱情更使她表示出万种的风韵。当她正在使出少年时诱惑一般狂童之全身手段时，我处此未免将信将疑，恐她未必真情，若我冒昧从事，岂不贻笑大方。又恐取笑于席上之侯爵，则尤更生出许多枝节。但我又不能断然决绝，身呆立如木鸡，口不能出一言，心则计算将如何对付而已。幸而拉氏即时将手围住我颈，而用吻向我解决一切的纠纷。这样疑虑全消，我即时也变成为可爱之人。这本也已到让我充分表现真相的时候了。我的眼光、感觉、心头、口腔，即时流丽欢畅，极尽风流的能事。此为我生平所未有的痛快，而也可算是善于言谈之时候呢。拉氏前此虽则花费了许多逗引之心神,到今所得,也足以补偿了。

如我能活到一百岁,想起这事,不会不深深留得这个风韵可人的一个好纪念。她确是风韵,虽则非美丽,与少年,但也不是老且丑。从她面上,已能见出聪慧与温柔。虽然面皮不娇嫩,而且过于一点鲜红。外面看起来,她似不是贵重人,但底里的价值甚大。人可见面,不爱她;可是一经得到后,未有不心醉的。她对他人,不是对我那般容易准许。此遭她虽不免于用情太快,但不专为肉欲而起,心情也已占了极大的地位。于醺醉那肉欲之短时间,我确知她怜爱我的身体,比她要得到自由快乐之心情更切。

我们的通情,不能瞒骗那侯爵,但他并不此讥笑我,而更可怜我为女人而牺牲。他永未表示过一句话、一微笑、一眼神,借以说明我们的秘密破绽。设非拉氏告诉我,他是规矩人,不肯说出之缘故,我几疑他实在不知道了。他总是极客气,有礼貌,对女子如此,对我也如此。自那日我们定情后,他待我更加有礼。不过时杂以笑话来相朝而已。他或者,祝望我的成功未定。总之,从此时起,拉氏已默示我诸种智慧,故对于笑谑之来,也能以笑谑相与周旋。自得到她的情爱的启示后,我确已变成另一个人了。

在这个富地方,又是好季候,我们又得侯爵的留心,故食用甚繁丽,甚且他留心到我们房里事,使其用人管理我与拉氏的房间。不知是承他主人意,或是自己意,这个用人常睡在拉氏隔房,而将我安置于最末之一间,可是,这不但不能阻止我们的通情,而且更助长我们暗度陈仓的热度。这个醺醉的生活,虽只有四五天,但在此时光,我则享尽了未有的艳福。这个艳福,是纯净,与热烈,而无痛苦的。这是我第一次,而也只有这一次的享受。我敢说:如不遇拉氏,我几一生虚度,至于死而未得到真正的快乐呵。

我对她呢,不全为爱情,这不过报答知己的一种温柔,与一种肉感的燃烧,及应酬的必需而已。得她,使人陶醉,而不是升天堂;令人不能不恋恋,但不知其乐之所以然。我只有一次领略到爱,但不是为她。我爱她，不是如爱滑浪夫人一样，因此使我觉得十足的快乐。靠近妈妈，我的快乐常为忧愁所混杂，内心压迫我不能充分解脱。我得她不为满足，而似惭愧，一似她的清白为我所沾染一样。靠近拉氏则大不相同。自己骄傲是，竟能得到美人的欢心，而独想人类所未有的艳福。愿将全身感觉沉醉于她的信任之中，而又愿将这些快乐的感觉，与她平分。固然既已得到整个的虚荣及艳福了，于骄傲中，更望再领略多些这个虚荣及艳福。

我已不记得在何处，侯爵到达其自己家乡后，与我辈分离。即时，拉氏将女佣安置在我轿上，而将我同她一块同乘。这样一路上当然毫不至于寂寞，使我陶醉到连所经地方也忘却。到孟特里马[1]时，她有事作三日留。此三日内，她于无可奈何中花了一刻钟去拜客，其余时候均愿热烈的相守。外界怎样请她都不应。她托辞，不快，专为我们二人散步游冶于这个好的天气又美的地方呢。这三日呵！如今已不能再有了，我的懊悔又岂堪提起。

旅行式的爱情，当然不能长久，我们终当别离。我对她虽要长相守，但人言可畏，拉氏虽万分细心，但禁不起社会的胡猜。故我们分离得恰到好时候，只有彼此誓愿于后来补偿此会的缺憾。既然这个好合的结果，使我康健，则我将于冬期到圣安狄与她同生活。现时应在孟伯利耶五六星期就医，使她得于此时拼挡一切。她给我到她家时，许多应知之事，应说之话，与应有的行为。因要使佳会之来临更有意趣起见，我们彼此相约以热烈的通讯式来表示。她叮咛我前途珍重，善保身体，应就治于名医，听他言，服他药，到她家时，她定为我照法医治。她确实爱我，故言语由衷。继见我旅费不丰，又将她所有的相赠，而使我难于辞却。[2]总之，离别时她的情影，满在我心头，我灵魂也跟她行。

---

〔1〕 孟特里马，今译蒙特利马（Montélimar）。法国东南部城市。
〔2〕 按照原文的意思，卢梭应该是推辞了拉娜须（或译为拉尔纳热）夫人的相赠，虽然费了好大的劲，但也并非此处译文中所说的"难于辞却"。

孤单凄凉一人行，又独自坐在安暖的轿上，使我好好回想此番的奇逢。我先行梦想怎样到她家时享受的情形。这个温柔的艳福，已在前等待，全世界皆不值我一顾，连妈妈也被忘却了。现所萦绕于我心目中者，仅在描想拉氏的归途，与及她的住居，她的邻右，她的社会，她的生活。她又为我说有一女十五岁已过，素所钟爱，活泼风韵与可喜。我若到她家，她当为我介绍抚循。这个准许，更使我念念不忘。而最使我好奇心动者，则在看这个少女将如何对她妈妈的情人呢。一路上，就这样痴迷梦想，一直到吕麻郎[1]后，人叫我去看"护桥"[2]时始打断。于早餐后，雇一引导而往，这是我头一次看见了罗马人的伟绩确实是世界上未有的大工程。忽然间，这个印象打入我心坎，而给我生平一个所未有的新观感。我既赞叹唯有罗马人才能建筑这个伟大的工程，而最使人神往者，这个简单与宏大的工程乃建筑在旷野之上，而其作用仅为通引水道。试问这些巨大石块，经过几多好身手，从何等远的地方运来，而堆置于此无人之地，当我遍上了那美丽的三层桥，仰慕之深使我不敢放足践踏其上。足下回音又好似闻及当时建筑者之宏音。在此浩大成绩品中，我觉得如小虫寄生于宇宙之微末，丝毫不足道了。一边，觉得我身体之小；一边又要提起我心灵之大。我于是感慨："我何不幸而不生为罗马人。"这样激烈鉴赏了好几点钟，及其回时，使我如醉如梦，这个痴迷与拉氏实在有害。她极想到预防孟伯里亚女子引诱我的肉躯，但未曾想及护桥之掀翻我心灵。意外事实在非人力所能全料及的。

到林马[3]我又往观那伟大的罗马剧场的旧迹。此回使我感动较少。或者盛大之心情已为前次所克减；或者位置太近于城邑。因这个伟大的环台乃为台之内外那些龌龊卑小的屋宇所环绕充斥，以致形成

---

[1] 今译勒穆兰。
[2] 今译嘉德水道桥，位于法国尼姆的古罗马时期引水工程，至今仍是法国的热门景点。
[3] 林马，今译尼姆，是法国南部加尔省的省会。

了畸形的丑态。使人看去只有那不平与怨恨，而减少了那伟大的快感与惊愕。至于我也会见卫依[1]的罗马大剧场，规模虽较小，但因保存得法，故较能使人满足。这个可见法国人诸事漫不经心，对于古迹毫不敬爱。他们通常是勇于创造，而薄于保存的。

一路上，我忘记了有什么病，只知到孟伯里亚后，头热病已好，他症则如旧。心中总想死神在目前来临，故极信拉氏之话而往求治于著名医生。最留意是在求治于费惹先生。我住在一个医生家，每日照费先生的方法医治，而食些矿水，及与他家同住的许多医科学生同玩耍。每下午，则往城外观他们打棍球。这个野外动作，使我极为有益。而且这些学生的社会，也极有趣。学生生活虽乐而不淫，荡而不失其天真，故总比那班老荒唐高出千万倍。这样社交，实在使我乐之不倦。卒之，医生说我是"意想的病"，随便给我些药粉哄骗。他们以为，医生何事不知，既说无病，则便无病，不管病人怎样痛苦，故我在此城住了二个月，花费了许多钱，而于病状未曾有一点益，只随了些解剖学功课，比较有趣味，但因讨厌解剖人尸之故，使我不能不半途而废。

当回程到圣思桥时，乃往拉氏的圣安狄地方，与往妈妈之山北里分歧之途，使我起始感觉到有怅怅不知所之之叹。妈妈的回忆，与其信息的教训，未免触起我近日行为之懊悔。我将往拉氏家吗？假英国人，而不识英国话，随时可以露出马脚。并且安知她的家人不侮辱我呢。而最使我难堪者，是在想到她的小女，我将成为她们母女双料的情人吗？则家庭间的惨剧，将必从此发生。凭仗我的毅力，当不至于堕落少女之情网吧。但占其母而尽量快乐，使其女在旁眼馋口干，而我又不敢向她表示一点诚心，天下最惨酷之事，又安有过于此者。且我何必如此冒险去尝试？我不去一切都解决了，又一想及妈妈的善

---

[1] 卫依，今译维罗纳，是位于意大利北部的一座历史悠久的城市。该城市有古罗马的圆形露天剧场和许多造型精美的教堂。

德，她为我而破产，我今竟负她，天下最浇薄之事又未有过于此了。以是责任与快乐互相打战，而卒之责任得胜而归，我于是命轿夫向山北里方面而转向。虽不免一点叹息，但实行得极有勇气。我自己自道："自己尊重吧！我竟能将责任战胜快乐了。"

一切好行为，须从提高好心灵做起。心灵不提高，则人类的弱点常不免为下贱之行为所乘。当我决心后，即时另外成一个人，完全与前不同。同时先前的痴迷，也完全消灭。满腔善意，希望向妈妈忏悔，与尽我忠实的责任，以盖前此之愆尤。可是，我善行不见谅于人，而一生不幸的命运，也正在待我开始。

在半途下，我就写信告诉妈妈，何时到家。我不要先时到临，竟徜徉于途上，以待准时而至。通常她于我至时，每有盛大的欢迎。此番我也望其如此。故迟迟其行，使她心急切等待，以便我到时格外感到久别重逢的痛快。

我终于按时达到了，远望在路上有无人等待。渐行渐近家，而使我心跳得很。我已在城内弃车而步行，汗流满颊，而终不见有一人影在院中，在门口，在窗前。我起始惊恐，恐怕她有意外的灾殃。举足入室，一切皆平安。工人在厨房食饮，但对我一切皆无准备。女佣见我至甚骇异，她确未知我此日应回来的。及上楼，我果见到这个可宝贵，极温柔，又光艳，又纯洁的妈妈。即时奔驰而跪在她的脚下。"呵！你已到，阿少，"她一面说一面和我亲吻，"一路平安吗？你身体怎样？"她这个热烈的表示，使我心稍为安慰。我问她是否接到我信。她说已接到。我回她说好似未接到一样呢。说到此，我别无从深追求。忽已见到一个人在她旁。我认出他在我未启程前已在家，但这回他已占我位置，而在此有所作为了。

这个少年，与滑浪夫人同乡，乃理发匠，以此职业向她求售的。她本来待一切人皆好，对待其同乡人更加有恩。他是一个无意味，白皙脸，装得尚不错，面孔平扁，思想一如其面，说话如相公一样，装腔作势，但终不出理发匠相。开口就说与一半华族妇人睡觉，合口就夸与许多贵族女子理发,而似忘却他也曾与她们的丈夫一气服伺过一样。虚荣,傻蠢,无礼貌,而对世人皆愿认为父之人,这是我不在家时的替身,而为我回时所预备之友侣。

呵!如有明达的心灵,能解脱一切世间妄念,而能透彻人类的天君者,我将揭出这个可爱与可敬的她的暗影,给你们看,看她的善行与弱点两面俱全。嘎!你的爱情与温柔的性格,及不竭之善心,你的诚实及一切德行,足以遮盖你一些弱点而有余。况且这些弱点,究竟尚是你的好处呢。你有错失,但非恶德。你的行为固有时可讥,但你的心地则洁净到底。

这个新来人,表出极熟心,勤劳,对于一切细事,俱极卖力,兼为工人的领袖。他比我对于犁田、割草、打柴、养马、喂畜,自然件件较得来。唯有花园,他认为太平安的工作,不屑从事。他的快乐,是在引重、叫喊、锯木、劈柴。人看他常常斧头与锄柄在手,东突西跑,叫破喉咙。我不知他有若干人指挥,似乎常有十几个人被他驱遣一样。这个威武,骗得可怜的妈妈,以为此少年人可为她振兴一切家务。她有心笼络他,自然应尽她平日交结男人的方法,而那是最有效的一种,更使她不得不用出了。

人应知我怎样爱她。而今万事推翻,眼前的幸福,已不复存,而未来的希望更加消灭无遗。我虽少年,但此少年的兴趣与期望已离我而去了。善感之心灵已死去一半。我所见的只有那悲惨的残生。

我愚蠢及信任到虽这个少年那样对她亲热的情形,而不会使我疑她已移爱,苟非她亲自对我说。她急速向我说明此中的缘故。在她以为此实一件极平常之事而不必相瞒的。她怨我少不更事,不能管家,而常外出,似乎她不能空闲久待一样。"啊!妈妈,"我满心冤屈这样向她说呢,"你怎样敢说出此事?我对你的热情是何等样大。你前种种救我命,而今要这样促我生吗,我死罢了。但你后当懊悔。"她的安静态度,使我发躁,她答说,我是小孩,人不会为这样小事而致死。我们仍然是好友侣,一样如前的亲密。她爱我不会减少,除非到死才休。总之,她应许我一切如恒,虽与别人分割,但我所得的和前实不减少。

听这些话后,我对她的洁白、诚实、忠义、正经的情感,格外感动。我向她脚下跪倒,吻她的两膝时已经泪出如沈。"不是!妈妈,"我喜欢地这样向她说,"我爱你甚热烈,当不愿污辱你,你的占有太贵重了,使我难与他人平分,但事到今日,我虽懊悔,但也莫可如何,我敬爱你,比占有更为重要。为你而从命。为我们心心相印而使我放弃一切快乐。使我所爱之人不快乐,我宁可万死而不肯为呢。"

主意已定,我就去实践上头所许她之话,自那日起,我确实在此可爱之女人面前,自待如人子一样的纯洁。我的这样所为,当非她所乐意,但伊也不以此为念,仅冷淡地对我,毫不加以抚循怜惜。她手段本高强,能指挥他人如其所意。著于此时她对我肯出其挽救之力法,则断未有不成功的。可怜我竟被见弃于她了。吊影独怜,同时也极力忘却自己之存在,而唯以她的快乐为念。她虽要离开我,其奈我终不肯离开她呵。

这样,我起始从困难中培养我本有的德行。此中第一最当勉力的,是在铲除怀恨与妒忌之念头。于是我极力与此少年和合。改造他,教育他,使他成为有价值之人,使他知道幸福之享受。满望前此安尼所给我的,均能转给与他。可惜两非其人。我呢,比安尼虽较聪慧与天真,但无他的着实与刚毅,又无一种威力,能使人不敢不服从;他呢,也无我对于安尼服从的性格。我前对安尼是万种温柔、服务,与感恩。尤其是满腔抱有愿受他的教益之虚怀。可惜此人全无此愿。他看我无异等于冬烘先生。自己甚骄傲,以为他是家务不可少的人而自鸣其得意。他视其斧头、锄柄,比我的书本胜得千万倍。这本也不大错,但有时又要假充斯文起来,真要把人笑死。

总之,在家中,他是王,而我等于无物。当我不得其欢心时,他则对妈妈发脾气,因此恐怕她受累,遂使我对他无一事不敢不听从。到后来,当他劈柴时,我也当在旁鉴赏他全身的骄气。此小孩子,本不全坏，他也真爱妈妈。实在则凡亲近她者未有不起爱的。他对我也非大厌恶。当他稍安静时，也极和顺肯听我们的谈论，而承认自己不过是一个傻子。但过后，他又仍然那样胡闹。他有卑贱的性格，非可用道理相喻。例如他既得这样好女人，竟去姘上了一个又老、又丑、又脏的女佣，而使妈妈因此难堪。我对此甚抱不平。但尤使我难过者，是妈妈对我的日加冷淡。

男子们，对于已经通情的妇人，而忽然不与她续欢时，通常必引起她们的恶感，这也不是因为性欲之不满足，乃因妇人们自骄自傲之所致。对一妇人可以快乐时，而不肯和她快乐，无论她是如何智慧，与正经，必定引起她的不快。这个似为公例，虽妈妈有何等的德行与多情，而也不免于循此例了。此后她对我大不如从前之亲密，当她不满意于新来者的时候，才肯向我亲热。及他们好时，我个人直无足重轻。卒之，她待我的情形，逐渐不如。我的见面，虽使她快乐，但不觉得为需要。我可以终日不见她面，而她并不以此为挂怀。

前时，我实为此室之灵魂，而今已不堪回首矣。为免见她而伤心，我宁可与书本同闭于暗房，或则往林中叹息与哭泣。这样生活，使我终于难受。我觉得见其可爱之人而不能得其心情，不如远去之较少痛苦。于是我就计划离开此家庭。适她女友的丈夫愿代为介绍我往里昂某世家教其儿童。我即表示同意，在她也极赞同。我们彼此分离，似是一件极平常无奇之事，若在昔日，仅一谈及离开之话头，已够使我们昏去了。

我确实有为家庭教师的资格，可惜极缺乏技术。所教的二个儿童，仅八九岁，一个则万分顽皮，一个则百端固执。我固知小孩的性格，但我能知而不能教，以至结果极无成绩。适逢有酒窖可以随意出入。我于是旧性复发，竟去偷窃主人之好白酒。这是极好看的小瓶，禁不起它那色彩美丽的引诱。当我偷得后，静静地独酌，同时观看些小说。既无伴侣，每于自己独食时，我极喜欢且食且看书，书乃代替我的伴侣了；一块面包一页书，书又好似我的点心了。

这个偷窃，终于由酒瓶而发现。主人极好，不肯声扬，只把酒窖关锁。我对他这样忠厚待人，更加感激。但我觉得一年的教书生活，于儿童教育毫无成绩。我遂决意辞去。主人也见及我的徒劳无功的实情，遂不强留。但若非我告辞，他定不肯先向我开口。

又使我难以久住者，乃在于比较我所离开那人的生活的香甜。可爱的山默特，我的花园、树林、泉流、草地，而最可爱的是那个相依为命的可人。每一念及她，想及我们的快乐，我们洁净的生活，不觉心中有无限郁闷，至于一事不能去做。我将往向她说，我前时无忍耐性，不能得她的欢心，但愿自今以后竭尽力量以副其所爱。我誓达到此愿而后止。此心已定，即时我离弃一切，如飞的赶程，奔赴她的脚下。若我能得到她先前对我的优待与温柔四分之一，则我将死于欢悦之中了。

被骗之人类呵！她虽待我以好心，可是浓厚之旧情已不复得，而前时的热爱已经消灭得净尽了。仅与她坐谈半句钟后，我即觉得毫无兴味，势非使我即时离开她往外飘流不可。但这不是她之过，也不是那少年之过。少年待我极好，极喜欢见我回来呢。可是我怎样能与她同住下去？先前为我所全靠仗的她，而今我已不能全心付托了。与她一块生活又有何趣味呢？怎样我能忍受先前为此间的小孩，而今竟如外人的对待呢？今昔比较，使我心碎。我宁愿长不见此故居，免得忆起不堪回首之故事，而使我的心情痛苦、忧愁、烦闷，难以宣泄。因此之故，除会餐之时间外，我则愿独自一个人沉思于书本之中，而望从书本中得到可以生利的方法，以备妈妈困穷时之需用。自我走后，家境愈濒于破产，那个少年花费得极利害，以致寅食卯粮，妈妈的年金也恐不免于被押或被撤销了。我似先觉得这个可怜的时候快到，故极为之焦虑不已。

书桌，乃我独一的消遣品。得了书籍，一边可以忘我忧愁，一边也可以减少我的新虑。一如平时之乐于梦想一样，我今又来创造一个理想的生财方法，以救妈妈之家运。此时自己知不能从文学方面见长，独于音乐一道自问可以从理论上取胜。这个因在回想我先前学乐谱之难，而世人也都知此技艺之不容易。但我想乐谱之难，在于记号，若将其旧时"音符"改为我的"数目"新方法，则其难立可解决。我想及此，以为幸运立时可到。我将由此得到许多金钱可以济助那个可爱之人。于是我拟将这个新方法，呈上巴黎翰林院检验。即时决定这个计划。从里昂教书时尚存有些钱中，又再加添了那卖出了书籍的款，为旅费。脑中装满了此行美丽的结果。谁知此日从萨洼携新乐而启程的痛快，其结果也不过如昔日从杜兰带喷水器一样而已。（见第三书）

　　这就是我少年时的错误，与荒唐。凡我心内与行为所有的，皆从实供招。到老年时，如有足以自夸的德行者，我也当不客气地说出。这是我此书预定的计划。到此暂且结束此少年期之一段吧。时间当能揭开一切幕给予世人看的。如这个日记能传给后人，他将证实我所说的不虚诬，而我所不肯说的，也可以思过半矣。

第七书（一七四一～一七四九年）

（卢骚时为二十九至三十七岁。——译者）

过了两年的静默与忍耐，于无可奈何中，我又来续写《忏悔录》，此中理由，请读者暂勿推测吧，只要看下去自然明白了。

在前六书上，读者可以见到我少时的愉快：虽无厚福分也不至于大颠连。生来多情，迫于羞怯，以致不能为至善，更不敢为极恶。淡泊自处，宠辱易忘，对于世事本无许多奢望，所以不能飞得高，遂也不至于跌得痛，这个清静简朴的生活，原极与我天性相近的。

可是，今后的情形竟那样不相同呵。前三十年之顺运得以养成这个好天性者，被了后半世的逆境，竟将它尽行推翻。在困苦颠沛种种压迫之下，人可见我怎样犯了天大的罪恶与受了无限的悲痛；但同时又产生了各种的德行，虽此中未免缺少刚强之气，然也足以为此逆流挣扎间之光荣。

在前六书，我所写的都用记忆力，自然免不了许多错误。此后所写的也照记忆力所能及，所犯的错误较前或更多。因为少年的经过都属愉快，所以乐于追维寻思。至于中年以后惨淡的事情居多，使我极少敢于回想，只好从一些较快乐的经过采取。这个易于忘记了惨苦的心情，乃是上天特给我这个易于幻想未来惨痛之人得此能将前情排遣以免重忧的一个补救最好的方法。

一切文件足以救济我记忆力所不及者均在他人之手。今要借此以取证，于势实所不能。

然而我自有最靠得住的独一指导物，乃我自己情绪的延续。在此种情绪延续中，我得以灼然寻到自己之存在与世事的因果。痛苦之事，在我诚为易忘，但错失与好心情的经过，则断不会有丝毫的放松。这些情绪保存的价值在我甚大，终于不肯任其遗失与缺漏。有许多事实及其掺辀与日期或者不免于无着落。可是凡我所感受的情绪与情绪之来袭击者，都是有条不紊而不至于差谬。这是一件根本的事情。因为在这《忏悔录》，凡我所答应者乃将自己的内心写给世人看，故我所写的乃是心灵的历史，而要将此写得确切者，不用其他，只求从内心考究的一法就够了。

然而此中有六七年，尚有信件足以证明事实经过之真相者，这是到一千七百六十年止，乃与一班自称为我友人分裂的时期，此也为我一生中最可纪念的时期，也为此后一切悲惨之所从出。此际信件为日离今甚近，其数也不多，我将在后介绍出来以明人我是非之所在。我所写的是《忏悔录》，不是碑铭一意在夸我好。凡我有错处固当写出，而有好处也不肯为隐避，总期与有事必书之宗旨相合而已。

若以真理与事实为依归的主旨而论，则此集与上集极相同。但除此外，则此集比前的确有许多不及之处，当写前六书时，我所住的地方甚美丽，不是在巨邸，便是在名园。而时间又极充足，使我心思得以驰骋回旋至于满足为止。论及写下文时，我心有无穷的痛苦，筋疲力尽，勉强执笔，凡所写的不是悲惨、奸伪，与欺骗，即为可恼与可恨的事情，这些没有一件与我才思相宜的。况且，天花板上有眼，而墙壁中有耳，环绕于我者侦探与奸人之数何限，使我只得于急切中写出。写后，鲜有时间再看一遭，又遑论于有工夫再去改正。彼奸人所怕者恐我有以自白，故出其死力以阻止我有表现的机会。在我虽竭力在谋泄漏一线之光明，但也极难望有成功了，试想在这样情景之下，我怎能得到文笔的辉煌与动听呢，只怕读者若不以认识我个人的内心与公道及真理为重，则难保不终卷而起厌烦了。

在上书说到是：在无限惆怅中，我掉头往巴黎去，留下灵魂在山默特，自行拟了一个理想的前途，以为靠我新乐谱，定能博得大名声,有一日,身拥多金来"妈妈"面前报效。

从里昂过时,我往见旧东家马里先生及其夫人。他们待我甚好,常常邀去聚餐,其弟马里主教并为我写了许多巴黎介绍信。

离里昂时,尚有一个可人的情影跟随我行。纱儿女士,乃老相知,此遭重逢,两情尤见惬洽。初时,我极癫狂,难免想及苟且之行。及见她真诚相待,使我不免将邪念阻住。她穷,而我更甚,以致彼此通情有心,而结婚无术。她向我说有少年商人日内瓦先生对她有求偶之意。我在她家,曾见他一二次,似是好人。我遂信他们可成为美眷属。为使他们爱情不因我有所妨碍起见,我遂决定急速离开。在启程时,满望他们百年偕老,幸福无疆。(可惜她结婚后二三年即物化。)于一路上,使我回忆此情,难以消遣,但一转思,尤极痛快。以后每一想到,常常觉得责任与道德的牺牲在当时固然甚苦,然在后回忆的愉快,又足补偿前此的损失有千万倍多了。

前次所见的巴黎极尽丑陋,此遭所见的则极尽辉煌。所居客舍靠近巴黎大学,其街道与房间仍然狭窄不美。可是所住的均属有名人物。我在其中认识了鲁刚先生,为到今日硕果仅存的好友,与哲学家狄特鲁,在后头的交情也算深长。

这是一千七百四十一年,我到巴黎,囊中只有十五银鲁意,一本《自怜》剧本,与一部乐谱新法。因为生活所困迫,使我急切于去认识一些信中所介绍之人。一个青年,面貌清朗,而具有才能的样子,在巴黎未有不受优待的,我也照例受了欢迎,但实际上也不见有多大利益。在许多相识中,以下三人较有帮助:一是丹迈山先生,萨洼贵族,为王后骑士,同时我想,他又为咖厘妍王妃的红人。其二为波而先生为典籍院秘书兼王宫牌盾监[1]。其三为教士卡斯爹,时以宗教音乐作家著名。

波而先生待我优渥。为人好学,而有学问,不过有点书呆气。他

---

[1] 王宫牌盾监,即国王勋章局司库。

有妇，年甚稚，几使人疑为其女儿。伊甚光辉而且精悍的主妇。我在其家几回聚餐时，与她相形之下，愈见我的笨拙。她的豪爽使我更加羞怯，以致闹出许多笑话。当她给我一盘食物时，本应连盘接收，而我忸怩地却用叉去剌取一块，使她转过头去，假将盘交用人而实在暗中笑得不好见客。料想她见这样笨客，断不会有好思想的人。波而先生为我介绍雷阿美先生。此人于每星期五，适为翰林院办公时间必来此家会餐。我们谈及将我的乐谱新法交给翰林院审查，雷先生极愿代为介绍。乃于一七四二年八月廿二日得翰林院准许，由雷先生引带我到此院宣读我的"论文"。在此庄严之地，我幸竟不至于如在波而夫人之前的羞涩。论文读得极流丽，而答问也尚不错，此遭算是满载荣誉而归。审查此案者为猫郎、黑鹿及弗识三位，均于音乐一道为门外汉，而对我的新法，当然更不知其所云。

一七四二年——当与这些翰林院人物讨论时，我着实为之骇异，并且得了一个结论是：凡有学问之人，虽比常人有些事不生固执，但当其有固执时，尤比常人固执得较坚牢。当他们向我辩难时，虽所持的理由甚薄弱，而我的答论又极优胜，但终不能使他们有一点承受与满意。他们只说以数目代音符之法。先已有苏氏提倡过，即此足以证明我的新法不是新。至于我的怎样与苏氏的不相同，他们总是闭眼不视与塞耳不闻。卒之，翰林院只能给我文凭，在上说了些好话，但归宿则判断它为不新与无用。

由此回之教训，使我知道一个不甚聪慧之人，当其专习与深攻一艺时，对此道之批评比一班毫无深解的大学问家泛谈高论者较有万倍的确切。独一对我新法说得不错者应推雷先生。"您的记号，"他对我说，"甚有价值，当其指示音的高低相差之度数，而在平常符号所不能表示之时。但其弊处在需用脑力不能迅速解决。至于现下通行的符号，其好处在能以一目了然。例如在二个音中，一个极高，一个极低，今于中间加入一些间接的音符，我们能从眼中见到这些间接符号的度数。至于从您的方法，学者则当用脑力去计算度数的相差，单独用眼是无能为力的。"这种批评确实不错。但若能熟行练习，自足补此缺憾。这班翰院人才竟不知此，实在使我骇异。而又最为骇异者，他们虽然知道许多事，而乃不知道："凡人不应该对他所不知之事下批评"的这件极平常之事。

时常与这些翰院人物来往，不免在此中认识了各项文人，其利益在使我将来自己成为文人时不用与这班人再厮认一番。在现时说，我极坚信这个乐谱新法定能使音乐起一革命。遂竭尽心力关起房门一连用了两三月工夫，将前献给翰林院之本再行改订以便成为群众通晓之书。后又赔了许多印刷费，实在卖数不好。虽则，有人在报上为我提倡，但我有才能去创造而惜无才能去宣传。

到此，我的第二次喷水器又被打破了。但我此时已届三十岁，巴黎生活尤大不易。可是凡读过前书者，当知我不是以穷困为虑之人。囊存无多，仍然宽暇，不过稍为节省些，如每隔二日只去咖啡店一次，每星期仅看二次戏。至于妓女一笔费，完全用不着，因我对此道素所不喜，只有一回例外，当待下头再供招。

在此床头金将尽的时候，我自有消遣的方法。因囊无交酬费，俾我不敢与那班文人相周旋。唯有手执一本诗，每晨十时往吕森堡花园[1]散步。于午饭时就将所记得的背念，并不以过后辄忘而灰心。记得一故事说希腊人被虏在西辣格士时[2]，凡能唱荷马的诗者得以自由生还。我今的念诗乃在忘却眼前困苦的命运。在此际尚有一件可笑的念头，乃极专心致志于弈棋。以为"行行出状元"，若我精明此术，也可得以成名。

如此坐食，设非卡斯爹先生来警告，我势必至于食至最末的铜元而不去寻职业。卡先生，虽癫狂，但极好人。他见我这样困迫，遂向我说："既然那班音乐家及科学家不与您同调，就请从此改弦，而

---

〔1〕 指巴黎的卢森堡公园。
〔2〕 这里所说的是著名的叙拉古围攻战。希腊人指雅典政治家和军事家尼西亚斯于公元前415年率军远征西西里，在叙拉古（西辣格士）战败被俘。

去唱给妇人听吧。您或者于此道上较能成功。我已向白惹娃夫人说及，您可用我名去见她。这是一个好妇人，她极愿见其丈夫及儿子的乡人。于其家又可见其女碧罗夫人，甚有思想。杜邦夫人，也可走一遭，我已为您先介绍了。请将贵著述给她看，定受好招待。在巴黎，无女子帮助是一事不能行的。女人们是双料椭圆体，一班名人不过是双抛线，只能渐渐接近而终不能接触她们的。"

经过若干日的彷徨，我终于决定去见白夫人。她接待尚不错。其女碧罗夫人适进来，她遂为我介绍："小孩，这是卢骚先生，卡斯爹先生曾为我们说过的。"碧夫人对我乐谱新法甚称誉，即引我到琴台去，表示她正在研究。当钟将近一点时，我将辞别。白夫人说："您住远，请留此午餐。"我当然不大推辞。一刻钟后，观其词色使我知道与其办事人共桌的[1]。白夫人固是好人，但不甚聪慧，而且波兰贵族气太深，不知敬重才能之士。假若她不以我落拓为念，而照服装去判断，我虽穿得不华丽，但极清洁不俗，也不至与其办事者同食之人了。许久来，我已脱离用人的生活，当然不愿再跳入了。在不现于声气间，我向她说适忆起有事应即去做，不能在此奉陪。碧罗夫人靠近其母耳边说了几句话。白夫人即了解遂向我说："这是和我们同桌屈您赏光呢。"我想再却之为不恭了，遂不复言去。况且其女的盛情，使我更当为之留。意望在此久谈可以使她们知道此番的盛情不是虚用。此时同座者尚有贵客拉麻严[2]。他与碧罗夫人同是善于口才而雄于咬文嚼字之人，使我在席间连开口也不敢。这是好模范。若我能如此遭的知难而钳口，当不至于如今的得罪许多人。

这样笨口舌之人，当然不能满足碧罗夫人的期望。可是在食后，我别想一法以表现，乃将在袋内前于里昂为讥刺守财房巴里左而作的诗取出念给他们听。这篇诗中确有许多热情语，竟打动他们三人为之

---

[1] 此句的意思是与下人们一起用餐。
[2] 拉麻严，今译德·拉穆瓦尼翁（1683—1772），曾任法国总检察长，1750年出任法国首相。

流泪不置。或是我自安慰，或则确是事实，在神色上，似乎碧罗夫人要这样向她母亲说："不是吗？妈妈，我说此人的价值，与你同餐不是和你用人一起较大吗？"到此时，我先前的抑郁始为之倾泻无遗。碧罗夫人信我太过。以为我这样才能定能使巴黎震动而成为举世所欢迎之人。为要使我多识世故人情，她遂给我一本某伯爵所作的《忏悔录》[1]。并这样向我说："这本书乃问世最好的宝鉴，时时浏览，当能得到许多利益。"我保存此书至二十年之久以纪念给我此书之人。虽则我有时不免暗笑她的希望是失败的。但当我读此书时，我又希望与此作家为好友。

自此时起，我就假定白夫人及其女已经垂注于我，必定为我介绍相当的位置，终于事实来证明这个预料之不谬。现当来谈我怎样入杜邦夫人之家中吧，这件事的历史比较的为更长。

杜邦夫人，人皆知为大家小姐。姊妹三人美丽堪称"三镜"。其姊拉都夫人已与英国谋爵私奔。亚蒂夫人，允称"难妹"，久成贡第亲王的情妇，独一对他用下真情；此妇不但温柔，好性格，而且有才能与能始终保存其愉快的心灵。杜邦夫人乃三镜中之最镜中人者，其行检也极清静无垢。其母亲乃将她与一副大妆奁赠给杜邦先生以报此人对待老媪往其家时的殷勤。当我见面时她仍为巴黎美妇人中之一。接待我时乃在其修妆台，此际她的两臂赤露，发髻蓬松，尚穿寝衣，又是不整。这样装束，在我觉得甚新奇。即时我几于不能支持，心魂撩乱，不知所措。简而言之，我已为杜邦夫人所迷惑了。

我的癫狂，在她毫未觉得。相见之后，她受我书，以我音乐素有研究，与我一起弹琴唱歌，留我午餐，置我座位于她身旁。本已不用这样多情，已够使我发狂，而今真使我成疯子了。她望我长相见，我则误用其善意，以至日日去纠缠，而每星期中总有二三次在其家用

---

[1] 指法国作家杜克洛（C. P. Duclos, 1704—1772）于1741年发表的一部小说，又译为《某某伯爵忏悔录》（*Les Confessions Du Comte de...*）。

餐。我心烧得极焦躁,但终于不敢启齿。这有许多使我胆怯的缘由:第一,亲近这样贵显之家自可飞黄腾达,我雅不愿冒险失她欢心以自绝。其次,杜邦夫人虽可爱,而极正经冷淡,未曾使我有可以表示大胆的机会。末了,她家也如别家贵族一样,所与往还的类多显人名士与淑媛。她的正经,固然不能吸引许多少年,但其社会正因有所选择而愈见其严肃。可怜卢骚何人,安能在此,吐气扬眉。总之,我终于不敢开口。但我又不肯不表示,我于是遂决定用文字以传情。她得我信藏了二日久不发一言,及第三日还我信时,虽说些客气话,但冷淡之气令我心灰。我要再有所解释,但话每到唇即哑。这个爱情,生得急促,而死得也急促。此后彼此仅交换些客套话,连在我的眼角上也不敢对她有所暗示了。

我以为这样可以相安下去,谁知事情不这样简单。杜邦先生有前妻子名弗郎格[1],与杜邦夫人及我的年纪相若。他长得好,有才能而前程未可限量者。人说其后母,专为他娶一丑妇而性情温和,使他得和家人同住以免生有忌猜。弗郎格先生好才,自己也有才,又长音乐,是为我们结合的媒介,彼此交情素形亲密。一日,他忽来说杜邦夫人因我太常去见面,希望稍为疏间。这个祝愿,在她还我信时说出,本可取信。但去还信之期已经八九日之久,而又无缘无故中,听此未免使我怀疑其无因而至。而且使我更骇异者,我此际到他们家中去,仍然受了平常一样的欢迎。可是自闻此通告后,我往杜邦夫人家渐稀,若非她嘱我代管理其子十余日教师之职,则我定绝迹不予往还。

弗郎格先生,待我友情日厚,我们一同学习化学,为求会晤便当,我遂迁到他家邻右居住。适此时因伤风失养致成肺炎而几于伤身。伤风、喉炎,及胸痛,从少年起就常常感冒,使我习惯这些死症不以为意。在此回病中,我唯恨这样死去,尚未尝得人生的快乐为憾而已。受病的前夕,我往观歌舞剧。虽我极佩服他人的才能,但这些

---

[1] 杜邦(一译杜宾)先生和前妻所生的儿子弗郎格(一译为弗朗格耶)。

现下时髦的剧本,总觉得薄弱,毫无热气与天才。我常常自己说:"似乎我做的比此好。"但一想及剧本之难做与作者的大名,即时未免使我意阻。况且纵我做得好,谁人肯为它表扬。可是,在这次病床中,这个作谱制调的念头,忽然骤高起来。当热疟来袭时,我竟作成一些单曲,双唱与合奏之歌曲。此中有二三调,若能披诸乐章,当教与名家一比也无愧色。呀!如能将发疟时在我梦魂中的思想描写出来,可以见到许多伟大作品竟然在这样变态之下产生下呢!

当病已起色时,这个音乐的工作仍然进行,不过比在病床时较少刺激性。我想用恬静与温柔的心思做成一剧本,其乐调与歌文皆出自己一手。这个不是初次的尝试。我曾在山北里做一剧本,实不大好付诸火。其后在里昂也作一歌曲名《新世界的发现》,虽有人说此中有些名调,但我终也付于一炬。

此遭的剧,名为《风流仙子》[1],乃合三幕而成。头幕的乐歌刚强雄壮;次幕纯属温柔旖旎;末幕,则为喜悦快乐之声。在写第一幕时心与意通,使我得到创造家化境的妙谛。这是在一晚上,将入歌舞台之门时,忽然神有所悟。主意一定,将买票钱放入袋内,赶回家中,将窗幔紧密垂下,使明早晓光不会侵入。如此躺在床上,终夜努力于歌谱与声调之造就。在七八点钟间,竟将全幕的精髓写好。我敢说在这样沉醉于剧中主人翁之公主,比真的更为销魂。到早晨时,存于脑中的歌文只有一小部分,但虽经疲困与假睡之消耗,所存的尚保有原作的热力不少。

适因下项的事情发生,使我不能继续这个音乐的工作。伯爵孟得居蓥缘得了驻卫尼斯法国公使之职,碧罗夫人及其母介绍我为其参赞。我下了十八个月苦功夫为使馆办了许多事,为法国人争了许多体面,而卒因这个无人性的公使,使我不免与他冲突,以致不安其位而

---

[1] 又译《风流诗神》或《风流的缪斯》。这是一部三幕剧,第一幕演的是罗马诗人塔索(1544—1595);第二幕演的是拉丁诗人奥维德(前43—17);第三幕标题为《阿纳克列翁》,演的是希腊抒情诗人阿纳克列翁(前560—前478)。

回巴黎。[1]

在此应当说及我于卫尼斯所得的快乐者。第一，所交的乃一班有思想的朋友。他们都有妻子，或女友，或情妇，尤其是情妇中没有一个无才能的，我们常到她们家中得到音乐与跳舞之乐。此中也曾玩牌赌博，但极少为之。我们自有高尚的娱乐法，与快乐的社交，或以才能相尚，或则游逛剧场，原无需于赌博以取胜趣。在巴黎时，不免为成见所蒙蔽，以为意国音乐不足值一听者。幸而我与此艺术有深缘，不久已将此成见打破，而复归于正当的评判。在卫尼斯的酒馆，听到普通音乐时，我已惊为听所未闻，及到剧场领略之后，更使我闻所未知。我每避开友人的啰嗦独自一人偷坐在包厢内静静鉴赏那些醉人的美音。有一次，在圣格丽戏台时，我竟在包厢内酣睡，比在床中睡得更香甜，无论如何铿锵镗铪，终不能使我醒。但谁又能领略当我醒时那些天音与仙乐感动我深切之情状呢！这是何等醒法，何等神畅与何等心醉呵！当我眼和耳同时开启之际，朦胧中，几疑此身在天堂了！此曲之美，永久镌入我心坎中。它的起句是："Conservani Ia bella, Che Sim'accande il cor."[2]

我向人要得此曲本后，为它宝藏了好多时。可是纸上的死字谱，怎能比我心中的活声音。实在，在我生中，永未有再比此时听得更美畅了。

卫尼斯城仍有一种音乐，依我意，比歌剧台上更优胜，而为意大利及世界任何一国所永不能比拟者，乃是 Scuole[3] 之唱歌班。

Scuole 乃是慈善之所，专在收留无产的少女。于诸种教育中，以音乐为最主要。每星期日，在晚祷时，这些年未二十的少女成群来教堂唱颂圣歌及别种曲调。其作谱与指挥乐队者又属知名之士，故就我

---

[1] 此处译文于原著有所省略，原著比较详细地描述了在卫尼斯（威尼斯）的经历，尤其是与公使的冲突。
[2] 此为意大利文，大意是：给我留下那美人／我为她心潮澎湃。
[3] 意大利语，意为"学校"，此处应该指善堂之类的慈善学校。

说，永未有一处，比此间更能销魂动魄了。精巧的艺技，适意的唱法，美丽的喉音，与确切的拍子，如此一齐合起来，成为一种不能以言语形容的快感。虽则唱者朴素不华，但听者未有不神摇心动的。当行晚祷时，我与友人恺礼乌未有不到，而到者又未有不是嗜好乐歌之人。歌舞台之唱者，也常来此观光。在我以为这些穿灰色衣的姑娘，既有这样美音，当必有一种美貌，每以不曾晤面为恨。我常怀此不忘，曾与吕波先生说及。"如您好奇，"他这样答，"要看她们是极容易的。我为此中办事人，当借茶会为您介绍。"我听此，就即刻怂恿其速于实行。当入这些美人招待室时，我始惊异百闻不如一见。吕先生所介绍的皆为我梦魂素所颠倒之人。"来吧，苏菲……"此女的丑难以形容。"来吧，胶缔拉……"她呵，乃是独目。"来吧，碧缔拉……"她又满面天花瘢痕。总之，没有一个生得完全。此外有二三位尚可以，可是她们是在合唱班的。介绍人大笑我的狼狈，在我未免大失所望。饮茶时，人觑她们，她们甚见兴奋，笑谑并生，在容貌丑陋之下，自具有神采上的一种风韵。我自己想："能唱到这样好，当不会无心灵，她们实在有的呢。"因此观念之萦绕，当我出门时，居然与这些丑女表同情。每当晚祷时，我仍然去听，而听得仍然是声音漂亮异常，在此种声音飘荡之下，我眼中虽见她们的丑容，而心中仍然觉得她们美丽。

音乐一道，在意国甚见便宜。嗜好之士对此当然不可错过。当我在此地时，租了一大琴，只费一金元已够请四五个音乐家每星期一次在我寓大奏特奏我所喜欢的音乐，并借此练演自己的《风流仙子》之诸种曲调。在这本调中，不知是否的确好，或特为讨我好之故，竟有二条被 Scuole 之乐师采用。而为此中跳舞主角者乃我友的包妓碧缔娜，此妇美丽与可爱，我们常在她处过夜会。

说及妓女，在这样卫尼斯城，少能春情管得住的。那么，你在此项有可以忏悔之事吗？人将这样问我了。是，是，我应该说及的。我将对此事坦白无讳，一如别项事情同样忠实说出来。

我对妓女，素来是极讨厌的。况且因我此时地位的关系，花柳场中更不能容我立足。Scuole 之少女们固然可恋，但不是容易入手。且我念及他们父母之可怜，于心又有所不忍。

我曾喜欢普鲁士王办事人的女儿。但我友恺礼乌对她已有深情，而且说及婚姻问题上去。他富于资财，而我则穷乏。他有薪水一百金鲁意，我的仅有百银元，而且我也不肯与友人争美以失感情。在这繁华地方，而困穷如我，既不能为女子挥霍，自难得到她们的欢心。素性又不惯于逐鹿，况又有职务相纠缠，以致虽在热气袭人的地方，而能洁守至于一年之久。在末后六月中始有二次例外而破戒。

头一回，乃为仇人所引诱。因为使馆帮头维打里对我不住，被我责骂之后，他每思报复，遂常在桌中夸张此间的胜趣。他们笑我芳心冷淡，以为在这样仙女世界，行乐及时，可怜的人类是不可错过的。维氏并说他能为我寻得一个最可爱之人使我心满意足。起始，我对他们所言毫不动心，但不知怎样竟于堕入他们的彀中。这不是我心情，理智，与志愿所赞同，只因我的性格薄弱，又怕人讥讪之所致。此回所得妓女，稍具姿首，但其美非我之所谓美者。维氏让我一人独留。我请她唱后，留一元于桌上将去。可她不愿不劳而获，而我又那样傻竟为她效劳。当回馆时，我即时请问外科医生，虽医生怎样说我无病，终不能阻止我精神上的担忧至于三星期之久。心总想与妓女合，怎样会不染花柳病？及听医生告诉我的构造特别，平常是不易于染受而后始慰。在后来的经验上，似乎证明他言之不谬，可是我不因有所恃而滥用。

第二次的奇逢与上项特为差异。其发生的因由与结束的效果均不相同。当我与恺礼乌被熟友乌礼卫船主请时，我以为他必定放礼炮而相迎。因为商船的礼炮在比欢迎我们较位低之人也当射放，而今待到杯已举时尚未见有燃烧。我正要向船主揶揄以泄不平之气时，忽然小艇来现。"先生，"船主向我说，"请留心吧，敌人在眼前了。"我问他的意何指。他答得甚诙谐。忽然间见从艇内跳出一个如电光般的少女，装扮得齐齐整整，三跃已入舱房来，即刻，她已坐在我身旁。在她的食具尚未供张时,我见她无限风韵在活泼中,颜色鲜红,年纪尚未满三十之人。她只能说意国话,娇声呖呖,已经掀动我的心苗。且食且谈之间,她一经注视我后,忽然喊叫起来:"好贞童,呀!我可爱的白黎蒙,好久未见你了!"说时已倒在我胸中。她将嘴胶黏在我的嘴上,握抱我身紧紧到不能透气。她那双深且黑的东方式眼睛,引起我心火热烈的焚烧。虽则初闻其语气使我心惊愕。但销魂当此际,纵在众客之前,也已不能阻止我的癫狂,使她不能不稍敛其锋,因我已经醉迷了,假若不醉也当装成疯了。在她,见我已入其彀中,来势比前较温和,但并不会减少其热气。不知真和假,她说我确实似白黎蒙先生。他是伊的旧时爱人,后系她的错误,遂至于断绝来往。她今要爱我如白黎蒙了,同样我当如白黎蒙之爱她。如此说就如此实行。她就把手套、扇、Cinda[1]、帽,都交我看管,我就照命看管。她叫我往东,就东;跑西,就西;做这,做那,我也一一如命。如叫我将艇退去,将来再取用我的艇,我也照办。她叫我让位给我友恺礼乌,我就让开,让他与她低语深谈了好多时,俟她叫我时,我始敢应声。"听,小顽皮,"她对我这样说,"我不要那法国式的爱,这不是好榜样,初交就见弃,有何趣味?我先告诉你,切不可用情到一半。"席后,我们一同到著名的磁器店,她取了许多玩意儿,不客气地统让我们出钱。后到别处时,她又自己出钱买了许多不相干之物。看她用钱似砂土一样,可知钱在她是失了一切的价值,因为看重我们,所以让我们出钱。否则,给她钱,她尚不肯要呢。

晚间,我们将她送回家。在谈论间,忽看见二把手枪在其修妆台上。"呀!呵!"我伸手去执一把时这样说,"此种新的机器,人可以知道其作用吧。我所知的你已有别种放火法比此更利害了。"她也报之以笑谑后,又极天真烂漫告诉我们一种用处,使她更形其可爱。"当我好意对待我所不喜欢之人时,他如麻烦我,我也麻烦他,这是

---

[1] 腰带。

极公道的办法,但他如识趣,则彼此胡卢[1]过去就算了。如若他骂辱我吗?则请他注意此物。"

于离别时,我得她明天再会的时间。当然不等时候已到,我已在她身旁。她此时似未曾穿衣服一样,其美样艳态,唯在南国美人中才能见到,我此时不必来描述,横竖我深深记得就算了。我今仅说她在手腕及颈项只围上一条玫瑰色而缀合了许多微球的丝线,越显出她肉色的光耀。后闻这是卫尼斯普通的装束,可惜法国女子不肯采用。你若以此女仅以风韵及美观见长而已,则又未免缺漏许多。她吗?其为质则修养院的贞女不能喻其新妍;其为神则土耳其宫里的名妃不能比其活泼;其为象则回王的舞女难以比其光辉,人世间是无一个妇人可以与她心情及内感的愉快相比并的。嘎!至少,我已于短促的时间领略到这个天上始有的幸福了。可惜我不能长久在沉醉,天生成我是寡福的人,竟将这个艳福舍弃不取。当我写此时,她的倩影使我心中快乐,但使我思想上极痛苦,我实在懊悔那时的假正经。

从下头之事而观,最可见到我的特性。凡要真知卢骚是什么人,只要大胆读下数页,包管可以全得到了。

当我入此女的寝室时,好似入了爱神与美神之圣殿,我实在震动了她的"神格",我的情感不准我对她不会起了敬仰与崇拜的。一经与她亲热及领受她的风韵及抚摩后,我即时就要占有她,恐怕稍迟就失了机会一样,果于忽然间,热火不但不上升,而且竟觉得一股冷气从背透穿身全以致足颤几于不能支撑,心头并加恶闷,迫得我不能不坐下,而且哭泣得如小孩。

谁能猜到我哭泣的理由?与我此时的想头?我自思念:"这个为我所占有之人,乃自然神与爱神的名品。她的灵肉均是白璧无瑕。善良,慷慨,也温柔,且美丽;在理,王公贵爵应当为其奴仆,诸方实杖应在其脚下投降。可怜她今日天涯沦落,受尽众人的践踏,一个商

---

[1] 即囫囵。

船长,已经包租她而有余,而又来投我,投我这个素不相识而毫无资产之人。这似于理有不通的。或则我的判断错误,视破瓦以为珍玉,或则她必有一些缺点,不能见重于大方。"我于是埋首沉思此中理由之所在。除她的私处未曾想及外,我观她肉体鲜明、容貌光辉、牙齿洁白、吹嘘清香,确实不能不敬仰她的全人格高尚伟大。我于是更加悯然了。以我比她,何等丑秽。前时与那妓女沾染,恐尚未干净,安能与这天仙般的身体颠鸾倒凤。

这样思思想想,终于愤激到堕泪。她初见我的哭泣未免觉得为新奇,遂至默然相对。继则她绕房而转,对镜台而徘徊,忽已悟到此把眼泪不是讨厌她而流的。以她的才能,挽转我的狼狈,当然易易。及我正向她胸头迷醉亲吻时,无意间见到她的一粒奶孔似乎闭塞[1]。这个缺点,动我惊异。我再视别粒奶孔实在与此不同。顿时全盘思想在研究怎样一粒奶孔会闭塞的理由,终于判定它是自然的一件大缺点。如此推论,我以为在我臂中的妇人,外貌虽天仙而实为妖魔,应为自然,及人类与爱神所鄙弃。思之不足,我且告诉她此项的缺憾。她答得甚诙谐。醉态娇情令人要为她死。可是,我继续批评未休,使她觉得我的怀虑别有深意,面即时顿现羞红,稍为重整衣襟后,起来倚于窗前默无一言。当我往就她时,她突然离开,移坐于椅上,不一时又起身,款步漫行于房中,其状态形愤激,并用冷淡与讥笑的态度向我说:"小顽皮儿,你不是来采花,竟来研究算学呢。"

在离别时,我问她后会之期。她答在三日后,又微笑说我应当好好去静养脑。这三日中的等待,在我实在不安宁。一边,心中满有她的风韵与美貌;一边,又恨自己的怪异。在这等温柔乡中为什么不好好销魂,而乃寻根吹毛,致失美人的欢心;一边,又望我有补过的机会;一边,更望此女有能振拔其前途。巴不得所约时刻一到我即奔至其家,料想彼美,必定用那无限的春情与骄矜来接待我这个善于认错

---

[1] 此处应该是指此女的乳房或乳头是瘪的。

的人。可怜她不许我有所改过的机会。那位舟子为我先去通报的，回来说她已于昨晚往弗郎浪去了。我虽不觉得她之可乐，但实觉得失她之可悲。只有她的温柔与可爱，我失之尚不觉难过。最难过是我对她有终身莫赎的遗憾，乃使她对我的欺侮，永久深深印入在心头。

这就是十八个月的风流史。尚有一件小计划也应在此附说的。恺礼乌多情人，以常往人尽夫也的妓女为不能满足其情绪，极愿身边有一小星。因为我们二人形影相依，他要我共置一个女子。此种习俗，在卫尼斯也极多见的。我答应后，他尽力寻觅得了一位十一二岁为其不良的母亲所卖的少女。我一看后，甚为感动。她极白皙，温柔如绵羊，似乎不是意国种。此地生活极便宜，给些银与其母亲后，余剩为她生活费。她有好声音，我们为她买琴及请唱师，一切每人每月不过费了两个金元，由此又免在外间浪费。因为摘果之期去此日的栽种尚远。我们每晚与此女一气玩耍，谈论，如此促膝尽欢，比肉体之交为更快乐。通例是男子对于一个具有一些才能而又正经的女子，比对于有性交的妇人更为崇拜。在这个洁净相与间，我不知不觉对她——小安嫂，竟变成为父亲的爱。肉欲观念逐渐消灭至于一点也不存留。终于使我觉得与她若有沾染，直是等于"逆伦"。好人恺礼乌到后与我也有同样的情感。我敢说这样以情自持的生活比什么都快乐。不幸，我在此地的失败，使我不能看此善事之完成。现今来谈归程吧。

出公使馆时，我本拟回日内瓦，以待机会转移，谋与"妈妈"再合。可是公使方面布散谣言，使我不得不赶回巴黎以求直。到时，满城均以我被屈而不以公使为然。但他是公使而我是参赞，公道求伸是绝望的，我只好闭口不言。在旧人中，唯有一位白夫人待我不好。她以门阀为定点，以为既然是公使，公使岂有错误之理。她的冷淡态度，使我出她门时不能不写一深刻之信与她绝。

公道不存，弱肉强食，在此时我已深深痛恨这个社会恶劣的组织每每将群众的利益为强权所牺牲。但我尚未到将此种思想写出的机会。一因为自己利益愤激，总不比留待将来为公理及正义说话的伟大；一因我到巴黎即受了许多友情的安慰。

此中友谊最深厚者应推亚丢那。他乃西班牙不世出之士，可惜此地不多出这样人。他无本国人的暴躁，又不知什么是仇恨。因其自恃过高了，用不着去埋怨那班小人的矮小。他常告诉我，他自有主宰，世间无一人能挑动他发生愤怒。本是多情种，但又不为情所误。与妇人玩，好似与可喜的小娃娃玩一样；虽则喜欢与友人的情妇交谈，但他并无一个情妇，连此种念头也不存；伟大的德行占了全心灵，他已不容肉欲一点来掺入了。

他于游历完后，回国结婚，不久就死去，留下了孤儿。这个妻子是他一生独一的爱情结晶品，也为他独一爱情所酬报。外面看去，他好似西班牙人一样的敬神，但底里他就是纯净的天使。除我外，我永未见一人比他更宽容。不管你是犹太教、新教、旧教、回教、杂教，与全无信仰之人，只要你是好人，他就认你为友。对平常事，他自有坚定的主见，但当谈到宗教或道德时，他则任别人去发挥，只好说："我只要对自己负责。"最可异是他在此边既具这样伟大的精神，在别方面，又有一种细致的心思。他将一日的时间分做若干部分，分配到一时、一刻、一分钟，均有细密的规定。当某时候应做别事时，则虽仅有一个字未写完也不肯再写下去。凡在某时候做某事，如谈论、办事、读书、念经、会客、习乐、学画，皆有一定的时间。一切嗜好的引诱及权威的强迫，均不能扰乱此种秩序。只有责任一事上或有商量的余地。当他请我照样做时，我初则不免于失笑，而终不免于流泪。终久，他不扰乱人，也不受人扰。凡要扰乱他者，他自有解脱之法。在他容许有不悦之色，可是永不会发怒；常时有些不满足，但终不至于怏怏。世上无一人比他更愉快，更乐观而又更善于诙谐者。他长于滑稽又善于幽默。当其与人畅谈时，其声音闻得甚远，但他口虽喊得甚响，而笑容永不离开。当他有不满时，每每说出些可笑与幽默的话头，使众人哄堂大乐。他与西班牙人相像的只有样子，至于他的白皮肤、红嘴唇、银丝样的头发,与其本国人完全不相同。身材生长得高大又极漂亮:在这样美身体中正能藏住他的美心灵。

这样心情与才思全备于一身,然后始能为我的密友。凡有缺一者,请求他们不必来纠缠吧。我们彼此誓愿同居于其乡,以期百年互相亲。一切计划在他启程时都已说好,只有命运能够来破坏。世事真是变幻多端呵!他的婚姻与其死亡,我的事败与及颠连,都使这个暂时的离别而成为永远的分开。

"唯有恶人的计划才能成就,好人的希望是终不能实现的。"人这样说,我也这样信。我既悲哀良友难得与彩云易散,于是誓愿自己努力,一心只望以制作乐谱见长,不愿因人以成事。为要好用功,我就搬到幽静的地方去。幸而上天竟为我留下一个真正的安慰,这不是一时半刻的事情所得概括的,容我从长来谈吧。

我住的客栈主妇是奥利安[1]籍贯,她雇用其同乡女子为装点人。此女年在二十二三,一同与女主人及住客会餐。她名缔玲姒,姓吕瓦叟[2],正经家庭,父为本省钱局办事人,母则从商,姊妹甚众。当钱局关闭时,父无职业,母的商业同时失败,父母及女三人同来巴黎,而全靠其女一人的工作为生活。

在第一回见她时,我就留意此女的朴实与其眼神的温和及活泼。同食者皆为粗人与一些教士,只有我一人较为出色。当食客取笑此女时,我则常为之调解,他们以我为有心,更加戏谑而不休。我对此女本无定见,今见众人来欺负,我竟居然为她的保护人。她因此对我甚感激,眉眼间常有知恩的表示,这样不敢出诸口的羞怯,更能打动我心坎。

她羞怯如我,彼此结合的进行本应由羞怯而延缓,殊知进行得甚快。店主妇知情后,对此女种种不情,愈使她以我为独一可悯之人,故当我

---

[1] 即奥尔良(Orléans),法国中部城市。
[2] 今译黛莱丝·勒瓦瑟。

出门时眉头每为不展,而见我回时,又未曾不喜形于色。这样心情相输,又济以环境相迫,爱神已在暗静中庆祝我们已经成功了。她以我为好人,这个判断不曾错。我以她是善感,朴实与无虚荣的女子,这个判断也不差。我起始就向她这样说:誓愿长相守,但不正式结婚。未定情之前,我们以爱情、尊敬及天真互相慰藉,已经得到无穷的幸福了。

可是她自有一种忧惧,不敢即时对我全部来输心,如此迟延我们许多沉醉的时间。因为怕我所要求于她的至于失望而怀怨,所以她每在将身给予之时,终于有所矜持不敢;神色上似要表白,而口中久久未敢说出。我不能测及其真意之所在,遂不免枉冤她别有一种对我不正当的要求。我们既然彼此不能剖胸见心以相示,自然产生了许多误会,使我内心极形痛苦,我对她实在无明无夜相思憔悴,魂不守身,几使她惊骇我已成狂,遂不得不向我倾吐此中之曲折。她泣说于春情初动时因己愚昧,已有一次被善骗的男人所破身了。我回想她所以不敢献身的缘故后,于是极快乐对她说:"这是小事!这是在巴黎与已经廿岁的女子所应有之事。呀!我的缔玲姒,我极快乐眼前得你这样正经与康健之人已足了,前头经过,非我所视为重要。"

我对她,初以为逢场取乐而已,愈合久愈觉得她是好的长期伴侣。一经知道她的为人及一想及我的现状之后,我不但觉得与此女子可以得到快乐而且可以得到幸福。在我雄心消灭之时,自应有一个心情的调遣。家庭的快乐,本为一个在社会失败之人所必需的安慰。自经命运将我可以寻到幸福的滑浪夫人夺去之后,我实感到零仃孤苦心中无所安慰之悲哀,而有要求一人来补替这个可人所留的空位之必要。缔玲姒的天真与和柔,确可代替她而无愧。我的脾气不是"全有",宁可"全无",自失滑浪夫人的宠眷后,我的性情已等于全无了,自得缔玲姒,起始恢复这个全有的希望。

初时,我想授她教育,可是终于白费心神。她的脑袋一经天所赋予之后,人类是不能再去改革了。我不怕害羞说她永久不会好好看书,虽则写得可以敷衍的信札。当我住在小田街时,房窗对面有钟楼，我费了一月之苦心，使她稍稍认得时刻，但至今日尚未晓得确切。她不能好好记得一年中的十二个月之次序。虽我下了许多功夫，但终不能使她懂得一个数目：买物件时，她永不能算清价钱。凡她所说的话，常常与她所说的意义相反。前时，我曾将她所说的歪话编成一本话谱以讨吕森堡夫人一笑，同时也已成为我们社交中最著名的一件轶事了。可是她虽这样不才，也可说是傻子，但在我颠沛艰难的时代之下，她竟常能给我许多极好的教训。常常在瑞士，在英国，在法国，在我自己当局者迷之中，她为我指示最好的方向与最有利益的计划。又在贵族夫人中，在大人物及亲王之间，她的情感、判断、对答的行为，终久能取得好名声，而使我同时得到应该得的荣誉。

凡能亲近其所爱的人，由情感的奋发，自能生出了好思想及好心情，由此，自然能得到好心灵。我与缔玲姒一块和合之后，不但得到温柔与幸福，而且似与世界最大的天才家亲炙一样。我所住的仅是她的家。她的住处已变成我的寄庐。我们一同出外散步，归时满载自然的欣悦而回。如此陶情适意，于我工作至有利益。故未及三月久，《风流仙子》的全剧歌谱与剧文均已全好，只欠点说明书而已。

谁知欢乐未终而父丧见告。可爱与有德行的六十岁老父竟然弃我们而去了。当父生时，我不愿取得大兄所遗的产业，今父已去世，而我此时又适为请乐师试奏音乐乏费，于势于理，应去承继。但我兄死亡未得确证，于法律上生有问题，幸有友人代请律师交涉。在这样得失未定之中，我心极为焦急。一晚，从外归来见桌上一函似为报告此事之胜利者。我取函正要拆时，忽然心中觉得极惭愧，遂埋怨自己说："为什么！奈何若克竟为利益与贪念所动耶？"即时，我将函放在墙炉的架上，解衣而睡，睡得比平时极沉酣。明早起时已迟，连昨宵事已忘却。及至穿衣始见函件，徐徐拆开后见是汇单，使我自然欢喜。但我所尤欢喜的，昨宵竟能战胜这种见利而动的心情。在我生平中类此事者甚多，今不过举一件以概其余罢了。

我将所得的抹出一份和眼泪为"妈妈"送去。好久来，她已被一班歹人蠹得更穷苦。可恨我不能多给她，又可恨我不能将那班歹人逐去。剩下银钱，我与缔玲姒二人同费，其实不只二人，实有四人或可说有七八人。她的母亲带了全家人来坐食呢。

这样生活，实在困难，我唯有急于作剧本以取利，而卒之剧本卖不出。幸而得为弗郎格先生及杜邦夫人的书记，每年可以得到八九百佛郎的薪水。

在一七四七年时，我与弗郎格先生到西朗叟堡[1]过秋。我们与一班人在此甚多玩耍，食得又极好，以致我肥得如乡下教士一样。当我这样长胖时，缔玲姒在巴黎又别是一样胖法，她的种子长得比我所料的更快。现值经济困难之秋，若非他人给我方法，我实在不知如何安置我的小孩。这是一个极重要的事情，应当郑重说出。我不想人宽容，也不是自行认罪就算，唯在说出怎样经过而已。

我在此际前后乃是寄食于拉些夫人之家。在桌上，人所谈的无非是那可笑的事情。例如好人怎样被骗、丈夫怎样做乌龟、妻子怎样堕落、人们怎样偷生子女与如何如何安置于育婴院，而愈多安置这种子女的，愈是社会时髦之人。我听他们谈后，自想："既然这是社会的风俗，则我到此只有随行便了。"最难解决是在使缔玲姒服从。经过我及其母亲苦劝，以为这是她独一不会丢失名誉的方法。她于无可奈何中只有忍心听我们布摆。当诞期到时，我们送她到收产婆的家。生后就寄于育婴院，而我特为之做号数以便将来寻还。第二年又生一子也照样办去。我做得极自然，毫无一点难为情。说到此止，后头尚有历史甚长呵。

在此，当来说及与耶比赖夫人订交的起源。她在我后文中常常说及的人物。她是音乐家，其夫为王家总管，与其友弗郎格先生也同是音乐中人。他们三人如此遂结成为不解缘。弗郎格先生为我介绍，我遂到她家用餐。她甚是可爱，有心灵与才能，这是一个可相识之友。弗先生已与她有密交，他并告诉我她的一件秘密，连她也不知他有告

---

[1] 今译舍农索城堡。

诉我。（乃其丈夫给她的花柳病——注）我处于耶比赖夫人及弗郎格夫妇三人之间甚觉为难。弗夫人曾请我打探其夫与耶比赖夫人事情为我拒绝。耶夫人又曾请我代递一信给弗先生，我虽照命，但向她说决不肯为她做第二遭。耶夫人极谅我的忠直。我终于这样能够对他们三人一直保存其秘密与友谊到底。

自卫尼斯回来时，我与狄特鲁交情更加浓厚。他有娜妮娣，与我一样有情妇缔玲似，如此更加形成我们社交上的亲密。所不同者，缔氏虽与娜女同美，但有温柔与风度，足以为好人的伴侣。至于她，噪闹，骂街，只是表示自己的不教育。他竟娶她这是他践言的好处。其在我，对缔氏并无此种成约，当然不必相仿效。

我与狄特鲁、贡第亚[1]、大浪伯[2]，诸人共拟编一《百科词典》，我担任关于音乐的论文。在定期的三个月交稿，并未迟缓，又比任何人为先。

因为狄特鲁的被囚，致《百科词典》迟迟不能成书。他的《哲学的思维》一书已引起社会曾激烈的反对。及其《瞽人的书》出时，竟触犯特不肋夫人及雷阿美先生之怒，而被禁于黄沙[3]的古楼内。[4]我对此可怜的友人命运为之悲哀不已。在我素长于幻想之下，以为狄氏必死于监禁。斯人已矣，虽世界人何赎！我写信给有权力者潘巴都夫人[5]请其放我友自由，或则我与他同受禁锢。这个夫人并未复信。当然此信的效力甚微，但对待囚人比前较为优待，或者为此信之力。总之，我的忧思至深。此人不放，我必为之憔悴而死，定然无疑，可是我永未与狄氏说及此事，其又何夸功之有呢？

---

[1] 今译孔狄亚克（Etienne Bonnot de Condillac，1714—1780），法国作家、哲学家。
[2] 今译达朗贝尔（D'Alembert，1717—1783），法国著名的物理学家、数学家和天文学家。
[3] 今译万塞讷（Vincennes），法国法兰西岛大区的一个镇，位于巴黎东部近郊。
[4] 1749年，狄德罗继1746年出版《哲学思想录》（文中所说的《哲学的思维》）后出版了《供明眼人参考的谈盲人的信》（《瞽人的书》），引起教会势力的仇恨，被扣上"思想危险"的罪名关进了监狱，三个月后得到释放。
[5] 今译蓬巴杜夫人（1721—1764），路易十五的情妇。

第八书（一七四九～一七五六年）

（卢骚时为三十七至四十四岁。——译者）

到前书止，我当休息快乐一下，因为从此书起，我为终身悲哀也就从兹生了。

此际在巴黎，我所来往是二巨室，虽则不长交际，也得纳交一些友人。从杜邦夫人家得认识撒逊国[1]少年太子及其师傅汤子爵。后被他们请到其乡间爵邸玩耍，又得与其随员二人定交。一是克鲁灰教士，甚有心灵，我们当晚已成好友。一为格林君，他甚困迫，不如后来得势时的漂亮能吸引人。这是在隔日午餐时，彼此谈到音乐，他谈得甚好，又说自置有琴台，因此始引起我的交情。初时来往甚甜蜜，后来则变为蛇蝎的凶毒。

及回巴黎时，闻知狄特鲁已出古楼而移禁于黄沙的爵邸，并有花园可以散步，虽则外出不能自由，但得与其友人会晤。我恨不能立时飞奔到他的跟前。因杜邦夫人的职务所羁留，未免延迟了二三日，在我觉得如二三世纪之久。一俟事务稍清，我就到禁所去，得见他的快乐，在我实在难以形容。他不止一人，尚有大浪伯及某教士在。但我入时，眼中只有他一人，只一跳，一叫号，将我脸紧贴他脸，紧紧抱他，别无一言，只有泪痕与呜咽。他在我松手时，转脸向那教士说："你看，先生，怎样我的友人爱我。"在我这时感动之下，并未想及向他取便宜，可是此后想起，每思如我在他的地位，定不说这样话。

---

[1] 今译萨克森·哥达公国（Saxe-Gotha）。

因人生活使他形容憔悴，先前古楼的禁锢使他受苦更深，今虽得自由散步于花园，他实在需要一班友人以解寂寞。我想自己乃对他最致意之人，时常见面，当能使他痛快，以是至少每隔一日我必定去，或与其妻同往，一气得了午后时间的欢谈。

此年为一七四九之夏，天气较常炎热，从巴黎到黄沙，为程二个法里[1]远。我又不能出车费，只好步行，又望到时快速，故步行极急切，路旁树枝剪得太疏离，以致毫无荫凉，我只好于困乏与热气交攻之下，躺于地上以舒气。因为缓行计，我每带书路上观。有一次所带是杂志《法国之镜》，见到底冗翰林院有一条在明年可得奖金的征文，题目是："科学与艺术的振兴，是败坏风俗？抑改良人心？"[2]

一读之后，忽然间，我如见了别一个世界及变成为另外一个人一样。到现在尚能保存此日的感动情状，可是详细上已都忘却。我的记忆法甚特别。凡事存在脑者才会记起，一经写在纸上便全遗忘。我曾经将此日详细心情写给某先生的信内，所以今日无法将它想出。这个怪记忆法，在音乐方面更有趣味。初入手时，我能背念许多曲调，但已经晓唱之后，一切即时与我俱相忘。到今日，我实在不敢说，凡我所最喜欢的曲调，能有一首记得起齐全。

就本事说，现在所得记起的是到黄沙时，我甚形刺激兴奋。狄特鲁见状问及，我告知后，并将古人对此问题的格言念给他听。他鼓励我应征，以为如此做去定可成功。我听他言做去，而我一生悲惨命运，也就全行埋伏在此一念之差了。

我对此论文的用功，甚见特别，以后作别书时也保存同样的习惯。我在睡床中若干夜不睡眠，只合了眼沉思，思之，又思之，对于命意造词都出以死力，其苦有非他人所得而知者。当我满意时，我就

---

[1] 法里，法国从前的长度单位，1法里约合4公里。
[2] 底冗翰林院，即第戎科学院。1749年10月第戎科学院在《法国之镜》(《法兰西信使报》)上发布的征文题目是：《科学与艺术的复兴是否有助于敦风化俗》(或《科学与艺术的进步加速了腐化堕落抑或净化了道德习俗》)。

勉强记起以便写于纸上。可是在我起床及穿衣服时，所记得的已大都忘却。在执笔时，则全部分已不复存。因此，我请缔玲姒的母亲为秘书，使她一家人住近我旁。每晨，她到时，我在床中念给她写，这样挽救了许多遗忘。

此书成稿后，我给狄特鲁看，他甚满意，并为斟酌了几处。究竟，这本书的热气，及魄力甚厚大，但及缺乏逻辑及法度。一切书出我手者，此书乃最少判断力，最乏典籍，及文笔之最无组织者。虽有天才，要成作家，势非从练习中求得不可，实非一蹴就可成功的。

我也曾将此论文给格林看，此外，别人全不知道。自他入弗理伯爵家后，我们交情日加浓厚。他有琴，是为我们共同的好伴侣。遇有暇时，我就到他家一同玩琴与唱意大利调，如此自早至晚，也可说自晚至早未有休息。连缔玲姒也见疏阔了。

因我有种种嗜好，使我不能不在外花了许多时间，而愈使我与缔玲姒有同居的必要。前因她的大家庭与我的穷乏，致此计划迟迟不能实现。今幸得弗郎格及杜邦夫人加给我名誉年金五十鲁意，并且杜邦夫人知我需用家具，乐于帮助许多床椅，加以缔玲姒之所有，我们合成一块而租于"郎格社"客舍。一直住此地七年过了极安乐的生活。

缔玲姒的老父甚温和，但怕老婆，叫她为"刑事庭长"。后来格林戏将此名给缔氏。其母也极乖觉而且知规矩，不过含有点神秘色彩，并喜欢播弄是非。对我友人攻甲护乙，调三弄四，未免使我有点麻烦。除此外，此六七年中，可谓得到人生未有的快乐。缔玲姒天神似的美心情，我们彼此愈合久，愈觉得是天然的配偶，此间快乐如要写出，简单到可笑煞听者。此外，则携手散步于城郊，费了七八个铜元已经得了愉快的小饮；在家，则于窗上晚餐，将椅放在大箱上，以窗为桌。我们有的是空气与能看到路上的行人，虽在四层楼上无异于如在大道中。谁能料到此种餐之乐。这并不是丰馔可以甘口。以言食品，不过半块粗面包，几粒小樱桃，一片牛奶饼，半瓶葡萄酒。此外，助以爱情、信任、亲密，与温柔的灵魂以助餐饮，总算是美味无伦呢。我们二人如此促膝谈心,每每至于中夜而不知,若非她的老母来说明。现且放下这个可笑与难描的好时光吧。我常说我所经验的话:凡真正的快乐是不能用笔墨来形容的。

在此时候,我又犯了一件非礼的事情,这是我一生中最末次的非法了。克鲁灰教士,我已说过是可爱的人,我与他亲密的程度不让格林,他时不时来我家用餐。因他的诙谐与格林的笑谑,合成我们社交上的欢乐。克氏有一"半包妓",因不能全供她生活,她不免在外暗找人。一晚,我与格林将入咖啡店时,遇见他要往寻此妇人一同晚餐。我们取笑他后,他就请我们一块用饭以便与此女倾谈。她似极好性质,甚温柔,不是惯于为妓的人,不过被其同居的巫妇所利用而至于堕落。我们一同笑谑与大饮之后,彼此均忘却本来的面目。克氏为表示他的十分盛情起见,遂要我们三人轮流与此女取乐。可怜她哭也不是,笑又不能。事后,格林则说并无沾染,不过要取信我们,故意关起门与她长谈。假如其言可信,必有别种因由,但断不是为道德问题,因他虽野雉也已打猎过了。

当我出门时,满心惭愧见于词色,使缔玲妶也觉察出。不等她问,我已向她说明以减轻良心上的谴责。这个做得恰好。因为明日一早,格林如得胜仗来向她报功,并加上了许多杜撰。此后,他每以此事讥笑我。我既然对他开诚布公,而他竟然这样念恶,这真不可恕了。同时,我再加认识缔玲妶的善心。她见格林对友人不忠实比我所犯的罪过更为可恶。她对我极温柔,与极感动的责难,但并无恶意搀杂于其中。

"思想简单,一如她慈和的单简",此一语也,足以代表缔玲妶的全人格。今再举一例来补充。我曾与她说克鲁灰乃是教士,为撒逊太子的牧师。"教士"这个名字在她极为新奇,遂使她异想天开以为他是教皇。一日,我入门时闻她说:"刚才,教皇来见你。"我以为她发狂。乃知缘由后,真巴不得跑到克鲁灰家去报告此好消息,我们就叫那个包妓为"教皇婆",这个使我们时常笑得上下气不相接。后来有人冤我说一生中只笑过两次。若使他知道我此际及少年时的情景,定然不会有这样胡说八道。

一七五〇至一七五二年——在一七五〇年,我对上所说的论文,已忘却了有这一回的事时,忽然得知它竟得了底冗翰林院的奖金。这个新闻传来,即时将我前日所蕴藏的老观念重新恢复起来。先时所受于我父,我邦,及玻璃达的侠气及德义也重新酝酿。我起始觉得世上最贵重之事是自由,与道德及人格的养成,至于财产与舆论原不足为轻重。虽此际我尚有所顾忌,不敢与社会习惯公然反抗,但此决心已经定下,只待时机一到就去实行了。

当我正在研究人类的责任时,忽来一事,使我不得不先将自己的责任问题解决清楚。缔玲姒第三次受孕又来磨难我了。为要对我诚实及履行我的人生大纲起见,我不能不好好考虑小孩的前途与小孩的母亲种种关系。凡我的考虑,乃照自然、公直、理性,与纯净的宗教而立论,不是如那班虚伪的道学家说些不负责任的空言就算事。

以言结果,则大错特错,但我的存心则俯仰无怍。若我生性不好,不知道德、正直,与人道是什么,则我的放弃小孩,似为情理之常。可是我心甚热烈,情又浓厚,与人交极诚实,易亲热而难于离弃。凡一切伟大者,真善美者,都使我爱;一切恶都使我恨;不会记恨与报仇,连此种存心也未曾;凡有德行,慷慨及可爱之人我都对之表示服从及无限温柔的心情。你看这样人岂有忘却自己责任之理。我敢大声说:这个忘恩负义是不可能的。永久未见我——若克,是无情感,无信实,与为父不慈之人。我思想上或被骗,而未曾有硬心肠。我的理解太多,不愿在此发挥,致使少年读此而贻误。择要言之,我放子女于公众教养之地,为我因自己不能教养。宁可使他们为工人为乡民,但不愿使他们为流氓为坏人。我以为这是公民及为父之责,而自视是柏拉图共和国之人民所应行的事情。自后想起,心情知是错误,但理性上说这样做甚对。假如在后来,当其友情浓时,耶比赖夫人与吕森堡夫人愿任我的小孩教养之职,但他们能幸福吗?能成为好人吗？我实不知我所知的是儿女们必以他们双亲为可鄙视而至于忤逆无疑，故我宁可使他们不知有父母更无弊害。

这样说，我的第三个小孩，也如前的二个与后的一双同样安置于育婴院。我的子女共总只有此五个。我做此以为甚合理，随时告知亲友而毫不为欺瞒。两害取其轻，我对儿女已尽其我所认为最与他们有利益而为之了。我所写的是忏悔，不是判断，故最要的是在直说。凡在我所能为力的是率真，而在他人的是公道，我所望者唯此而已。

我在第一书中，已经说及我生来就有禁尿病，幸赖姑母的操心而救活。此后因身体康健及卫生之故，一直到三十岁，此症尚未重发。自到卫尼斯一路上受了辛苦与热气，尿道未免发炎。及往黄沙见狄氏时，往来跋涉，竟成为肾病，至于终身不能疗好。在此时说，得了弗郎格先生的垂顾，使我为财政处收支员，因为勤劳之故，使我大病了五六个星期。听医生向人说我不能再活有半年，使我打算何苦以有限的生命为金钱作奴役，乃决辞这个收支的好差使而甘愿只以抄乐谱为生涯。纵弗郎格先生与友人如何反对，我都不理，而唯求良心的安乐与道德的实践。这个又当从简单的生活做起：我于是脱去装饰，不穿白袜。只戴上平常的圆发套，舍去腰上剑，并将表卖去，同时极快乐说："感谢上天，从今后，我不用再知道是什么时候。"可惜我有病，一些卫生的束缚尚不能免，以致不能全合于自然简单的生活。

自得了底冗翰林院奖金后，有一班文学家对我攻击，眼看这班反对者毫未对问题有深切的研究，有的则竟以谩骂为能事，我于是不客气向其反攻，胜利当然不是他们，但我因此费了许多时候与金钱。此外，又有一班人，专来拜谒，意在认识我这个奇人。在这个不求人知而唯求自己自由与幸福之人的房内，竟有各种人来相杂。妇人们又设种种方法来请餐。我愈辞却，她们愈来纠缠，故往往因盛情难却而不能不稍予周旋，如此遂致我每日极少有一点钟是自己的时间。我原不能与世人酬应的，以是使我觉得住巴黎为苦恼。

我此际当然有许多友人,但与狄特鲁及格林二人为最亲。我对人均用情感,对他们二人尤以真诚相予,他们不久与我也有深契。狄氏自有许多相识,不用我介绍。但格林新来,需要友伴,我遂为之作中间人。可是不久,我的友人均变成为他的相知,而他的知友没有一个变成我的人,甚且均成为仇雠,唯有赖拉主教在例外。但我识此人比格林较先。此人对友人实在热烈,且看下头对格林一事就可证明。

格林会晤火儿姑娘数次之后,居然变成为情痴。彼美见他用情太快而且她有情人,故对他极形冷淡与挑剔。格林因此不免憔悴要死,即时犯下了一件自古未有的奇症。在许多日夜中,他昏昏睡睡,眼睛大开,脉跳照旧,但不言,不食,不动,有时似乎能听,可是永久不答,连要答的神色也无。此外,不刺激,不痛苦,不发热,然而又好似是一个死人。赖拉主教与我二人任看护之职,主教壮健,专任守夜,我则守日,彼此代替,一人不来,别一人就不去。格林的主人也为操心,代请医生来。看后,医生报说无病。出时,面现讪笑之容。可是病者仍然好几日不动。所食的仅有罐头的樱桃由我时不时饲他,他又吞得极好。忽一清晨,他自己起床,穿衣后,照常办事。以后永久未曾与我及主教或是任何人说及此事,与向我们道谢。

此种怪象竟引起了许多风声,满城宣传了一个剧女几乎害死一个失望的人。由此格林遂成为社会所注意,不久竟成为情种的代表,使他即日成为高等社交的红人。他原看我不过过渡人,今已经得意上台,自然眼中无我,渐渐与我疏远,几至于绝迹。我固然望其成功,但不愿他这样弃绝旧人。有一日,我向他说:"格林,你忘我了。我极谅你。当盛运去时,你若觉得寂寞,那时再来相寻,我当照旧接待。至于今日请勿客气,我让你自由,并祝后会吧。"他以我为知言[1]。此后,彼此私交已绝,仅于友朋中偶或见面而已。

---

[1] 此处语焉不详。原著的意思是:他说我说得对,并照我说的做了,而且表现一副满不在乎的样子。

为避免来宾的混淆，我常到巴黎郊外游玩。此中最与我卫生相宜者应算巴西[1]地方的矿水。我曾于此住了八九天，不但水有益，而空气也相宜。同行者有米萨先生能弹琴与极爱意大利音乐。一晚，于睡前，彼此大谈音乐之佳妙而以二人俱曾赏心过的"Opere buffe"[2]为津津有味。是夜，适不能寐，我想怎样能成这类的剧本。翌早，在散步且饮矿水之间，随便作了几段的歌曲，后于花荫之下又为之斟酌一下。当饮茶时，举示米萨先生及其可敬爱的管家妇。此项剧文共分三幕。其标题是第一幕为"我失了引导人"，第二为"唯憔悴，才是爱情进步"，第三为"天长地久，哥兰，我爱你"。初则，我不过视为游戏之作，看后付诸火完了。但他们则说极好，鼓励成篇。我乘兴在六日中，全剧大体已完好，命名为《乡卜》[3]。在三星期，一切俱全，可以表演，只欠一点说明书而已。

一七五二年——此剧先在歌舞台试演。观众大悦。适王家饭务总管也在座，要求将它传入宫内，并请作者到场。是日开台时，我也照常一样装束，而且胡子不剃，与宫中诸美人一比不免相形见丑，但在矜持之下，竟极自然中与王、后，及诸贵族分庭抗礼而观。剧员做得虽不大好，但唱者唱得极佳，而音乐和得更出色。正在演第一幕时已经引起各方的拍掌，愈演下去，愈得观者的欢迎。环绕于我周围的许多天仙似的美人互相唧唧："这真销魂，这真美妙，没有一个音不打入温柔的心窝呢！"闻此言，惊喜这样见赏于可人，未免为之感动至于下泪。当演到第三幕对唱时，戏文又引我堕泪，同时流泪者又不是单独我一人。此时回想前日在法科教授家演乐的失败，觉得今日的胜利好似奴隶的加冠一样不自然。可是，此念不久就消灭，陶然自乐自己应得的荣誉。这不是作者骄傲，这是在女性反应之下，而后始有如此感动。若观客全是男子，定然我的眼泪不怎样多流。若论此剧

---

[1] 今译帕西（Passy）。法国勃艮第大区一个市镇。
[2] 意大利语，意为喜歌剧。
[3] 今译《乡村卜师》。

这番的结果，自有戏剧以来，固有这样热烈动人，但无比这次这样的醺醉，与这样的温柔。凡参与者当能记忆此回的成绩确是特有的了。

当晚，奥蒙公爵，来约明早十一点在其爵邸相晤。饭务总管并说王将给我年金，于朝见时即行亲自赐予。

谁能料及我日间既得剧本之荣誉，又加以年金的好消息，而于夜间竟到烦闷之不堪？第一，我极怕与世奔走。况以这样装束与那班贵族男女混在一处，其状极为难安。其次，王之前，他问，我必答。对平常人，我已口不随心，今对这样大君主，其将何辞以对。先为之备，则不知他说何话。临时应付，势必至于手足失措。我这样愈想愈惊出丑，终于决定明日不去朝君。

我虽然由此失却年金，但也免受官家之束缚，而与真理，自由和勇气相远离。我受年金之后，怎样将来敢于说及人格独立及主张公道之话？既得年金，势必诌媚或闭口如寒蝉。纵然如此，尚难保免受谗口而失宠，与难保年金不被裁撤。况要种种疏通与拉拢，使我心力之消失必定超过于年金之所得。故不取年金乃实践我的"牺牲虚荣，保守真理"的大纲，我决定后，诿说身体不好，遂于明早悄然而行。

此行，引起了许多风声。大端都说我不应该。他们不称扬我的主张，而骂我过于骄傲。过二日后，时已九点，我正在耶比赖夫人家晚餐，有一车靠近窗门，举手示意我入内。我坐上后，乃是狄特鲁。他以我不见王面尚属小事，但以我不受年金为罪。他说，在我取不取固可自由，但为缔玲姒及其母亲计，则当收取以足其用。虽则我感激其热诚，但不以其言为然。遂致彼此争执甚烈。这是我与他第一次冲突。

自此后，狄特鲁，尤其是格林辈，似乎联络一气在使缔玲姒与其母亲和我脱离。他们许伊辈一种管盐或卖香烟的职业，并运动友人与我绝交。这班友人要我服从其卑鄙的计划，不听其言，则又设法必陷我于悲惨之途而后已，如格林辈并在外诬说《乡卜》不是我作的。

一七五三年——在我的剧本于巴黎开演之前几时，适有意大利喜剧团在巴黎歌舞台大张旗鼓，给与法国音乐极大的打击。凡听过此种痛快的声音后，观客尽散，不肯再留听法国笨重的曲调。自我的剧本出，始能与之颉颃。他人不知，以为我剽窃意调为己有。实则，我师其意则有之，其余一切皆出我的心裁，这个，凡听过意国调时，自能辨别此中不同之所在。

这班意剧团确实震撼了巴黎社会大不安宁。于是群众分为二派：一派极有势力，人数也较多，乃由一班贵族，富人与妇女们所合成，一致拥护法国音乐；一派，则较为活动，骄傲与热心，乃由一群晓畅音乐与有才能及天才之士所组合。前派奉王为首领而占满了包厢，后派以后为指挥而布满了台前。这就是此时历史上著名的"后派与王派"之争。口争不已，而继以册子。王派要开口，则被《小先知》[1]所讥诮。他要反驳，又被《法乐通讯》[2]所打倒。前册，乃格林所写，后册，系我的手笔，至今此二册子尚有余威，余的册子已被淘汰净尽了。

初时，人误以《小先知》为我书，因其措辞诙谐，尚不见得大罪。至于《法乐通讯》一出，则引起了极烈的反动。全法国起而攻我，以为我侮辱其国乐之人。此册笔力，实在伟大，含有大史家打死爹[3]的气魄。此际，适为法国议院与教会剧烈之争。自我此册出，一切争辩俱休，法国全民均以国乐消灭为忧，而以我为集矢之的。宫内人议将我囚禁或驱逐，若非瓦野[4]先生的反对，命令也已发下。有人

---

[1]《小先知》，格林（今译格里姆）于1753年匿名发表的一篇文章，仿照《圣经》的笔调描写一个大学生在梦中被人从布拉格弄到了巴黎，结果被法国"咕哝咕哝的歌曲"吵醒。

[2]《法乐通讯》（今译《论法国音乐的信》），卢梭于1753年11月出版的抨击法国音乐的小册子，文章指出，音乐的根本要素是悦耳的音调，而不是和声。他认为法国音乐靠和声来"拼凑"，求助于复调，显得拖沓，结果弄成为一片"嘈杂的声音"。

[3] 打死爹，即塔西佗，古罗马历史学家，卢梭曾经译过其《史书》第一卷。张竞生对这一人名的翻译似有戏谑成分。

[4] 即阿尔让松伯爵，1743—1757年任军机大臣。自1749年起，监控巴黎的剧院、皇家印刷厂和国王图书馆。

说此册子乃消灭法国内乱之书,初闻以为夸口,实则确如此的。今日巴黎尚能谈及此事者,因去今不过十五年久。

人对我的自由,虽未侵犯,但对我表示种种侮辱,甚至生命也有危险。巴黎歌舞台的音乐家议乘我出而行暗杀。人如此对我说,但不能阻止我继续往歌舞台去。后始知道我未见杀之故,乃因"枪队"安些黎先生对我甚好,暗中为我保护。他们见计不得售,乃将我照例应得的免费入门票取消。在我只有将我在此台所演的剧本取回,但他们又不许。此种不公道的抢夺,若从弱对强说,则为偷窃;若从强对弱说,则为野蛮的行为。

在此年中,底冗翰林院又出了征文,是为《人类不平等的来由》。我甚惊叹此问题之重大,而极佩服他们有勇气敢出此题,我也就大胆再来应征。

为要使我便于对此大问题深沉的思维,乃一连七八日从巴黎步行到圣日耳曼大森林去。同行者有缔玲妮及我们的女客店主与其一位女友,这样散步可以算我生平中郊游最快乐之一。天气佳丽。这些好妇人管理一切与同玩耍。我则毫无牵挂,只在餐时与她们欢聚之外,其余光阴则独自埋伏于深林之中探求初民的情状而常为之崇拜其自然朴实的生活不置,而更使我攻击后来人类的欺诈不遗余力。我先将人类的本性赤裸裸地揭开,又将时间及环境之所以败坏人性者一同罗列起来。然后将"自然人"与"文明人"之不同处互相比较,使人们知道文明之骄夸,也是痛苦之源泉。我的心灵由这样的鉴赏,一直升到上天,俯视同类之陷于迷途、错误、痛苦与罪恶。我用极微弱的声音叫醒他们,可惜他们听不到,但我仍然用微弱的声音继续叫他们听:"傻子,你们咒骂大自然不休,请来听吧,当知一切痛苦皆由你们自取。"

由这样的寻思而成这本《不平等的讨论》[1]。狄特鲁看后,甚见满足,并常为我指点。可是全欧之人当然不能懂与不愿懂此种论文,因

―――――――――
〔1〕 即《论人类不平等的起源和基础》。

为系应征文而作，故也照例送去，明知是不能得该翰林院的赞同。

散步与工作，使我脾气与身体俱变好。几年来，因闭尿病而全靠医生，病不见好而金钱与精力俱消失。自圣日耳曼之游后，病较愈而气也较完。我遂决定这样做下去：不求医，不食药，病好也好，病死也听之，当我有暇时，则就往外散步。巴黎社会与我实不相宜。文人无行，往往为无聊的争执，而其无意义的著述与其骄人不可向迩之色，每使我鄙弃不愿与其同群。虽在自称为友人中，我也极难见到以温和，热情与诚实互相输予，只使我于深林中低首徘徊，怨恨人心不古道而已。我有工作，不能整日离去巴黎。但一有休暇，我就向郊外去用我的自由。有好几个月久，于午餐后，我独自一人往游于布郎森林中考究思维我的系统学问。

一七五四～一七五六年——哥灰孤[1]为我此时最有往还之人，他有事于日内瓦，请我同走。我答应后，与他及缔玲姒三人于一七五四年六月一号启程。

一生自四十二岁以来，我信友极深而毫无一点怀疑，此行竟使我起了一个不信任人的新念头。我们同乘一辆稍美的马车，行得甚缓，我常下车步行。将到半程时，缔玲姒表示不愿自己与哥氏同车。当我下车时，她也同时下车与我步行。我常怨她闹小孩脾气，而卒不肯她下来，迫得她与我不能不说实话。初闻时，使我疑从半天丢下来。这个哥灰孤先生，六十岁老，肿脚，残废，已经尝遍世间快乐之人，乃自启程时，用尽方法引诱这个不美不少年，而又是友人的伴侣，而且用了最卑劣的手段，最可耻的方法，以至于用钱袋以动她心，读淫书以启其邪念，与戏其丑物以为播弄之具。缔玲姒曾将其淫书丢出车门外。于启程头一日时，因我头痛往睡，他竟利用此时机对她调情。自闻此新闻之后，使我何等惊魂与何等伤心。我自来以诚实与道德爱人，而今竟使我不免鄙弃这个我前所爱与信他也爱我之人了。为不要

---

[1] 今译果弗古尔。

使缔玲姒难为情起见，我仍然装做不知。你这个假伪的温柔与神圣的爱情呵！哥灰孤，头一个已揭开你的真面目给我看了！这个凶狠的手段竟阻止我不再受你欺骗了！

到里昂时，我离开哥氏，而取道萨洼，此地与"妈妈"住离不久，我当然去见她。这是何等形状，我的天主呵！你竟使她这样丑化了！她的价值竟这样保存吗？这是前时碰歪先生所介绍的滑浪夫人吗？我此时心情怎样不悲哀呢。我前见她已堕入迷途，曾写许多信请她来同居，我与缔玲姒愿尽心服侍她。她为年金起见，其实她自己一文已不能得，终不肯听我话，我也曾寄她些费用，但明知她一文享不着，所以不敢多寄。当我们到日内瓦后，她来会，连轿钱也无从出。可怜的妈妈！她的美心情，仍然存在。全身仅存了一个指环，她从指中脱下为缔玲姒套上。缔玲姒即时还她指上，并口为之亲指，眼泪同时满满滚下指中。嗄！这是一个我还债的最好机会，应该舍弃一切，跟随她走，跟随她到穷困之乡与到最末了的时刻。可恨我并不如此。我已别有分心，以为跟她去，于她实无利益。卒之，我只有悲哀她的命运，但终不跟随她走。我一生最大与剧烈的懊悔当无过于此事了。自此时起，我的自怨，便是我最大的惩罚，我永不能消灭这个忘恩负义的罪恶，社会的辱骂尚是减轻，我心灵的破碎，更是无法可以缝补了。

当我住日内瓦时，大受同国人的欢迎。因为我前改为旧教之故，使我不能享国民的权利，遂即决定重新恢复我父的宗教。在我想，一体是天主的信徒，无分新旧的派别。凡人当服从父母邦的宗教，这是法律独一所准许的事情。此邦政府闻我改教大为欢迎，特为组织了一个特别委员会。因为本国人对我殷勤万分，使我想回巴黎拼挡一切后与缔玲姒及其父母一同回日内瓦共享此安乐的余生。

经过住日内瓦四个月后，在十月间我回巴黎，本想于明春再往瑞士，可是别有一种引诱转回我的心头。耶比赖先生已在施弗勒爵邸上添建翼廊。一日，我与其夫人往观成绩，闲游至于四里路远之水源，盖已靠近孟蒙郎西的森林了。此中有幽美的小花园与玲珑的小房子，其名为"隐者居"。这个僻静与愉快之居所，在往日内瓦之前我已经见过一次，而为之惊爱不置。此番再见时，在忘情中，我不觉冲口而出："呀！夫人，怎样可爱的住处呢，这是一个适合于我的隐居。"耶比赖夫人，装为不大留意我的意思。但当再往此地时，使我惊见于旧居中，忽有一间新屋，布置有趣而似极含于三人居住之小家庭者，她暗中为我安置如此了。耶比赖夫人见我惊愕的面色后，遂向我说："我的野熊，这就是您的藏穴。乃是您自己所选择，而那爱情为您供给者。我望以后你不要再说离开我们那种不情之话。"我闻此后，觉得为一生中未有的感动，我亲她的手时，热泪已不禁同时滚落了。即时，我归国之念已被动摇。她又运动缔玲如母女向我阻挠。我又因福尔特儿在瑞士之故，不愿与此人同在一地。因此，我竟行不得了。

要真实知道我自己，当同时知道与我相关系之人。所以我的《忏悔录》与许多人极有关系的。不管他们善与恶，凡我所知道的尽量代为说出，丝毫无所忌惮。我对自己已极诚实了，对他人也应如此。诚然，对自己与他人稍有不同。故他人对我善者，我当尽量表扬，但他人不善，若与我无相关与无必要说及者，我则代为隐去。如此存心，人尚能责备我吗？且我若能主宰，此部《忏悔录》，定不在我及与我有关系的人之生前出版。彼此死后，又何妨善恶来公开呢。那班仇人望我事迹长此湮没，如此使我更加努力期其长存。若此书不能遗传于后世，则我白白受屈已尔。若我名能够不死，则望此书的事情也得永久长留于人间，使我这个可怜人不至被人所诬蔑到底，此则区区所希望祷告者矣。

第九书（一七五六～一七五七年）

（卢骚时为四十四五岁。——译者）

一心在急于隐居，故不待季候好，只要屋子收拾齐备，即拟搬入。彼旁人窃笑我到此僻壤，不及三月当扫兴而回。谁知我，十五年来，城居非我所愿，今日此去，定不再回巴黎。自入世到今唯有山默特适我意，此后每以不能再得此为叹息。生性与乡野相宜，除自然外，没有快乐。故虽卫尼斯的盛运与巴黎的繁华，每使我于灯红酒浓之下，未曾不遥想昔日园亭及泉流之乐事。即我仆仆风尘，劳碌工作，也无非是得衣食稍裕即退居于幽胜为目的。今适逢其会，在我以为得其所矣。虽不富裕，但自有谋生之道；虽无年俸，但有名声与才能。我们家庭只有三人，各有事做，且甚俭约。抄谱之业为我所好，虽不光荣多利，但极切实可靠。我虽疏惰，但必要时，我极勤力。我的疏怠，不是有事不做，不过性喜独立，于高兴时始行工作而已。自卖《乡卜》及其他书后，所存已有二千佛郎，尚有他书在预备中，只要书贾公道交易，生计自有着落，虽有时放下工作而从事疏惰也不忧即陷于困穷。总之，我所得的自足供给生活之需，从此可以实行我素所愿望的山水之鉴赏了。

我如肯同别个文人一样以文章为献媚之具，也自能立致富贵。但我想为面包而作文，必定消灭我的天才。我的文思不在笔端而在心情，唯有高尚的心情始能产出伟大的笔锋。凡以卖文为目的，当然不能有伟大的思想。卖文者，只求多，不求好。文字多卖得出，虽使我免致多埋首于书橱，但所说的，只求众人的欢悦，不管真理之是非，如此，使我不能成为作家，仅为纸上的蠹虫。不，不，我每每想到著名与可敬的作家，完全不是看文字为职业的。孜孜为利，则思想不高。凡要提倡大道理者应当视其书的成败为不足动心。我的书，只为众人的利益，其余非所计及，若它不为读者所欢迎，则过自在他们。其在我，不靠书卖多卖少，自有养活的生计。著述家们！您当如此存心，始能作得好书与竟能多卖得出呢。

这是在一七五六年四月九号，我与巴黎拟作永别而移居此新屋。耶比赖夫人以车来，我与缔玲如三人同乘。且喜这个"隐居者"，虽布置简单，但极清洁与不俗。而其布置此者的手泽，使我更感受无已。我实在深深得为我友的宾客而住这个为自己所选与由她特别为我所筑的屋为无上的光荣。

此际气候尚寒，雪还飘飘，可是大地已在暗中生殖。杜鹃与春梅二花已开，正在斗媚争妍中。树木也在预备了无数的葩芽。初到之夕，夜莺在邻近枝上娇唱，其声一阵阵传到我们的窗边，当我醒时以为尚在巴黎，忽听莺声，不禁一跳，狂喜说："一切愿望，究竟已达到了。"最使我留意是将周围的自然领赏一遍，故我不急急于料理室内，而唯向外间逍遥。凡野径、荒亭、树芽、花葩，无一件极小的事情，不使我留连忘返。愈游逛而愈觉此地特为我而生。这虽僻静，但非荒蛮。行遍天涯，终难得到，而殊知这里离巴黎不过四法里之远。

经过几日之醉赏外景后，我始向室内整理文件与时间。每日上午抄乐谱，下午往外散步，但同时带一本折子及铅笔，因我只能于随兴来时发生思想，故每有所得，辄书于纸，直以孟蒙郎西的丛林为书室了。许多文件已经开始者应再改订，此外尚有许多新计划。可惜前在城居时不能多所工作，今望在林下努力追补。试想我多病之躯，而又不能不与耶比赖夫人辈往来应接，若将在此六年所作之书一计，也不能说我是偷闲过日子了。

在这些书中，而最使我用心多与努力大者当推《政治的制度》[1]

---

[1] 今译《政治制度论》。

一文。自从十三四年前，我在卫尼斯时见此多么夸张的政治而实有许多不完备之处。我即有意于作成这类的书。自从我观察人类行为后，愈见政治的影响于人生实大。无论人怎样行为终不能跳出于所处的政治势力之外。故最好的政治制度应当这样解决："何种政治，最能使人民有道德，智慧，与广义的善行。"因此，又引起下头相关系的问题："何种政治最与法律相近？"又更引起下问："法律是什么？与种种相似的重要问题。"我想由这样研究，当能得到一个最广大的真理，远则可为人类求幸福，而近也可为我本国的人民做前驱。当我前次回国时，见到他们实在不知法律与自由是什么事，我今作此书使他们参考，以增长为政者智识之不足，并使他们知道在此点上，我所见的也比他们远大一点。（译者按：此书即将来改为《民约论》者。）

尚有一种相似的工作，乃将圣彼耶教士遗著中编纂成为一本整齐的书。这是承杜邦夫人之托，她对此别有一种心事。当她为巴黎数一数二的美人时，圣彼耶教士便为她所钟爱的人，今不忍其亡友的心血白费，遂请我这个书记代他宣扬。这部书计有二十三本厚册，虽其中有不少好意义，但大部分奥晦，散漫，难以卒读。今要将其伟大处摘出，而将其琐屑处删去，其事实非易易。我于是先将其巨著《永久的和平》先行编出，又将我的意见别成一书。后又将他的《委员制》编好，我也加入多少意见。

说及第三种书之工作，乃是由我自己所观察而来。此书如能做得成，定可由我个人所观察者推而为全人类作根据。凡人均能观察到大多数的人类，一生中，有一个时候完全与本来的性情不相同。我今不必详说此中的学理，只求从事实上寻求人性变迁的因由之所在，而使人们从此能操纵自己为什么人与成为好人。因为在事情成就时去摆脱甚难，若当其起因时而为之防备则甚易。同一个人有时被诱惑而能解脱，有时则不能，乃因其前有把持力，而后则否。在寻求此中得救与堕落之缘故，我得其中最大的枢纽是与环境相关系。我们五官的感觉，常常与外物互相因缘。外象变迁，则内心常不免与之同变，此理至为易见。故如能将身体与心灵放在适宜的地位,则许多罪恶可以不生,而许多德行也可以取得。风土、气候、声音、颜色、黑暗、光亮、空气、水分、风雨、食物、喧哗、静止、动作、休息,一切皆与我们身体相关系,同时也能影响到心灵。但当其初来时,其势不强,我们尽能摆脱,得从自己的意旨而行。这就是此书大意之所在。我曾经写了许多页数,专为一班爱道德而恨邪僻的人作下一本极可诵读的课本,故所写的均从简易处入手,但作者自己已费却许多的心血了。此书将名为《情感的行为论》,或名为《唯物派的德行观》。

此外,又作一本教育书名《野美儿》者,乃应施郎叟夫人之请,为缓和其丈夫对其子严厉的教育而作的。此全为她的友谊而动笔,虽则我素不喜欢此种教育的问题。但此回,这书的进行比他书都快。故于上头所说诸书中,唯此书作得最有系统,但我的命运也为此书所累害不少,请读下文自可看到了。

这些工作均为我在外散步时的功课。我前说过:我的思想当在行时才有。我足停时,思想也停,我的脑乃跟随我足而行的。可是在雨天时,我也有相当的工作,这是《音乐字典》,为雨来不能出外及抄乐谱讨厌时的一种消遣品。诸种工作互相调换,精神较为愉快,而得益也较多。

好久来,我照这样时间安排用功。但当天气好,耶比赖夫人到其别墅时,常来请我去谈论。她实在可爱,待友甚好,热情为人,不算时间与工夫,故受之者,对她每思报德不忘。我呢,也本此良心,一意为她效劳,故无论她如何使唤,我都愿承受。她知我不喜欢社交,故与我约,当她无客时,始来请我。初看去为我便,其实,因此我极不自由,时间不为我所有,而全为她所操纵了。她来请,不论何时,我不能不去。她要我的是为她指点作小说,写信札,与喜剧及小故事与别种同样的玩意儿。我对她的晤面,确不讨厌。虽不是以情人资格去爱她,但友情使我心中已甚厚待她了。她虽长于社交,辞令雄辩,但在与个人对话时则极硬涩。我的口舌更笨拙,当然不能助长她的谈锋，但免不了时时寻些话来敷衍，这样使我极疲倦，但尚不至于生厌。我所能为她安慰的，时不时为她帮忙，时不时如兄妹之爱一样给她许多小亲吻，她对此当然不会起兴奋。我们相予如此程度而已。她太瘦与太白死色了，这个瘦的色相已够使我冷淡了。我的心情与肉欲，永久不会对一个妇人身瘦而无奶部者起冲动。此外，尚有别种因由，使我忘却她是异性。（因她有花柳病乃从其丈夫染得者。——译者）

当她不来乡下别墅时，我始得与缔玲姒享到田野之乐趣。几年来，我虽常到郊外，但未有一次尽情领受，以致对于山水之欲念愈高。什么客厅、假山、花园、亭台，怎能敌那刺篱、茅屋、棘围，与草舍。五花枕、大琴柔指之声、无兴味的屋内游戏、无聊的席间大餐饮及小故事，何如我在乡间闻及这香草炒的鸡蛋，与及远远听到的乡间少女卖点心之声。听此时，使我即时要将那红脂、白粉、绿珀、浓香，投诸鬼方。每恨不能得尝农家风味，而乃听命于大家厨佣，使我食在睡时，睡在食时。又劳那班跟随爷们的用人在旁监视，使我食不下咽，饮不痛快，而给他们酒钱，比原来酒价又更多。

此夏天，耶比赖夫人不来，我确实住在自己之家了。住在一间幽静的屋，过我自由、独立、平等及安逸的生活，这些实为我的天性所要求的。在未说出后来生出不好结果之前，应来先说我到此地所得的温柔。

自我与缔玲姒合后，每视此为我一生道德之所依归。我要一个付托之人，"妈妈"已弃我而去了。正在绝望之时，我们互相认识。此女的温柔性格，使我付托她之心情愈久而愈浓，愈挫折而愈见她的真挚。时间与误会俱不能阻止我们爱情的进行，而且增加其亲密。无论如何颠连，她终未向我出一怨言。

当仇人用许多方法使她离我而终于无效，而我于经过二十五年之种种困难，竟于不是她的要求与我的初衷，而娶她为正式的妻子；他人必说我是出于无可奈何，或别有一种因由。可是，我今要说的是自认识及到此日止，我对她并未有一星的爱情；我不要占有她，如前不要占有滑浪夫人一样,她所给我满足的只有肉欲而非爱情。人们听此其将作何思想,势必以我非人类,故对于最亲爱的妇人而也不知爱。读者呵,请忍耐等一等吧,我的真爱就在后头证明人们所判断的错误了。

我所最需要、最不可少、最重大、最剧烈及最不可解释的是心情的满足,故我所要求的是一个亲密到不能分开的伴侣。因此之故,所以女友比男友于我更为需要。这个需要甚特别,非是以两个身体合成一个就满足,更要有两个灵魂同在一个身体,非此,我心中终不免觉得空虚。在此时说,我对她几几到这个地步。可惜她的母亲及一家人来分拆我们将要心身合一的机体。我要阻止她与其母亲合,而她偏不能。她的孝道固然可敬,但我们的伴侣的爱情因她母的间隔,从此就永不能合成一体了。

因为不能整个得有了一个女友,我不免于零碎分爱到男友中间去,所以我极爱狄特鲁、贡第亚、格林等。同时我又分爱到文学去。不幸,那个"论文"竟得到奖金,而使我从此竟愿意变成文人。

可是我为文人与他人不相同:笔下所写的,自己就要去身践。我生来本是好人,我如今竟是超人了。至少,在此四年的"隐居者",我确实未见有人类比我更伟大,更高尚:我所交合的唯有上天。由此伟大高尚的心胸,遂能产生我此期高大的作品。这些才思,乃是天火所燃烧的结晶,可惜我四十年来未得此火线,所以我的天才尚未爆发过。

我确实改变了!朋友与故人全不认识我的真面目了。我不是那样怕人,害羞与矜持;我不是如前的不敢见世面与放谈高论;我不是如昔日一样一句俏皮话使我胆怯,一个妇人的眼箭使我面红。我确实改变了。不止大胆,骄视一切与不受人指挥,而且自己心中极有把握,我的胆量乃在我心灵中深深藏住,不但在我行为上表扬。我每每思维,这个社会的风俗、礼教与褒贬,实无一顾的价值。于是使我鄙视他人的笑骂。我用刚强的笔锋,打倒世人的毁誉,好似用手揉碎小虱一样的容易。何等变易呵!全巴黎喧传这个倔强不挠敢于反抗之人,即在二年前与十年后，连话也说不出与字也不能用之人。如人要寻求我的性格改变处，这时最足以看出，在我生平于短时间变成另一个人者不止一次，但此回不只继续了六日、六星期，而乃至于六年之久，若非外界来阻挠，势必再继续下去而无穷期。世事强迫我到地下走，虽则我要向上天飞。

这样变更性格，乃在我离开巴黎日启始。当我离开这万恶的大城市时，不见这班人的卑鄙与凶恶，而我本性不会仇恨之心，对此不但不仇恨而且加以怜悯。由此，温柔的心情又生，于不知不觉中，我又变成为惊怕与羞怯之人，简而言之，依然又复如故我了。

可是自这回变更个性以后，我不单是温柔而且含有伟大。从此，我的悲哀更无穷期。因为既不能纯粹销魂于温柔，而因伟大之故，更不免引起社会许多的仇人。此事与我关系甚大，故当将此中因果从详说出。

缔玲妁虽爱我，但不能与我并成一体。又因她无相当的谈论材料——到此时，我始悔先前不好好教育她——未免有时不大喜欢伴我散步。怎样痛苦呵！多情如我而更不得一个全心为我的侣伴。这个愿为情而死之人，竟不能得到一个人可为我用情之地。愿为情牺牲，而无目标可以牺牲，我眼见将从此老死而不能尝到爱情的真谛，想及此，未免心内郁闷至于常常流泪。

况是深春天气，疏林放影，春莺乱啼，水声幽咽，感此柔肠百转，愁怀万端。回想少年时，际此春光明媚，与胶铃小姐及其女友同骑之快乐；又有巴氏、拉氏，诸人倩影一同来扰乱心情；以至于卫尼斯那位歌妓，也复时常心潮来涌。劳彼众美的多娇，一齐来煽拨我的欲火；以致血液燃烧，头脑醉迷，任他白发丝丝。这个日内瓦严重的市民，正经的若克，年近四十五岁的卢骚，竟一变而成为风流的牧童。这个热烈的醉迷，不但来得凶，长得快，而且保存甚久与坚固，一直到陷入于困苦之境地后始行苏醒。

虽然这样癫狂，但不至于使我得意忘形。以我的年龄与地位，当然不敢希望有新欢。我在少年时已那样多错过了，今在垂老之年，筋疲力尽，又安敢再学风流。况且，我爱和平，不愿使缔玲姒在家起醋风波。

然则如何制止与发泄这个剧烈的情欲呢？料想读我前书之人早已料到了。实象的人物既不可得，我唯幻梦于理想之乡。我于是创造理想的人物以自满足。在这样环境当然极宜于创造，而且创造得极迅速。在我幻想之中，我竟醉赏了许多人间所未得到的美情。因为我所创造的，乃是美备完善的人物。这些天仙似的人物呵！有德且有容，慧心又柔性，忠实且不贰，人间安能得此种人物呢？这样周旋于这些有情趣的人物中，使我对于世事一切丢开，虽至于食饮时，也快快吞完一片面包后即时跑到小亭内去梦想。当我正在与这理想人物交接时，忽被一班尘世俗人搅乱，我不免对他们嗔怪，而遂蒙了"仇视人类"的恶名。不，我是多情者，唯对于世间无可用情之地，遂始使我不能不向天上用情耳。

空思幻想，尚嫌不足，我于是再从具体上描写了二个我所崇拜的偶像。她们具有厚爱、深情与美容貌。凡我所能想及的美事情无不加入此二人身上去。这两个乃是女友，不是男友。这样安排，事虽稀奇，情较可玩。她们彼此性情同中有异。她们的美貌不单在容色，而且情态与善意一同衬托上去。她们色泽，一个是金黄，一个是玉白。其表情呢，一个活泼，一个乃是柔靡。此外，是一个智慧兼刚毅，一个薄弱，乃是有情感的薄弱而可变成为有德行者。她们仅有一个情男，而其中一个为他的情妇，一个是女友而几几也为情妇。她们对此情男同心拥戴，无争竟，不妒忌。总之，一切恶行为，她们俱没有。我暗中以这个情男自居，当然这个"我"是少年，可爱，及有德行之人，虽然免不了有一些弱点。

人物已有了，又当再有美环境来烘托，又须要在名山水之区。在寻许多地方之后：于水，我取素所鉴赏的瑞士湖；于山，我取"妈妈"家乡的卫伟名邦。此地有起伏协调的形势与繁丽及生动的风景，它有的是伟大的自然足以提高人的心灵。因此我决定此地为这三个可人住处之场。于湖,则为逛游行乐之所。此书的大意如是,其余的则在后来临时添上。

正在梦想我的小说时,忽然胡特托夫人来访。这是她第一次枉驾,可恨事情不这样就停止,后文的纠纷尚多。她是伯爵夫人,乃王家总管之女,与耶比赖先生为兄妹行。我相识她在少女时代。及其嫁后,也常在她嫂耶比赖夫人处常相晤,但我永未到她家,虽则她常请我去。她也未曾到我家来。自她与圣郎璧定情后,我此时也正在与他结交,如此更加增多我们的亲密。她此遭来,乃特为我传递她情人在军中的消息。

这遭来程,饶有小说滋味。她来时迷途,而且马车翻倒于山谷间,迫得她下车步行,路途跋涉,以致绣鞋扯破,又深深陷入泥涂中,经了从者的帮助始拔得出。到"隐居者"时,乃穿了从者的男靴。她的笑声冲破云霄而来,我们的也与之相应和。于势,应该全身换过,缔玲姒供给一切。我请胡夫人暂作乡妇装。她穿起来别有一种风趣。此回到时已晚,坐谈不久而归,她极望再来会。迟迟到下年始来践约,可是这样放下,并不会消失我对她的热气。

一七五七年——当恶劣天气迫我入屋时,我想改为别种工作的努力,可惜事实不可能。我所见的均是两位女子的倩影与其男友及其所住的景象。这些事情将我包围到不能呼吸。虽我用种种方法去抵抗,而终不能摆脱。卒之,全为它所征服,只得将这些事情作有系统变成为一本书,命名《柔丽》[1],始能满足我的心情。

此书不是猥亵柔靡。凡所描写的人物,虽则天真烂漫,但非放荡淫逸之比。在我笔下的少女,虽有弱点,然并不因此而阻碍其向上。一个自夸时髦的少女,一个自夸放纵的少妇,皆为我所不取。我所写的,乃是一个少妇于其少女时虽为情而失足,但当其嫁得丈夫后,反

---

[1] 今译《新爱洛漪丝》。

能以礼自持而成为有德行之人。如此，又有人说这是一本伤风败俗与无裨益的书，则说者必定撒谎与伪君子，请你勿听他话吧。

我的《柔丽》一书就这样做。其第一章第二章已在本冬编好，动笔时有全身的愉快。我将它写在金花笺上，以银箔粉渗干，钉以蓝色丝线。她们可爱的韵事，未曾不常常供养在我的唇边。每晚我坐在炉旁，念之又念，念给缔玲姒母女听。其女默不出声，唯与我同掬出一腔温柔的泪。其母听不懂，寻不出可说好之处，稳静无感动，只有在我们静悄之际，时不时向我说："先生，这是佳妙呀！"

耶比赖夫人，念我寒冬居于深林之中而又四无人家，每每使人致意。有一次，竟给我一个顶上无比的纪念，事虽细，但使我得到无限大的感动。一日，严寒，冰缘骤结，我启视她送来物件中有佛郎绒[1]的内裙一，在她美丽的小笺上，说这为她所穿过，今特送我裁做背心。此笺写得甚温柔与烂漫，使我见得她似乎不肯穿衣而专为我取暖。在我感激之下，我和泪亲吻这小笺与内裙，连接不知有多少次，使缔玲姒以为我发狂。这真奇怪，在许多她的送物中，无一回比此次使我更感动。虽在绝交之后，一曾想及此事也未不深深感到无限的柔情。我将她的小笺保存极久，俟知她将我给她此项的信毁掉时，我始照样将它消灭。

在此冬期，虽则我孤单与用功，并为禁尿病所困，但甚适情快意以描写我的《柔丽》。及春一来，更加添我喜气，遂即写了许多通讯式的文字以足成此书之末段。此中最出色的二篇，乃在第四章上名为《乐园》及《湖游》。凡读此而不能引起温柔的心情者，请勿再读下去，他生来已是与情感无缘分的可怜虫了。

正在此春天时，我又有胡特托夫人第二次降临的光荣。因她丈夫及情人均从军远出，故来乡间在我住离不远的地方租一美丽的屋而居。以此，她再来"隐居者"闲谈。此来，她骑马，作男装。我虽然

---

[1] 即法兰绒（flano, Flannel），18世纪创制于英国的威尔士，所以也有译本译为英国丝绒。

不喜欢这样扑朔迷离，但确爱其小说式的样子，而对她的情根也已经在这样深深种下了。因为此为我生平中第一次也是仅无独有的一次对于妇人用过真爱情者，而其结果又留下了许多可喜及可怕的纪念，所以我当详尽些来说此中之经过。

胡特托夫人年三十许，并不美丽，脸上尚有天花痕，皮肤也不见细腻，眦低视而眼眶又嫌太圆。可是她有的是少年的光彩、活泼、温柔与娇娜；黑发如丛林，一绺绺蔓延到膝头弯；一挪苗条的身腰，行动时傻态与娇情同时表出。她有的，一个自然与愉快的心灵：顽皮、调笑与天真烂漫调和得恰到好处。她有的，一种超人风韵，不期然而然地随时流出。她有的，又是多才多艺，奏得一手好琴音，善于跳舞，兼能写了许多美诗文。她有的，是她的好性格，唯有天使始能与她相比并吧：灵魂中藏的是温柔、谨慎与刚毅之外，尚有一切的德行。她在社交中，自己极有操守，对人则极热诚与忠实，虽其仇人也不用对她有所畏忌；我说仇人——尤其是女仇人，是他人愿与她结仇的，至于她，生来就不知怀恨是何事呢。在这点上，最能使我对她起了爱情。在最好朋友中谈话，我永未听及她说别人坏处，虽对其嫂耶比赖夫人也未曾说出一点恶声。她不会在人面前瞒骗自己的思想与情感。我甚至相信她必定将她有情人之事告诉她的丈夫与友人及相识者同一样的坦白。末了，最难得是她的清洁及诚实的天赋，虽自己怎样不癫狂，不错误，终是自招自怨，毫不卸责于他人。

她嫁时，甚年少，而且非其本意。其丈夫胡特托伯爵，地位高，好军人，可是嗜赌，喜辩，令人讨厌，而为她所不喜欢之人。她见其情人圣郎璧先生，全有她的丈夫的价值，而无其缺点外，又有愉快的心情，有思想，有德行与才能。若照此时的风俗而论，她有丈夫又有情人本极通行而可原谅。且从她对待其情人的专一与长久，而且彼此互相尊敬及成绩甚好而论，更大有可容恕之商量了。

她来见我，一半出于自己，一半为圣郎璧。他使她来联络我，希望在我们三人中得了一个亲密的社交。她已知我晓得他们的秘密，故喜对我可以自由放谈。见她面,初则使我沉醉于爱情而无目标,眼花只有缭乱,而心中并无主宰。不久,我遂移此目标专在她的身上:逐渐见了前时理想的柔丽,便是今日现实的胡特托夫人了。及后,我所见的全世界只有她。先前在小说所描写的具有一切德行的柔丽,今则见其全集中于胡夫人的一身。当她谈及与其情人温柔的结合时,更使我认她确是柔丽无疑了。传染的爱情病呵!听她愿为其情人憔悴而死的情话,使我一缕柔情与热火也愿为她憔悴而死,此时痛快不是对他人谈论者所能得到。她说的话,句句无不使我表同情,我们彼此情感完全相通。所不同是:她的憔悴是为她的情人,我的则全为她。呀!这太迟了,这真悲惨。我如此为她牺牲,她又为别一人而牺牲了。

虽则对她的情感如何剧烈,初时我尚能自持。这是在她去后,我要想起柔丽时,同时非想到胡夫人不能下笔。由是我睁开眼睛看我惨状之将至,但只有悲哀,而不能逆料其如何结果。

我对她表示痴情的决心,乃由经过许久的迟虑而后定,好似爱情也能使人回想考虑一样。但虽在决定之后,因为羞愧与恐得罪之故,迫住我许久哑口不敢开,低眉不能视。在这样狼狈之下,她不能装做不知道。在默然相对之下,在我不言与在她不问之中,而比于明言者更为显然了。

如若我少年与可爱,如果她终于堕落我的情网中,则我当咒骂她的行为。但这全不尽然,我又不能不赞叹与敬仰她了。她对我的态度可说极尽柔情与谨慎的能事。她不能忽然与我断绝以伤其情人之心,他实介绍她与我相识之人的。若我与她情人不免于绝交,其情在她至足悲悯,况且她自己对我也极敬重与有恩意。她可怜我癫狂,当然不愿助长而唯设法以调解,以便保存其情人与自己的友人。她只许我俟复归于理性后,当视我为至亲密的友人,所以她对我有时不客气到尽量责备我许多不应得的话。

可是我也何曾不自痛责呢。当自己独行思维时,此际,理性复现,我不免对缔玲姒不贞一而羞惭,对圣郎璧不忠实而自责。且我自己也甚知在此年华而卖弄风情之可笑了。我将因此而败坏前头的令名吗？我能如少年骑士打动她的心坎吗？我的风度，相貌与装束能引起她春心荡吗？呀！可怜的若克，你自爱吧，扪一扪良心吧，你的叹息能吹倒圣郎璧吗？

可是，我自责而不能痛改，她又在有情无情若怨若怜之间，如此更引起了我许多的误会。她仍然继续来会，我又常常去报答。她喜欢步行，与我的脾气相合。在这个春光融溢的地方，若能以此而自足，我对这个可人的幸福也已领受满足了。可是我尚要再进一步的要求，在她不免于暗笑我的老丑的狂态。继则见到这个非可以一笑了事的，于是以极温柔的态度，请我应以责任心为重，不要奢望一件不可能的事情。在我呢，则并不以她的表示而灰心，仍然是锲而不舍。总之，我们彼此实在极吃力在讨论此种无言可以形容的问题。世界恐有她独一的妇人能够与男子这样商量爱的价钱，而又能买得那样便宜呵。一切柔情，她均可答应我，但唯有败坏她清节一件事，终不准许。尤使我难过是白白看她激动我的兴奋，但我不能烧起她一星的心火。

我曾在《柔丽》说过：若不要给人"那事"，最好是不要使人引起欲念。这个大纲，全不能用在胡夫人身上。她自己极有操守，以为别人当与她一样清白自持，故她对人并不节省一切能引起刺激的事情。我们在此四个月之久，其晤谈的亲密，可谓自古以来在异性之朋友间所未曾有。而在她呢，更能摆脱得干干净净。但在我，则领悟到一生所未有的快感，好似静静在醉乐一个独自占有的爱情一样。

实在我说错了，此情不是为我所独占，她已被人所瓜分了。可是在我们心情不同中而有相同之所在。她虽为其情人，我则为她个人而用情，但彼此一气叹息，一同落泪，温柔的爱情互相感应。我们同情之处太多了，彼此当然在寻求一些相同的合作。可是在我们这样危险的交予中，她无一时会忘却自己，我也——虽在引诱她之进行中，并非实在想永久占有她。良心与责任重重压我心头，她的尊贵的偶像又常紧紧钳在我脑里。污蔑她吗？未免损失她的价值。我要作恶吗？将我心割破罢了，污蔑我的苏菲（她的小名），这是万万不可能的。不可能，不可能呵！我常向她这样说过千百次了：纵我得自主，纵她给我以自由，除了一时癫狂外，我终不愿得此快乐。我太过爱她了，所以不愿占有她。

离"隐居者"一里之遥，有奥堡，乃这个可人的住居。我常往其间晤谈，有时且夜宿其中。一晚，只有我们二人，于晚餐后，一同散步于花园。在月光清辉之下，于花园深处，树木荫蔚之中，我们同坐于小亭内，流泉在旁涓涓作响，此小泉的存在是我给她意见而她特为我布置的。无罪恶的快乐，而永不消灭的好纪念呵！我们坐的是一张满围青草的椅上。在四周花卉之内，这是一种天籁在我口中向她说出那可爱的表情话。这是我一生中第一次及独一次的伟大表情法，可说为向来男子求情时所永未见过的温柔与诱惑。我多少眼泪从她膝下流去，她虽要阻止而势有所不能。在忘情中，她只叫道："不！向来无一人这样深情，向来无一情人能比您这样用情。可是您的友人圣郎璧在我们面前，我心不能第二回给人。"我默尔叹息，深深亲吻她……但这是什么亲吻法呢！只是如此而止。自六个月来，她一人独居，离开情人及丈夫甚远。自三个月来，几于日日我见她面，爱情为我们二人作引线。我们只有二人一同食饭，只有二人在月亮下，花园中，深亭内，又经过三点钟久的热情与温柔之冲动。她终能在半夜保守清白之身，出此凉亭及她男友的臂中，一如在未入来时的无染。读者们，请缓缓考究批评此中的情状吧，在我则实不敢赞一辞了。

我近她，不如近"妈妈"及缔玲姒一样的安静。我已说过，这次实是真爱情的表现。故情欲来得极凶猛与十分咆吼。我的刺激，感动，跳跃与掀翻的心情，实非笔墨所能形容得出。只要她眼一瞧，即可使我全身颤动。自"隐居者"到奥堡为程不近，我当从安帝裔山阜越过，此阜饶有胜景。一路上，我唯一的梦想是快乐的晤面，温柔的接待与亲吻的报酬。她的亲吻，这个危险的亲吻呵！当我受时，热血上升，至于头脑昏迷，一阵眼火迸射，两膝颤动，不能支持身体，迫得我非坐下去不可，全身又觉得不为我所有一样，神志也几于完全失却。这样当然非安全之计，故我为自救计，曾在启程时立下志愿，誓不为她所迷惑，但事实上竟不允许。只行了二十步远，她的权威即来降伏，无论怎样排脱，终难跳出其罗网。到奥堡时，好似囚人的受磨折，颓唐之状难以形容。可是，只要一见她面，即时兴奋到又变成为另一人。近她旁，好似有一种力量，魔力吧，从我身中涌出来。

在半途上，有一美阜名奥林笔者，常为我们约会之地，每当我先到等待她来时，此际在万分焦迫中，我用铅笔从心血中写些给她的信件以解闷，可是无一页能看出得是什么字句。她偶得一页看时也不免惊叹我写时糊涂昏昧的神情。这样有三个月久的刺激，我的健康被损害，至于数年尚不能恢复，一直到终身也不能返原。一个羞怯之人而竟到这样热烈的情感，诚人类中所罕有。虽然，这种苦痛，尚是快乐。以后的痛苦才是真受罪呢。

我自来做事不会秘密的。此遭对胡夫人用情也是照常公开。我们通常散步是在花园，适在耶比赖夫人的窗前，由此引起了她的妒忌。

凡妇人均有善于隐藏其仇恨的艺术，尤其是在真仇恨时，耶比赖夫人更长于此道。故在此际，她待我更加好意，不过时夹了双关之语气以取笑。可是，她对待其小姑则极其无礼与鄙视，似要以此间接地以挫折我。在我见此不免愤愤，但在胡夫人则顺受之而不致怨。她见此着失败了，则别用一个更凶狠之法。

一日，我往奥堡见胡夫人愁眉不展，问知是她的情人接到密信报告我们二人的私情，因此，对她有埋怨之语，这个当然是耶比赖夫人或格林辈的暗箭。尤其是耶比赖夫人专为此事到我家来密问缔玲姒寻我与胡夫人通讯的字据，这使我更信她是此中的暗鬼了。但我对她的手段出得甚笨，以下数信，可以见出她与我优劣之所在。

耶比赖夫人来信：

为什么我不见您？我的爱友，我真挂念。您答应我常常来此，但至今已有八日尚未见您来。若非人说您健康，我几疑您有病。前日及昨日，都待您不至。上帝呀！您究为何？您不是事忙，也不致忧愁，我望您来为我解除忧虑。您病吗？也望速说明以免我疑惑。再会，我的爱友。在再会之前，您必定给我一个好消息。

我的答信（同日星期三早）：

我尚不能向您解释一切。迟些，事情当能更明了，那时，您当然知道无罪被诬的人，必定能得到一个强有力者之保护向那造谣的人讨赔偿，不管这个造谣是什么人。

她的第二信（同日）：

您知道您信使我怎样惊怕吗？我念了再念，终久是一点不懂，只见您满腹忧疑与愁苦；只明白您要待这些忧虑消失后才来见我而已。爱友，这就是我们素所相期许吗？从前友情与信任何在？我肯这样听其消灭吗？你反对我而恼我吗？无论如何，我求您今晚必来。您当记起只在八日前曾答应我有事必向我说明不讳的成约。可爱的友，我靠您的信任而生存……写到此，我又看您信，实在无法懂，只能使我颤栗。似乎您有过分的刺激。我要使您安静，但不知您的目标所在，实在莫能为力了。我今向您说，我同您一样在愁闷，当待您来解释，我始能告平静。如您今晚六时不来，明日我必定往见您，不管天气与我身体如何，我实在不能如此忍下去了。再见，好友。又须警告的，或者您已知道。在隐居时，每易于怀虑，故当常为之抑制以免流于过度。一个小苍蝇，常能变成为大妖怪，我曾经如此受磨过。

我的第二答信（同日，星期三晚）：

　　我不能见您，也不愿您来，在我的忧虑未解决之前。您所说的信任已经不存，又恐不易再取得了。您今所急切需要的是在探取他人的心事以为己利，而我的心只能向同情的人开，已不复为狡狯者所骗取了。你说不懂我信，此种假话能骗我吗？不！可是我今来实说以破您的玄妙吧。又恐是我愈说明而您愈装为不懂呢。

　　两个爱人一块爱得极有价值，乃我素所崇敬的。我今故意不说破这两个爱人是谁，料您当然知道的。今竟有人以我为激起他们妒忌的祸首，使彼情人拆散。这种手段原非高明，但其毒计实在可恶。我疑您便是出此毒计之人，请待将来证明我言之对否。

　　若此毒计完全成功，我所敬爱那个妇人必成为变节的怪物，我又必变成为欺友的歹人。您若使我变成这样人，我恨您到黄泉之下尚未休。我今疑您，不是听人言，而有事实为根据的。究竟在我们三人中，您要陷害的是那一人。如您要和平，当望此计不成就。我对您与她一样坦白说，我的颠狂为罪实重，但望努力以善其终，而使初始不正的情爱，变为后来有德的友情。我对人均无恶意，而愿以恶意加诸我友吗？不！但如今您竟疑我如此怀恶意，我真不能原谅您而愿与您为终身的仇人了。只有您的秘事，我不攻击。因我尚是有操守之人。

　　这个将信将疑的事情，不久可以水落石出。如我所疑于您者非真，则我将踵门受罪，我本愿终身为您忠告的友，使社会攻击您的恶德者详细以闻，俾您警惕日进于善。您虽有许多友人，但无一个如我之肯尽忠言。如我离开您，同时真理也离开您而去了。

她的第三信：

　　您前信所说，我确不明白，及读后信，才知事由原来如此，但我对这种诬赖不屑答辩,只望把它忘却就好了。您纵要宽容我,我也不肯受这样的酷虐。我!竟用狡狯的手段!我!竟受种种不名誉的冤屈!别矣,我怨您有……别矣,我不知如何说好……别矣,我只望有一日能原谅您。您来,任您,来时,当然不致如您所怀虑受了不情的招待。我今请您切勿以我的名誉为念。世间批评与我无关。我的行为极好,这已足乎为己了。再,您所说的二个情人与您的关系,在我完全不知道。

这封信,使我极难于对付,而且使我生出了一件新困难。这些信件乃我于最短的时间写出,今一回思,难免埋怨自己的粗心。胡特托夫人不是嘱我勿与人决裂,由她自己去对付吗?我今竟这样不听她言而与这个凶恶的妇人挑战了。在她这样骄傲,鄙视与不敬之信下,或则我即时搬出"隐居者",或则我去认罪。为照顾胡夫人的前途计,我取后策。但又恐耶比赖夫人寻问此事的来由。幸而我信中只说怀疑,未曾牵及胡夫人及缔玲妠的报告。但我也不免因此受人责备。因为单独怀疑,怎样可对好友写出这样猛厉的信呢?但我愿自己受罪,不愿牵他人入漩涡。

可是,这个寻根究底的惊怕幸不存在。当我一到,耶比赖夫人跳到我颈,亲吻之下,涕泗滂沱。我也感其至诚,相向而哭,彼此说了许多无意义的应酬话。适即午餐,食后,也无一言及此事而散。在我以谓如她受屈,她应声明,她既不说,我当不好意思提及。故我们的谅解已在初见面时的亲吻中互相成立了。以后我就丢开此事,连想及也无,但她并不这样善忘呢。

我的苦恼不只这一端。我自己无过而向人认罪者,也不只一次。自我隐息于"隐居者"之后,狄特鲁时来讥消。当其作本《私生子》[1]出版时,蒙其寄我一册。读到他攻击隐者许多不实不尽之

---

[1]《私生子》,狄德罗创作的一部五幕喜剧,发表于1757年。

处后，而其中最凶句是："唯有恶人是独居。"我觉得这话一边是的，一边又非。非的，因为个人既独居了，安能向社会作恶。故这句话应有相当的注解，尤其是他有友人正在隐居呢，况且自来隐者有不少的好人，一个大著作家如狄氏，不应一笔抹煞千万的事实呢。

我爱狄氏甚挚且极敬重他，希望他也同样爱敬我。可是我常常受不起他干涉我的嗜好、倾向、生活方法，及我自己家事；常常看不惯他比我年少而管理我如小孩；常常忍不住他的轻纳，易于失信，定约相会而极少践行，凡此种种使我渐起对他的厌心。收此书后，使我更为不平，我于是以极温柔与许多眼泪为他写一信，希望他来信必有以安慰我，而谁知他竟这样写信法。

> 我极快乐此书使你喜欢与感动。关于隐者一问题，你既不同意，就让你怎么说就怎么好了。唯有你是我最思念的人，故有许多话说你知必使你不快。"一个八十岁的老媪呵"及其他——这是耶比赖夫人的儿子信中的一句话，它当使你更受苦，否则，必定我不晓得你的真性情。

此信中"一个八十岁的老媪"，乃指缔玲姒的母亲而说的。她与我们同居甚顺适。我也曾向她说，如不愿意居乡间，可回巴黎去，一切我当照常供给。她以乡间空气好，不愿离开。若依狄氏意，似乎年老人就不应出巴黎而居乡间了，所以有"一个八十岁的老媪呵"这句话，为要使狄氏更明了起见，我请此媪直接向耶比赖夫人写信表明她是否愿回巴黎。但她终以愿在乡居住为答案。

狄特鲁见到第一信落空，又写了第二信：

> 那文学家（这是格林取笑耶比赖夫人儿子之名）应写信给你说知巴黎城边中有许多穷民将死于饥寒，极望你来救济呢。这是

一个我们在此谈笑的题目,如你愿意知,尚有其他的笑话。

对这样无聊的信,我不免用严重的口吻以阻止下回有同样的放肆复生。

我答复那文学家又是总管的儿子是:我不挂念那班待我救济的巴黎城民,他们自有救济之人,我也自有救济之法。我所尽力的是为孟蒙郎西的乡民,他们待救更急于巴黎。此间有一好老人,终生勤苦,到老不能再工作以至于无食,我极快乐能够每星期给他二元,比给巴黎的游民一百元更有实惠。你们哲学家,好说笑话,以为城居之人才能与你们发生关系。实不知唯在乡间始能使人发生爱情与尊重人道,城居之人只有互相仇视呢。

这真一件骇人听闻之事:一个有思想之人竟以我不居巴黎为罪,竟说凡不居城市者便是凶恶之人类。今日想起,何以此时我傻到对此问题不发笑而发恼呢。可是,一班朋友均说他对,说我不是。胡特托夫人甚爱狄氏,劝我到巴黎安慰他。他正在因《百科词典》及《私生子》二书受了攻击而伤心,外间又谣传我与他绝交。所以我特到巴黎晤谈。彼此老朋友会面后嫌隙尽消,他实不是耶比赖夫人一样的善于记恨。

当我在巴黎时,圣郎壁从军中回来,可是我不知道,及回乡下,始得他与胡夫人请餐帖,他们接待我极殷勤,使我欣慰未曾使他们两人的爱情拆散,誓此以后,虽有机会,断不去取得她的爱情,连此心事也不敢有了。她真爱圣郎壁,我极喜欢,好似她爱他即如爱我一样。凡我所愿的就看他们如此相爱下去。总之,我虽怎样癫狂爱她,但当她全付信任给我时,我即觉到单靠这个信任已经满足,我的愿望在永久认她的情人是我朋友不是仇敌。人说这尚未到于爱的程度呵,或者人言不错,但这比爱情又较伟大呵。

现当说到我与格林相关的事情了。虽则我怎样要保存此人的感情，可是他将它摧残到无一点存留。他永不与我谈心，有时问他连答也不答。他对我无论在何时何处，都要争先占光，若他肯客气点，尚可原谅。可是他的可恶状态，今举一事以概其余。一晚，耶比赖夫人觉得不快，嘱家人在其房内靠炉旁而用餐。她请我上去，我当从命，格林随后来。在小桌上仅有二副餐具，食物来时，她坐于火炉之一隅。格林遂即取一椅子坐于别一隅，张开食巾而食，并未与我一招呼。耶比赖夫人面不觉发红，为洗涤这个人的粗莽，她将自己位置让我。但在他一言不发，连瞧也不一瞧。我则散步于房中以待食具送到。他将我放在离火极远的桌角，毫无一点礼貌的表示。此人全不思量此处我比他是熟客，是我领带他，他始能入来为主妇的上宾。而今看我不但比他低，简直是无物。但使我最难堪是他在外则说怎样对我好，怎样是我的密友，我怎样受他恩惠，他怎样挂念我的前途而常为我向世人求情。他的手段在使世人知道他对我怎样慷慨，咒骂我的不情，与使人知他是我的保护人，而我不过是可怜的受保护者而已。至于我，实在寻不出这个主人翁于我有何种利益。我借给他钱，他则永未借给我。我看护他病，我有病时，他来视一视也未曾。我介绍他认识我的所有友人，但他终未给我一个。我常向人提拔他，他则设法压抑我低头。他终久未曾有对我服务过一件事，这个如何说得他是我的保护人，而我是被保护者呢。

实则，他对一切人都如是桀骜不驯。记得有一次，他在众人前说出非礼的话，几使圣郎璧把盘子打破他的脑袋。他的声音本极尖刻，又加之以厉色与其野俗的状态，使受之者愈觉难堪。他与阔人来往多，遂也学阔起来。他叫他的用人只用了"嗄！"的声音，似乎他的用人甚多，大人一时记不起他是什么名者。当他叫用人买物时，他将钱丢在地下，永未用手交给他。他直看用人不是人类，虽然这个用人是他情妇所给予者，也因其残暴而迫于辞职，这就是他在家中用武的战功。

语言无味，更加他的大且混乱的眼睛与不齐整的面庞，使人觉得尤可憎。他对妇人们极有手段，自对火儿那次把戏后，竟被许多妇女认为有情感之人。一经为时髦人物之后，他就完全妇人化：顾影汲汲，打扮得极讲究。世人皆说他搽粉，我初尚不信，继见他皮肤渐现白皙，与其衣服上常有白迹；又一晨入他房时，见他用一专制的刷子，极骄傲地在我面前细心刻意在擦其指甲，遂使我不能不相信其为真。我私想一个人，每晨肯用二个钟头擦他指甲，当然肯用些时光将粉搽补到其皮肤的孔隙上去了。有许多友人们叫他为"白粉魔王"。

这些固然是不过可笑的细事，但与我性格实在不相容。我以为一个人如此用心，其他事业尚安堪问，这样人当然也不能有伟大的情感及德行。伟大的人物，当然不肯为此种事而费心。呀！凡有真性情之人都是从内表现于外，他所要的是将心情自然表出，不愿借别种假装以为重的。

此人又善于作伪。当其受火儿女士虐待时，他每晨到花园望火儿的客店而流泪，泪之多将手巾满满湿透。但当他回时，人见他将手巾放入袋内，抽出一本书，假如无事人的孜孜看文字一样，这个故事已传播全巴黎了。我自己也记得一件故事：当我在巴黎，他一晨满面汗珠说是刚从乡下跑到。但不久人来说他已于昨晚到巴黎，在戏台看剧。

他如此等事甚多。一件事使我后来才想到何以当时未察出。这是我为他介绍一概我的友人，他们均成他的好友。可是他永未给我一个友人，而且他的友人均成我的仇敌。他且离间缔玲奴及其母亲与我分离。若说这是"友情"，那么，"恨情"又不知怎样结果呢。

格林在外说如何于我有益，其实所传播的于我均有害。虽对我借以生存的抄谱职业，他也向人说我抄得极坏。这实在不错。但不是他自命为我好友的人所可得而评论，而且说也不应那样故甚其辞。人说他所要的是将我的生基铲尽，而后不得不听他命令以求生存。

种种使我难堪之处难以尽述，况且我确实怀疑他的人格站得住。

到后,我就决定与他绝交,而将其理由告知耶比赖夫人。她当然竭力阻止。隔日,复写一封极恳切的信,使我不要见疑她的友人,并劝我与他和好如初。我秉性是最喜向人降服的。况且我向来对友人都是先行认错,虽则其错常不在我。此遭对格林也就一样先去探问。

我以为这样的降心相从,格林必定以真诚相见。殊知他以罗马皇帝最骄傲之态度待我。在我的羞怯及求赦之下,他念了一长篇先预备好的演辞,其中在证明他的奇特的德行,而最重要是:他永未与一友交无终始。当他说时,我自己想这真可惜,如我与他绝交,岂不变成例外?自后,我常思最能保存友谊的当莫如我,从少时起,永未与一友人绝交,除非他的死亡,可是我并未以此自夸。今他乃特别提起,莫非有意在表示他将我许多友人夺取为己有而后,专为羞笑我不能保存友情罢了。末了,他故示我与他的地位不相称,只给我一个轻微而藐视的亲吻,好似皇上示恩于臣下一样的尊严。此时,我好似从天上跌下,昏迷极了,寻不出一句说。这些情景,又像教书先生的训示学生,不给我鞭打已算格外示惠了。我一想及,每每觉到以貌观人常有错误。例如大胆与故示宽大者未必是好人,而胆怯及羞愧者才是无罪呢。

一日,我正在想忘却他们时,耶比赖夫人使人来寻。入门时,我见她双眼与容貌呈现一种极刺激之色,这是不常见的。因为往时,世上无一人比她更能矜持呢。"我友,"她向我说,"我往日内瓦,因为胸部不舒服,使我不得不舍弃一切而往受诊于倘生医士。"在这样季候严寒,而决定这个程途,使我甚为骇异。尤骇异是在三十六点钟以前,我别她时尚无说及此事。我问同谁去?她答与其子及李郎先生。于无意中又问我:"您,我的野熊,也肯与我同行吗?"我观她神色不是真要我去。因为她知我在此时连房门极少出,为什么要一病人去帮助一病人。她固然知道及此。故我们只谈些她的行装,虽则行期尚有十五日可待。

我不用多行侦探,已经得到她此行的秘密。(就是她与格林秘密往还后而怀孕，意在到日内瓦去偷生。）此项秘密，除我外，一概她的家人及相识者皆知道。翌日她的管家人来告诉缔玲姒，所以连我也知道了。但我极为她守秘密，无论对何人永未说出。

当我探知此种实情后，我甚笑格林辈暗中运动我同她一气行以便倾陷。在她又不是一定要我去，我更暗笑这班阴谋家的失败。到底，我不去更于她有益，结果，她竟得到其丈夫同行以为遮盖。

过了几日，狄特鲁给我一信，信系公开式，仅将信笺折为二半，又是请李郎先生转递的。今将其信抄下：

> 我生成是爱你又使你苦恼之人。近闻耶比赖夫人有日内瓦之行，未曾听及你同去。我友，你如喜欢她，应同去，不喜欢吗，更应同去。你受她恩太多，此也一个报答的机会，你以为一生中有再比此时更好的机会吗？她往的地方，人地生疏，且有病，应有愉快及宽慰之方法。冬呵，我友，你必以此推诿。其实，你今日能比前月好吗？过三个月后，在春之初，能比此时更好吗？若我在你的位置，如以轿不便，则执杖以随其后可也。你以此与名誉有关吗？你不去，使人更骂你忘恩负义及他种呢。我知你素以良心为重，良心安，谣言尽可不管了。再者，我们是好友，所以我写此札。如你不悦，请付诸火不必再提就算了。我敬重你，爱你，并亲吻你。

读此信后，我实愤激万分。他在此信，格外客气，叫我为他的好友，可是恶意涌现纸上。而且往常他寄我信是用邮递的。此番竟请耶比赖夫人家人代转。在我忿火燃烧之下，我写了下函，亲带到耶比赖夫人家中，拟念给她听。

> 可爱的友，你不知道我与耶比赖夫人的恩情及其关系到何种程度？她是否真需要我，与是否愿同行？我是否能去？与不去的

理由是否可准许？凡此种种，暂不必与你争。现只说你来信那样用命令的形式，已不是你们哲学家所应出了。尤最不应该的是你写此信，我疑是出于被动。请你以后勿再为人傀儡吧。

你怕人疑及我的品行，但我极骄傲地相信你必知我是何如人。假如世人能深知我，必定对我更加敬重。我也不求誉，但也不怕毁谤。卢骚生来就不怕人言，狄特鲁当也不是生来受此种谗言了。

你说：如我不悦此信，可付诸火以了事。你以为出你手的文字，我能于这样易忘吗？我爱！你看我的眼泪太便宜了，连我生命及身体，你也看得太不重要了。如你能体察到此，则你的友情更加温柔，而我的怨望也较减少了。

当入她门时，适见格林也在座，我极快乐地高声为他们朗读这二封信。我此时的勇气真大，不知从何而来。念完后并为之注解。在我这个素来羞怯的人，此时竟这样振作。但见他们狼狈万分，一言不发。而那个素称骄傲啧舌的男人，低眼视地，不敢抬头与我的电闪相碰。可是同时，我知他们心中满藏毒气，非将我铲除不足以泄其愤了。

在不久之后，胡特托夫人转到圣郎璧寄我的信，其所以慰我者甚至。冬深，气候更加劣了，人多离开乡间。胡夫人也来辞行，而约我再会于奥堡。我们共有四五点钟密谈。可是此际，我极神静气和，但其乐与风趣尤非前时的癫狂可比。她知我对她爱情未灭，故极感动我竟能以礼自持。于敬重之余，她对我的爱情又复涌现。她说其情人有病当辞军旅，长假归家。我们希望三人从今后和平过日子，靠仗自有的才能以生存不至于外求。这个希望尤其是在我可谓极人生的温柔了。前途如何坎坷，我此时连想也未想到了。

我并示上说的二封信，并说我不久拟离开"隐居者"。她劝我不可如此与耶比赖夫人决裂。且说如我能与她同去日内瓦更好，否则也当求友人谅解。我遵从她意,因我爱她比什么人都热烈。为她的和平计,故我暂时不搬家。在将别时,我坚持不先与她亲吻。她于启身之际,在其从人之前,深深向我一吻。对此吻的赏赐,我受之外面似若不感动,但搅乱我心至于三个月久而后平息。

我遵从胡夫人之约,遂写信给格林以表明心迹。信中隐约间说及她此行的使命,我已知道,但非我的责任。末后,我又问他,如他以为我非去不可,则我当与她同行。此信去后,格林复我一信,不言怎样办法,只说待他再行审思后与我说知。

我如此不安宁地在待此凶恶的人答音了。到八九日后,听到耶比赖夫人已启程。即又接到格林的第二答信。信文极简,只有七八行,但我不能忍耐读完去……这是绝交书,措辞甚凶狠。在我鄙视之下,我将原信退还,并赘下的短简。

  在此,我不用辩护,只悔不早认识你,可是今后不再受你骗了。

  这是你的信,你可自己缓缓去研究,但它不是为我写的。你可以将我给你的信布诸天下,并请公开地仇恨我,这也算是减少你一部分的阴险。

他果然将我前给他的信给全巴黎公开了。在我愤怒之下,而出此言,若他有点人性,当不至于如此不情。纵使交情已绝,而也不用这样致恨。况且他只公开我信,而不同时将他给我的信公开,尤为不可恕了。可恨巴黎人不知此中道理,故竟说他对。可知隐者被人忘记而得运者的言无不中听了。

此人已揭开真面目对我了。在他认我为无需要而不妨于绝交了。在我则恐对此人太过度,故暂时不管他,只待他天良的复现。但八日后,我又收到一封耶比赖夫人同样口气的信,这是她向来未有的文字。他们果于合谋起来,将我这个可怜的人打倒了。

到此我的状态至为惨淡。眼见无缘无故中友人离我而去。狄特鲁约来又不来。冬寒气恶，使我觉得更惨淡无聊，百病也就从此而生。我索性实在受不惯这样摧残。一字一句使我懒写，可是我不能不答耶比赖夫人之信，否则，必更受他们的布摆。我遂向她表示我的情感及理智，而望她能够以人道、恩情及才能为重，而给我一点便利，纵然她怎样坏人。以下乃我的信：

> 如果忧能伤人的话，我定不能生存。请再听我一言吧，我们情谊确已消灭了，夫人，可是我希望尚有不消灭者在。你对我的恩情，我均深深藏诸肺腑，并不因不爱其人而消灭。今所要言者如此而已。其余均是废话。我自有良心，也望你有你的。
>
> 我应离开"隐居者"，于理实应如此。可是有友劝我留到明春才搬开，如你同意，我就遵从友人之劝。

此信去后，我想可以安居于"隐居者"以调摄病躯，养成壮健，以便于明春离开，静静地不使世人知道我与她有裂痕。可是这非格林及她所愿意的，看下她的答信就可知道了。

> 经过几年对你的恩情及牺牲，到底，我所得的唯有懊悔。你确是可怜的人。但望你的良心与我的一样愉快，这个或者使你再能得到安逸的余生。
>
> 既然你愿离开"隐居者"，而且于理是应该的，我真骇异你的友人何必挽留。至于我，只听责任，不听友言。其在你，我真不必多说了。

这样决绝信，当然不能使我愿多一刻留。我当即出此地，不顾气候与我身体如何。宁可睡于大雪及深林之中，宁可违逆胡夫人之命，但不愿以名誉为牺牲。

名誉与不平之气，使我的勇气骤高，我誓愿在几日内搬家，不受耶比赖夫人的苛毒。又适马打先生，他为亲王贡第之人，闻及我的困难，情愿让给一间小屋名"孟鲁意"者，乃在孟蒙郎西树林与花园之旁。我接受此万分感激。一切进行甚速，在大雪及贵工之下，我不辞艰难于二日内搬清，而将"隐居者"的钥匙交还。遂即为她写下信。

这极简单与必要是，夫人，应搬出你的房子，当你不肯我居住时。你既不愿我在"隐居者"过冬，我就于十二月十五日离开了。命运是使我入此屋不由我，出此屋也不由我。我感谢你前时容我居留，如你不使我租得那样贵价钱，我更感谢多些。你有理，说我是可怜的人，世人无一个比你更知道我当如此。我的可怜，乃在错交友人，这个更使我觉得为可怜。

这就是我住居及离开"隐居者"的历史。此中不得不详谈，因为与我后来的关系甚为密切。

第十书(一七五八～一七六〇年)

(时卢骚四十六至四十八岁。——译者)

一时热气使我得了一种强猛的力量而离开"隐居者",但出门后,这个热力就变冷。入新居后,一切病魔环集猛攻。医生来说出我的病由,知道我的衰老的身体,实在担不起好强的心神。好天气来,也不能恢复从前的健康。在一七五八年全年,均在疾病愁苦之中,似是报告我的末日已至。我想此时归化,借此脱离那班仇人的倾陷也是免除悲伤的一种好方法。

我已与彼等脱离了,彼等自此在外间酝酿许多阴谋陷害我。狄特鲁对我又不忠实,我又与他绝交。如此,我今所努力的只有作书。自给《大浪伯书》[1]及《柔丽》二书稿本卖出后,增加一点收入。《野美儿》不久可以出版,也得收些版税。我的希望是将来连抄谱的职业可以不要,只靠版税,永久得在乡间过俭省的生活。但乡间生活未免枯燥,我想再写一本在我死后才出版的书,借以消遣。我初尚未定写什么书。好久来,书商鲁先生请我写一本日记。我想此也是一种消遣方法。因为我的生活固然不甚可纪,但用我的忠实态度,也可供给读者一本写我内心经过具有趣味的书籍。我常笑孟参雅[2]假意写出他的错处,其实所说都是好。至于我,自信是最好的人,但既然是人类,内心无论如何纯正,终不免于有些瑕疵。我想将我

---

[1] 即《致达朗贝尔论戏剧的信》。
[2] 今译蒙田(Montaigne),法国文艺复兴后期人文主义思想家。

许多变态及恶德表示出来,不但不会减少我的德行,而且增加我的价值。况且,此书不免涉及多人,所以我决定当俟我及许多有关系的人死后,始行发表。因此,我所写的《忏悔录》,毫无顾忌,一味说实话,大胆做去。此计划既定之后,我于是搜集来往信札及文件以便补充我的记忆力所不及。同时又不免悔恨许多撕去及失落的文件。

这个隐居以著述《忏悔录》的生活,本是我最有意义的计划。正在伸笔之时,忽然上天又给我别一个命运,使我又卷入于新漩涡。

孟蒙郎西素称名胜之地。旧时名堡,久已易主,其所存的仅有箭塔。但在此颓败之中,重新生出一座特别的建筑,命名"穷庐",其繁美与世界最著名的邸堡一比而无愧色。构造极尽美奂,而且其瞭台的风景,恐在天下中可算第一。厅堂画图都出名家之手。其花园乃由吕禄特的心血所布置。凡此种种一齐凑集起来,使观者于迷醉其优美之中而又震惊于壮美之外。吕森堡大将军即为此庐的主人,每年来此二次,各有五六星期久之停留。当我初住此地时,他与其夫人来即命人来致意,并请我愿意随时去用餐。这个使我回想起白夫人之请客法,久矣乎我不愿与阔人的办事者共餐。且我也不愿与显者来往,故我极客气地辞谢,连到其庐一次亲身道谢也未曾。这个原是他们所要的,借此一见这个奇怪的我,并非有实在的善意相招待。

可是,他们的客情继续增加不已。一日下午,无意中,忽见大将军带了五六人亲来。那么,我不能不往见,以免无礼之讥。同时,又不能不参谒其夫人。她对我种种好表示。这样就成了一个不幸的托庇。但在我未曾不觉得可怜的命运隐隐在前头等待了。

吕森堡夫人,闻其名已使我惊怕。她固然令人爱,我曾在剧场上看见她好几回,并于十余年前在杜邦夫人家见过,那时她尚未出阁,正在夸斗其处女美。可是,她也以凶恶称。在这样贵妇人中而以凶恶名,安能使我不畏惧?但此际一见,前头的惊惧全消。她生成无限风韵教人怜惜。于会谈时，又觉得其热句亲语吸人无已。这不是以舌锋犀利取胜，也不是有惊人与精辟的议论。这是以温柔蜜腻见长，于不动声色中，自得其乐趣之所在；而其自然妩媚的表情随时溢出，好似其中太多，关藏不住一样。在谈话时，她又不以我笨拙为嫌。凡宫中命妇，都能操纵其客人，但都不如吕夫人更能济以娇媚。此头一遭的晤谈已使我倾心达于极点。适此际她的媳妇在内，此妇对我则极尽癫狂而乐于取笑。所以在她妈妈的赞誉与伊的顽皮中，我不知是谁一人对我说真情。

这个又信又疑的受宠，由大将军来证明后，始信他们的真诚。可是，在他们愿以平等地位相对待之下，使我又怀疑他们太过于客气。我于是先以不侵犯我的独立生活为请。他们极表同情，故永久未曾给我一个位置与帮助一点财用。除了有一次，吕夫人问我愿否入法国翰林院，我答以宗教问题有阻碍，但她并不以此为难事。我又说得入此名院固所甘心，但前已经辞绝波兰王之命，故现不好意思以应他处之聘。她听此遂不勉强，以后永未提及。以吕先生受王的特知，而乃对我的厚待如此，其不愿以非分的荣禄诱我，尤非那班我的假名为友人鄙视我的贫贱者，所可得而比拟了。

当大将军来时，随从人多，我寓室小，而且地板已烂，诚恐陷落下去，以失地主之谊，我遂说明因由后，带他们到四无遮蔽与无火炉的古楼内坐谈。他回时与其夫人谈及，他们促迫我暂居其爵邸内的一小堡，以待我寓地板修理后再搬回。此"小堡"确实有趣，值得在此为它描写一下。

孟蒙郎西的园囿，不如施佛勒那样的平坦。此间地势起伏参差，山峦层叠，高阜与洼谷并出。加以艺术家的点缀：造亭，设水，种种布景，将此小地变成为无穷尽的色彩，使人处其中觉其茫无涯岸一样的宏大广远。矗立于园囿之上端者即为爵邸，名"穷庐"，邸前有可瞭望的台基，其下为颈形，逐渐向山谷处扩大，尽头则有大池塘。在池塘、橘林及亭台之中间，我所说的小堡即位于是。此小堡与其四周之地本属于名画家吕波澜[1]的。他出其匠心点缀此地成为画境。在细小简单之中,自有其玲珑恬净之妙。因其在低洼,又是介于橘林与水池之中,未免嫌些湿气,所以在小堡的中心,穿插了一回廊,全以二层高的圆柱所筑成,使得阳光及干燥之益。若从"穷庐"的上边看去,则见小堡为水所包围而变成为一美丽的小岛,与在"瑞士大湖"中的三岛之一名"独美"者依稀相仿佛于万一。

这就是在这个僻静处,在四座屋中使我任择其一。每座均有一跳舞厅,一球厅,一厨房及一统房。我选择其最小与最简单者。屋内清洁可喜。所有器具的颜色,乃是白蓝相映以成趣。在这样幽静与树影及水光之中,听众为之唱和,闻橘花之芬芳,我于是凝神沉醉于六合之外,乘兴写了《野美儿》的第五书。此中的生动色彩,大部分全在得力于本地的风光。(《野美儿》共有五书。上四书乃写男子教育,其第五书则写女的教育,尤富有文学的美趣者。——译者注)

每晨上,在太阳升后,世间无一事再比我急切于到回廊去吸美的空气一回事了。吸后,又无再比我与缔玲姒饮咖啡的好味了。猫与狗是我们的好伴,有它们已够使我们不厌孤单了。我已经在天堂过了无罪恶而只有幸福的生活。

在七月间,吕森堡先生及夫人来时,对待我又加上了许多恩惠,使我居其中不能不相与周旋。上午则往与夫人谈,下午则与大将军散步,但不在晚餐,因其人多而时间太迟与我实不相宜。这样极好,若我能知守分寸。可是我呵,永不能有中庸性,永不守社交的惯例。我久久是:不是"全有",宁可"全无"。我对他们全心相委。见他们对我欢迎,我就用了最亲密的态度,与最真挚的情谊相对得。实则他们暗中所不许的,只有在他们同等门阀中才肯承受无讥的。可是我仍然继续对待吕夫人极亲密,虽则我根本不爱她。我见她不愿多谈论,贵

---

[1] 即夏尔·勒布伦(Charles Le Brun),17世纪法国首席宫廷画家,法国凡尔赛宫和卢浮宫许多壁画和天顶画都出自他手。

妇人的身份应当如是。我知对待妇人，尤其是贵族夫人们，最要的是兴趣：宁可冲撞，但不可使她讨厌，故我设一法以避免我的拙笨而取嫌，这就是念书给她听。她曾听及《柔丽》已在印刷中，常露出要知此书之内容，我遂以此书进。她极嘉纳。每晨十点钟，我到她房，吕先生也到，关起门，静悄地在她睡床旁，我念她听。如此，在他们暑假期间一直做去未曾停辍。此项成绩甚大。她不但爱书，兼爱著作者。以致心中只念我，口中只说我，每日奖励我与亲吻我不知几多次。她要我当餐时坐在身旁。有贵族来占其位者，她就说这位专给我坐，他人是不能有此权利的。这样深仁厚泽，使我实在碎骨难报了，只怕有一日兴奋之情变移而已。这个恐惧实在不是无因而虚拟。

天生成她的性格与我不相容，使我笨拙的言谈与信札，每每为她所误会。今来举一例。她知我为胡特托夫人手抄一本《柔丽》，也想同样有一份，我当即刻履行。照例，她当给我抄费，但我想特别优待，曾因此写一封信，以表示我一点的敬意。殊知她的复函竟使我如堕落五里雾中。今抄如下：

> 我极痛快与满足，欢喜，并应道谢你的来示。但尚有疑问者，你信中说"你当然是我好主顾，但极难取你钱，照例，我应极愉快为你服务的"，在此点，我真不明白了。你何以久不说健康是那样，我真挂念。因不能与你面谈所以写此问明贵信的意义，实在惶恐之至。吕先生甚念你，在此一同致意。

自接此函后，我即速答一信，并说我当好好查察此中致起误会之所在后，再行谢罪。可是经过数日的焦思，毫无结果，遂再写了下信。

> 自发前信后，我再千万回审查那一段的用意，无论照原文的意义与社会通行的任何解释，我不知，大将军夫人呵，是我误会

你呢,或是你误会我呢。

到今日去发信期已有十年之久,每每想起,但总不能了解她怎样生起误会。不但不明白不恭敬之所在,并且连她不满意的地方也寻不出来。

说及《柔丽》的抄本,我想为她表示特别的敬礼,遂将那段并未加入正文的爱多亚爵士的奇遇,也并抄去。毫未想及这段内有一位罗马侯爵夫人的坏脾气,极与吕夫人相同。我今特意加抄,在我以为殷勤,在她以为有意冲冒了。我的恶命运,使我这样冒昧而陷入于倾覆之途。

尚有一事,虽非我过,但归根于我也极有害,似是不好的命运一同来攻击这个可怜人。我想在给她《柔丽》的抄本上加上与印本同样的图画。此时作图者为光跌君,他受我费应该为我服务的。可是,光跌甚狡猾,问明事由后,自己拿图去吕夫人前献殷勤,而使她疑我自己不肯效劳。

这位光跌甚是奇人,各处借我名到我的熟人家去,住食其中毫不客气。他在外间表示对我极热诚,说及我时泪满睫中。但见我时,一切在外所为,尤其是与我有关系者永未说及。

在相去不远的时间,我又辜负她的恩意做下一件傻事。我与施屈易本不相识,也不喜欢其为人。但对他的政绩极为佩服。当他执财政时,曾受各方面的排挤以致不安其位,不免使我一时激于义愤,为之写下一信。

承受____先生,一个素不相识的隐者敬礼吧。他极佩服你的才能与其政声,并为叹你不能久安于其位。今日救国之策,莫急于铲除财政的积弊。看你打倒这班财奴的为私,极艳羡你得位而行其道之光荣。及见你因政策不行而辞位,又极赞叹其出处之光明磊落。请你善自宽慰吧,先生,你的名誉,世上无一人可与你争竞了。小人的反对,适以提高君子的价值。

一七六零年——吕夫人听知我写此信,要得一抄稿,我写给她。殊不知她即是营私利,而排斥施屈易去位之一人。我这样不知底蕴,而得罪了这个可爱与有势力的妇人,而又是我的恩人,于理实不应该。可是,我非有意去冲撞,这与第三书所说的食药丸而犯她同样是出于无心。可是这班贵族夫人们,尤其是她当然不肯看为无意的冲冒而轻轻放过呢。

在我这样对她种种不能善于应付之下,当然免不了生出嫌隙,可是在外面,尚未露出有一点裂痕,我们仍然极亲密地交接下去。但我未曾不逆料此种交情断不能如此维持,故我在此时曾为她写一信以表明我的心迹。至于我与吕先生心心相印别有一种亲密,非他人所能离间,故我相信他至死,仍然认我为友人。

在此年,他们来孟蒙郎西过暑时,我前念给吕夫人听的《柔丽》已完,遂代以《野美儿》。她对此书不甚喜听。或则此种教育意义与她脾胃不相宜,或则太多读本使她讨厌。她闻知我要印刷此书,一口应承为我代办。我本拟在荷兰国发行,她则主张在法国,以为书文并不犯禁,并请监督出版官马塞不为担保。她得胜利。但我要求书必在荷兰印,至于销售之地,或在巴黎,或在别处,乃是售书者之责任,非我权力所能过问。当她同意此后,我才将文稿付她。

在此时光,贡第亲王特别来孟鲁意见我,(因卢骚已搬回此屋。——译者注)因我屋小,而古楼极美饰,遂引他到此间,并同他下了棋,我连胜他二次,乃极恭敬与严重向他说:"我太敬重殿下了,故不敢不努力取胜。"这个大人物极了解我的意思,心中实在喜欢唯有我才看他是"人"。他以后送我二次自己所猎的野兽,我则写了不情的信去拒绝。由后再看此种信时,自己未免觉得太过于矫情。

我几几与亲王成为敌人。布灰夫人是他情妇,我则茫无所知,于无意中险被为她所惑,幸而我尚能以情自持。我此时已届五十岁,实应自重了。况且我与胡特托夫人,前情尚在,觉得除她外,别人不能使我癫狂。当写此时,尚有一个美妇人向我挑拨,她似忘却我是六十岁之人,可是我自己并未忘却。性爱呀!你不能再使我荒唐了,一直到死,我与你无缘了。

在此第九、第十两书中,我借信件及事实为引导人,以下二书又须用我的记忆力了。在此无边的愁海中,我不能忘却它的源泉,故在此二书中,不能不说出事实怎样的经过。此后二书,则为上头所说的结果,虽则未免有些模糊不定,但敢担保事实均属确切。以后如有再续,则较为无把握了。

第十一书(一七六一～一七六二年)

(时卢骚四十九至五十岁。——译者)

《柔丽》虽付印许久,但至于一七六零年末,始出版,即时引起了极大的风声。吕夫人特为介绍于宫廷,胡特托夫人则宣传于巴黎,并将抄本使圣郎壁念给波兰王听而大得其欢心。杜格罗则在翰林院大谈。全巴黎急待读此小说,书店站了许多人等待消息。及书一到市上,成绩难以尽描。在文人方面,意见尚有不同,但在群众尤其是女人方面都众口同声对此书及作者表示倾倒。于此应说及者,此书在巴黎比别处较得成绩,而在瑞士最算失败。交谊,爱情及道德在巴黎较别处为多吗?当然不是为此,不过法国人较有精微的心绪能够了解他人的情感,又肯将纯洁温柔,与恭敬的心情介绍到那班心坎所欠缺之人中去而已。道德衰薄,万方同慨,到今日全欧已无好风俗及德行之可言,唯有多少爱情尚在,这个又只有在巴黎才能得到。

要知人类真正的心情,最紧要是不可为成见所迷;要有精细的触觉与感动,最应该在社交教育上学得。我此书,乃是一本最讲心情及社交教育之好小说,所以在宫廷中最富于精细的触觉者,此书最受欢迎,若乡下人看到则定不如此动心。又须有德行之人阅此才具兴趣。若一班坏蛋,只从恶处看去,则也不见其美丽之所在。因此,若此书在有些地方出版,势必购者极稀,不久就必停止发行。

我已在别处汇集关于评论此书的信件,俟有发表的机会,读者可以见到群众的眼光都未见到一地方:是并未从此书简单的人物与无穷的兴趣方面观察。此书特别处是人物仅有三个,而册数多至于六本,其中又无穿插及杜撰的事情。狄特鲁最赞叹是李沙逊[1]的小说，事情复杂与人物离奇，但我意，他说不能离开小说的套式，杜造堆砌，与尽其神出鬼没的能事，实则比我的较易作为。总之，李氏比我虽有许多长处，但其构造的简洁与情致的缠绵，他的比我实在不如。

我所怕的是这样简单，难免使读者讨厌，但有一件事实来反证许多批评之不确。

书在春节日[2]出版，即由差人送到打梦妃邸来。本夜有歌舞台的盛会。晚餐后，她正在盛装待往，因时尚早，遂将书观看。半夜，她命备马车，仍然不肯放开书。人来说马已驾好，她并不以为意，继续看下不肯休。用人想她已忘记了，再来说时过二点。她说不必着急，且复读下去，过若干久后，手表已停，她问何时候，答已四点，天将明。"那么，歌舞时过，将马放开吧。"她将妆卸后，整夜未眠全费心神于此书。

自此我闻此事后，甚望一见打梦夫人，借问有无此事。并要知道此人能如此爱惜《柔丽》者，必定生来有第六种感觉——这是一种德性的感觉，世人极少具有的，而无此者实在无法明了此书的心情。

一班女子所以欢迎此书者尚有一种原因乃是听到这是我个人自传的事实，因此有许多人问我取看这个《柔丽》的小影。世人均说若非自己亲身经历者断不能作出这样动人的文字与这样热烈的表情。这或有理。当我写此时，确有许多事实作背景。但若以我必有事实然后始能作此，这又未免猜错了，殊不知我的幻想能从无中生出有呢。凡此书所表情的，不是与胡特托夫人，也不是我少年时与任何妇人所经过的痕迹，乃由我的心灵与天上人物相交通之结果呵。

自从《柔丽》出后，我虽然多得社会——尤其是妇女们的欢迎，

---

[1] 今译塞缪尔·理查森（Samuel Richardson，1689—1761），英国小说家。代表作《帕梅拉，或美德有报》（*Pamela; or, Virtue Rewarded*，1740）通常被认为是英国的第一部小说。
[2] 春节日，指西方的传统节日狂欢节。

但渐失了吕夫人的爱宠，而其原因在我实在不知其所以然。因此中有许多事，实出离奇而非我所得想及者。例如，我有爱狗，初名"公爵"，后因兴趣遂改为"突厥"（译者按：法语公爵与突厥，两者发音相似），吕夫人侄儿辈问我为何易名的理由，使我不能不为他们解释，这样又得罪了许多公爵，可惜是吕夫人又是公爵夫人。闻她听此事后，对我不满。以这样事而常使她不满意，则我安能不失她的欢心呢。

在这样难于维持交情之下，她对我有时尚表示极好意。第一，她对待缔玲姒愈加亲爱。第二，她命其用人到育婴院带我所保存我儿在院登记的号数，以寻儿归，但终于寻不到。论其时间不过十三四年，如该院排列得好与搜求得法，想不至于无着落。但此也不过使我一时怅惘罢了。及一回思，我既不能从生时养他大，假若求得出，安知不是他人子女来冒替。纵是真我儿，但自少已离开，父母之情对他当然不如自少养大的浓厚。我这样回想，不是卸过，乃在懊悔初始不肯养育之罪过呢。

《民约论》印刷得极快。但《野美儿》，则进行甚缓，到后，完全不印。我一连写了许多信，问其究竟，也无收到确切的答复。在一七六一年秋季，我本已大病，更加此事的焦迫，使我如发狂一样，设想他们仇人必待我死后，改窜原有的意义，加入他们的主张然后假借是我的著作而后出版。如此幻想不休，假若我此时死去，真死得极惨痛与遗恨了。

卒之，《野美儿》得以出版，并未闻有什么阻碍发生。此书成绩不如别书风声之大，可是在私人之长于判断者则推奖备至，但其态度甚跷蹊。布灰夫人说此书的作者，应得全人类所崇拜的铜像，但在信尾则说看后将原札退还。大浪伯则说此书具有高等的价值，足以保证我执文坛的牛耳。可是其信尾并未签押。杜格罗本为可靠的友人，但此遭极狡狯，只在当面说好，并未用文字来表示。可是在这样怀疑忧惧之中，我自以为得到吕夫人及各总长之庇，定能在仇人妒嫉之下，争得胜利而归。

凡知道此中事情者，无不觉到各方面的阴谋正在酝酿，暗潮已在膨胀中，而我初则毫无所知，乃后谣言已到我耳边，我尚处之泰然。我想此书乃由吕夫人及"监督出版"官许印的，如有意外，他们当去担任，不致使我直接受过。况且我极知道他们的仇视不是书中对不对，而乃看我有势力与否。有势力呢，则一切皆行了。故无论风声怎样恶劣，我只看吕夫人毫不为意，即时使我心头就放下了。唯布灰夫人有点激动，从巴黎来状极焦躁。并说贡第亲王正在向议院疏通，请其勿为教徒所利用。她又劝我到英国去依其友人谦谟[1]。继见我不愿行，又劝我自投监狱数星期以免议院之裁判，因议院无权干涉国家囚犯的。此后她永不再提起此事，我想她也不过借此吓我跑而已。

虽然，到此际，我已觉得此中有许多黑幕，但他人既不肯直接揭破，我也只有待其事的来临。况且自问极正直，所说的均为人类造幸福，毫无罪恶，可以问良心而无愧，纵以此为正义而牺牲，也以为至大的光荣。故我并不怕与有所隐藏，仍然照例到吕府去与每下午照例去散步。到了六月八号，为议院预定发令拿我之前一日，我与二位教雄辩学者，同过了一个好下午的点心会。我们忘带了酒杯，彼此用大麦管插入酒瓶，竞赛谁吸多。好久来，我实未有一次这样快乐过。

自少年时，已经夜不成寐，养成在床上读书催眠的习惯。此晚上正在看到《泪约尼密的》的审判[2]一段上，此项事实未免使我有动心。正在梦想时，忽被声音及烛光所震惊。此乃缔玲姒持烛引拉鲁须先生来。他见我突然起床，遂向我说："不要怕，这是吕夫人之信，其中并夹有贡第亲王的。"亲王信说是："外间风潮甚大。无法可以制止。宫中人与议院均催迫实行，明早七点钟就派人来拿您监禁。我只能疏

---

[1] 今译大卫·休谟（David Hume, 1711—1776），启蒙运动时期苏格兰著名哲学家、经济学家、历史学家。
[2] 此处指的应是《圣经》第十九章《士师记》中的段落，即用"以法莲山的利未人"为结尾的那一章。

通：如您逃，可以不必追求；如您不走，则不能不尝缧绁之苦了。"拉君催我去吕夫人处，并说我如不去，她终不就寝，此际已二句钟，我急起穿衣跑到她邸去。

她甚震动，这是我第一次见到她这样不安，即时使我心伤。我遂向她表示，为她安宁计，我愿牺牲光荣向外奔逃。她闻此并未赘一言，我就想将此意见收回。适吕先生至，不久布灰夫人也从巴黎赶到，彼此商量如何对付，使我极难于食前言。现所商的是往奔何处及在何时行而已。吕先生想将我藏在其邸内数日，以便得一安全的去处，但我极愿于即时离开。

既然在此地有这样多仇人，则我虽爱法国，也不能不出境以保我的安全。我初想往日内瓦去，继思此地也有许多仇人，则我虽爱父母之邦，但也不肯如阶下囚之受制于人。那么，我想到瑞士别的地方去。

布灰夫人不赞成我往瑞士，极怂恿往英国依靠其友谦谟，但我不爱英国与英国人，故她的词锋，不但不能鼓兴而且更加决定我的远飑。

现已决定即时启行了。吕先生答应我整理存稿，我唯带了已经择好的。拉君已与缔玲姒进来。她在我出门后，惊惶与悲哀已经摧残到不堪，又想我已远离，更恨不能一别，今见我面，从胸扑来，一种叫号凄凉之音令人惨不忍闻。呀！爱情，心心相爱，习惯的情爱已成了不可分离之势了。十七年来，彼此未曾相离一次。今别离在即，不免将昔日温柔、幸福与愉快的生活重新重行涌现于我们的眼前。此情悲哀非可言表，大将军在旁，见此也不免于泪垂。他放我们二人独谈。缔玲姒死活不肯放开。我向她说同行之不便与留她在此对付之利益，并答应她不久来相聚，并请大将军为证人。但我不告诉她往何地，以便吏役来考问时，她不至于说假话。在亲吻道别时，我觉有特别感动的心情，同时向她留些赠言，嗄！可惜太先见及了。"我的爱人，应养勇气吧。你既与我同享快乐的日子了，如你愿意，也可同受困苦。今后我的受屈与悲惨的命运正长，此遭不过起点，必要到死方休。"

别了，我应该起行了。人说公差应在十点到，今已在下午四点钟了，公差尚不来。我与吕夫人，布灰夫人等亲吻道别后，吕大将军不能开口，面白如死人，他必要送我到饮马池停车之处。我们穿过了全花园，彼此均默无一言。我本有此花园的钥匙，入门后，交还他，他取时表示一种惊人的兴奋。以后常使我想起此件事。我一生中永未尝过一次与他这回别离同样的苦痛。彼此相抱得极久，似乎觉得此是生离，也是死别了。

坐轿极硬，我又不能终日用步走，马与马夫均意懒懒地行得极迟。但一路上，我也自有消遣的方法。此遭仇人的倾陷，我极愿忘记得迅速，适记昨宵尼密的故事，意拟编成一剧本[1]，遂于路上三日中成就了前三篇的歌文。此件故事，事实虽可怕，但我的文字中，含有无限的温柔、新鲜的色彩、烂漫的画图与确切的服装与古时代俭朴的描述。这本虽不能算为我的好书，但当列入我的最贵重的典籍内。当我再读时，每每自夸在这样悲愤中，我竟能作出这样慈善的作品。若使许多大哲家，处我地位，不知又发泄什么了。

到伯纳[2]时（现瑞士的京城）我嘱停车。下车后，我躺地下去，将地深深亲吻，并极欢喜叫起来："天，道德的主宰者，我赞扬你，我已到了自由的土地了。"

马夫见此，以为我已发狂。不多时，我已欢喜到极可靠的友人鲁刚家了。呀！多受这个好友的一些时光吧。我将在此加养一点勇气与毅力以为后来的使用呢。

我不得不将此事的经过稍为详细点说出，以便有线索之可寻。他们所要的是使我逃走，但他们苟不于夜间惊起与用吕夫人的忧愁以激动我的行程，则我于会晤后，仍然回寓安然熟眠，则彼等拿我的命令也照旧下吗？这是一个大问题。就拿我预定的时间与实行的时间不相符一事而论，已够知此中隐谋之所在了。他们对我有些事比此的更可笑，故只要读者稍为细思，就可推论此中之真理由了。

---

[1] 指卢梭以《圣经》故事为题材所作的《以法莲山的利未人》（*Le Lévite d'Éphraïm*，1762）。
[2] 今译伯尔尼，瑞士的联邦政府所在地（瑞士宪法规定瑞士不设首都）。

第十二书(一七六二~一七六五年)

(时卢骚五十至五十三岁。——译者)

从此时起,八年来黑幕中的陷害手段逐渐实现,连我自己也不知主使何人与从何而至。若要知道此中原因则可从上三书寻得。至于结果的复杂,则难以一言而尽了。

到我友鲁刚的意卫丁[1]地方不久,就得到日内瓦对我的真态度。他们将我书焚毁,并下令拿我,其事去巴黎的实现仅有九天。此项行动实出情理之外。初闻我极不相信,一经证实之后,我不禁为故邦无纪律大痛哭。

此两地的公令,不啻引起全欧反对我的导火线。所有小报,大报,册子,一齐敲起报丧的钟音。法国人本是温和,讲礼与好义的民族,此遭更忘却了原有的德行,一齐向我攻击到体无完肤。他们定我的罪名为反逆、背教、假伪、疯狂、恶兽、野熊。《屠里新闻报》造我许多谣言,其实不啻写出他们新闻记者自己在社会作恶的真相。巴黎城中,如出一书,同时不兼骂我者,似乎巡警就不答应。无论怎样,我总寻不出何以他们能这样一齐结合的理由,除非假设他们全为疯狂病所传染。怎样!编辑《永久的和平》[2]之人,竟是妨害社会安

---

[1] 今译伊弗东,瑞士西部城市。
[2] 指卢梭编辑由圣皮埃尔神甫于1713年写作的《永久和平计划》一事,卢梭在其基础上写下了《圣皮埃尔的〈永久和平计划〉摘要》(1761)与《评〈永久和平计划〉》(1782)两篇文章,后人将这两篇文章并称为卢梭自己的《永久和平计划》。这篇作品奠定了卢梭一流国际关系思想家的地位。

宁者?《萨洼野教士》[1]之作者，竟成为背教之人了；《柔丽》之主人，乃为野熊；《野美儿》之创造家，变为疯狂去了！呀！上帝呵！若我写《法意》[2]，与一些同类之书，又不知要被人诬蔑做什么人了。可是，在反对《法意》狂潮之中，尚有不少的群众，对孟德斯鸠[3]特为保护，而与一班害他者相抵抗。若将我书比他书，又与全欧欢迎我们二人之书多少的比较，再又比较我们二人所受毁誉之差异，就可见到我的受攻自有一种缘由，明眼人自能辨别，不必我再说明了。

当我在意卫丁，正拟安排家务及写信告诉缔玲如来时，忽闻伯纳起始攻击我的消息，听说是一班教徒起难的，其真实理由，实在无从得知。此地议院，也有人在其中操纵，表示不让我在此中安闲过日。我住地的法官刚炯先生与我极好，闻此消息，即写信给政府中人疏通。这封信不但不能得到同情，而且激起反对者的声浪。卒之，他的地位及声价不能战胜仇人的进攻，遂先通知我避开以免临时受其摧残。我不能不拟于信到的明日启行。但最难是所往什么地方。因为日内瓦及法国已经闭门不纳了，又怕别国照样来拒绝入境。

拉都先生请我到其子的一间空屋居住。屋在莫帝亚村，乃纳沙爹伯爵之采邑，系属于普鲁士国的。这个免受旧教徒的侵凌，是亦计之得者，但也有其难处。我生来爱公理而且倾向于法国，故对这个不讲人道与责任的普鲁士王[4]实在不敢恭维。我曾于其相片下题有二语是："他想做哲学家，而行为如皇帝。"此种句法，出别人之笔或者是赞词，但由我写的人皆知是表示极不满意。又在《野美儿》中，我也暗射他而行攻击[5]。此相片乃在我的房中，见者甚众，自然有人去报

---

[1] 即《一个萨瓦省的牧师的信仰自白》。
[2] 指《精神论》，系法国哲学家爱尔维修（Claude Adrien Helvetius，1715—1771）于1758年7月发表的一部著作，同年8月即遭焚毁。
[3] 原翻译似有误，此处并非指孟德斯鸠，而是指爱尔维修。
[4] 指腓特烈二世（1712—1786），也称为腓特烈大帝，1740—1786年在位。
[5] 卢梭在《爱弥儿》中把普鲁士国王腓特烈二世比作多尼人的国王阿德腊斯特。参见卢梭：《爱弥儿》（下卷），李平沤译，商务印书馆2007年版，第718—719页。

告。料想这样专制君主当然不易于饶恕。

可是，我竟敢于冒险去顶撞，料想不会生出大不便当。因为小鬼头是惯于报小仇，而大奸雄则在于从大处着想。以他治国的宏猷[1]，断不肯向我寻小过。正因我敢得罪他，才为他表示宽大的好机会，得以要世人的赞誉。我于是决定往莫帝亚了。于路上曾这样想："今日卢骚敢于比拟哥利阿了，难道弗列德烈不如窝将军吗？"[2]

自我出走以后，明知今后天涯飘泊总无休止，对于缔玲姒的离合尚未断定。我想这样的厄运，我们姻缘或者必至于变更。先前同乐过快乐的日子，今忽要去尝苦难。若非她出于自己愿意，忍受无怨，则她伤心的日子正长，而我不免于见其伤心，以增加了一层的痛苦。如我的恶运使她灰心，如她追随乃出于勉强，则彼此相与也不至于大兴趣。

在此，应该说的：我不隐藏妈妈对我的过失，对于缔玲姒与我的功罪，我当然也不忌讳来说出。况且，心情因环境而变迁，也不能算为过失呢。好久来，她对我似觉冷淡，不如先前的温柔了。我方面，仍然对她如旧。这个更使我悲伤，又怕今日缔玲姒也如昨日的"妈妈"了。本来世上极少有完人，而尤其妇人的心情易于变动。且我将五个小孩放于育婴院，无论如何有理由，在我心已觉不安，又加以仇人的谮诉[3]，当然不免使缔玲姒良心更觉不安，而对我不免于暗怨。又因与妇人相处太久，未免使我的精力有亏，不能注全神于工作。因此二种理由，我极下决心想与她离居，使她居巴黎，终比与我一同飘泊为佳。然而在那回离别时，她表出了那样惨痛，及后她又向贡第亲王及吕先生种种表示与我一起生活的恳切，使我觉得她对我的真情尚

---

[1] 宏猷，宏伟的计划。
[2] 哥利阿，今译科里奥兰纳斯（Coriolanus），是公元前5世纪古罗马传奇将军，多次战胜沃尔斯克人的首领鲁斯·奥西迪乌斯。后来科里奥兰纳斯遭人陷害，被处以流刑，逐出罗马，他毅然投奔其对手鲁斯·奥西迪乌斯，后者不计前嫌，对他表示热烈欢迎。弗列德烈即腓特烈大帝，窝将军即图鲁斯·奥西迪乌斯。
[3] 谮诉，诬陷、中伤。

在，当然不好意思向她说起离开的事情。既然我们不能离开了，则我只有求得团聚的方法。一经住处有着，我即写信请她来。别离虽仅两月，但这是多年同居的第一次别离呵，所以彼此相思极尽痛苦。今日重见，我们的快乐又是无限了。在亲吻拥抱时，温柔与欢喜的泪，流得真觉痛快。又好似我已将泪吞干了，只恨此遭流得不怎么多呢。

到莫帝亚时，我照例写一信给此地的总督凯德爵士，向他讨得一片帝国的土地安身，并望其保护。他答得极慷慨，并请我去谈。我与他的红人为此地的县主者马得烈先生同去。这个可敬与名望及有德行的爵士，只一见面，我们已成为知己。我心对他一直到死永未改变。若非仇人的谗间，他也定然信任我到底。

凯德爵士，本为爱尔兰世袭的将军，后因感弗列德烈的恩惠，遂来普鲁士服务。普王素鉴其忠诚，曾委他许多重大使命到巴黎与西班牙去。继见他年老不能任繁剧，遂命他到此地来，人少事简，得以优游岁月。

此地人民，愚蠢无知，不识好歹，只爱官僚与坏蛋。今见此严重与不讲威仪的长官，遂误会他的简单为高傲、诚实为粗率、寡言为傻呆，于是群起来与他的善政作对。凯德爵士也并不以此与土豪劣绅相委蛇。当我到时，尚有一班新教徒在暗中作难。我之所以一见面而倾心者乃见这位老人的身体虽为年纪所侵蚀，但精神不因此而减失其矍铄，况且其人诚实与高贵现于面上，不免使我由尊敬与信任而推及到情感的相孚。相见时，在我向他的短促赞辞中，他并不作客套语，即与我谈到别事去，状极亲密，好似对了老相知一样。他并忘记请我们坐。同来县主只好站立，我见他的亲密态度，就不客气自行坐在其身旁的苏弗[1]椅中。他见我这个自由精神，甚为欣悦，好似神气上要这样说："这人不是纳沙爹生长呵。"

相知之心与同感之情真离奇呵！在他这样老，可说热情已绝，可

---

[1] 苏弗，即沙发。

是他对我甚见热烈，实出意料之外。他来莫帝亚说猎鹑，实为看我。在此二日中，他未曾发一枪。我们爱情可说如胶漆之不能离开。他的夏邸距我寓有六法里远，每隔十五日，我最少必住一次深谈了一天，回来时，使我满心有他。这个感情，虽然与前时往奥堡见胡特托夫人不相同，但其温柔的程度并不见低。多少温柔的眼泪，使我在路上滴落呵！当我一想及这位父执般的慈惠、善行，与可敬的哲学家行径，我的眼泪流得更温柔呢。卒之，我称他为"我父"，他叫我为"我子"，这两个温柔的名词，可以证明我们相爱之深，相需之殷，相靠之切到何种地步了。他必要我在其夏邸住。我说为爱自己自由，不如我个人独居便，他赞成我的诚实，以后不再勉强。呀！好爵士呵！我的好父亲呵！我一想及你，怎样感动呢！呀！那班野蛮的仇人虽用阴谋离间你，可是，不能，不能，大人物呵，你终是为我，我终是为你呵！他们能欺骗你，但不能离间你的情感对我有变更。

　　爵士大将军，当然也有缺点。他是贤哲，但终不免有人类的过失。他有精密的心思，确切的观察，与极透彻人情世故，可是终不免为人所愚；而且有时被骗后而永久不觉悟者。他也有极奇怪的脾气与心灵：他不能记当面事，而常于事后更易想得起。他的照顾人，尤非常人所比拟，有时厚惠到出乎情理，有时微薄到使人可笑。有一日内瓦少年，求他荐为普王差使。他给的不是信件乃是一小袋的豆，使少年带交王。王收此袋，即时给带者一个相当的位置。他们天才家，所以彼此能相喻于无形的。这件奇怪的行为，恍如俏皮女子的弄姿，使我愈爱其妩媚。他对我也有这样的古怪事情。从我寓到他夏邸时，常因跋涉分为二日行。于午餐后启程，晚宿于半途的客店。店主请我向爵士代求普王一件恩情。我带他同往而使他待于客厅上。我与爵士说及，他不答语，我再说，他如无闻，使店主不免白等与丧气而回。但我不久在其店大受优待，因为他已得到普王的允许了。

　　自普王答复爵士为我住居事后，这个问题已全解决。不但王以爵士所说为对，并请赐我十二元鲁意。爵士受命后，以此太薄细为侮辱我，遂将钱买炭，诡称为王的炭敬。他并说王愿意代我建一小屋，请我指定地点。这个恩典使我极为感动。自此后，我极注意他的功勋。及他签定《和平条约》后，我喜欢到将自己房子彩贺，其所需费，骄傲是比他所给我的十二元更多。我以为这样和平成立后，他当放马销兵，努力于新邦与农商业之建设，创造一个新国家，教育一班新国民，以为欧洲的和平首领，不致如前日之以争斗见长了。可是他仍然拥兵自卫，不免使我叹惜其功勋仅成一半，遂为他写一封长信。但他对此永未答复，仅于爵士进见时，向他说我教训得甚利害。我闻此，才知道他误会我意，以忠告为放肆了。

自此得到安居之后，我决定再也不向文笔讨生涯，但求一个恬静的日子以过此残年就满足。但无事做也使人讨厌，我于是想了一个消遣的工作，即是学习做带子。好似妇人一样，或则靠在门外，或当往候邻右，手此不辍，以免说不应说的空话。邻右也有许多好人。其中有少女名意惹碧[1]者，乃此地财长官之女，极见可爱，得我教训之力，始不至于堕落，而今已成为良妻贤母，而应感谢我为她寻得好丈夫及救她生命与幸福。她也知恩者，对我感激实大。她每晚来与缔玲如及我长谈。我们也极欢迎她的好心灵及快乐的声音笑貌。她叫我为"爸爸"，我叫她为"女孩"，一直到今日尚这样称呼。为要增高我的带子价值起见，仅将它为女人辈结婚时的赠礼，而且以其人肯自己亲奶其子女为条件。她与其姊均有幸得此带子。但她身体不好，不能亲奶其子，这是出于不得已，当然是可恕的。当给她们带子时，同时我并为写了极美丽的信札以表扬。

一七六四年——此地住得极好，似可靠以久居，但生活费缺乏堪虞。前所存的已用去许多，我于是不得不再从文字讨生活，一心在将已经预备多时的《音乐字典》[2]作成。其次，则在将我出的书合为丛

---

[1] 今译伊莎贝尔。
[2] 今译《音乐辞典》。该书成书于1764年，出版于1768年，是卢梭音乐思想和理论成就的总结性著作。

书式，也可得些版费。此时，日内瓦人有写一书名为《田间通讯》[1]者专为助此地政府对我非法的行为张目。我不得不写《山上通讯》[2]一书，将他们打得如落花流水。

可怜我在此年内连接失了三个可靠托的人。第一是吕森堡大将军。闻他死时，给我些纪念物。第二人的损失竟使我无以安慰及补偿，乃是妇人中最好的人物（滑浪夫人）。她年老，而且孤苦惨痛。今已与这个凄凉不情的世界告别而往依于好人的天堂去了。天上实应报答她在世所为的德行呢。去吧！温柔与善良的灵魂，自应在天上逍遥。去吧，幸望为我留一个与你相近的位置。你一瞑不顾，许多难堪的事情已经不存留在你心坎了，不犹比我留在世间受苦更好吗？因恐我的近状使她伤心，故自到瑞士来，不敢与她通消息，只暗中请贡惹先生打探，这就是他告我说她已与这个世间的毒恨与自己的悲哀一切告别了。我也不久于人世了，但恐死后不能与你再有机会相见了。

第三是爵士他迁，而我在世上所独有的靠仗也跟他而俱去了。他不愿统治这个不知恩意的国民，决意告退。初想到其生长的地方，约我同去。后因普王的厚意，遂住居于柏林，可惜我不能同往。在他启程时，预料后必有风波，故特给我此地入籍券，以为如此可以免受此间人所驱逐了。

一七六五年——当《山上通讯》出版后，反动之力甚大，与前的《法乐通讯》同样引起了许多人的仇视。所不同者，前书虽有反对，也尚有表同情者，至于此书，直使日内瓦及法国宫廷视我为怪物的成绩而已。他们宣称此书投诸火也所不屑，上公文更为污蔑其神圣的折子。我本想将他们官样文章照抄出来以博一笑，可惜一时不在手。今只望读者将《山上通讯》好好看一遍，就可知道此种正经书竟受这种诬蔑，而可见作者怎样受他们的酷虐了。

---

[1] 今译《乡间来信》，乃日内瓦检察长特隆尚（1710—1793，1759—1768年在任）所作，其中的第一章和第四章是谴责卢梭的。

[2] 今译《山中来信》，是一部论战类文章，共九封信，是卢梭针对《乡间来信》的答辩。

此书初出时，我所住地尚未见有发生影响，但不久就有许多不好的音息，甚至我在大路上也受人侮辱。此时适熟友卫特林夫人及其女来会。她见我这样受迫，劝我往英国依谦谟先生。今应来说些此人的事情。

谦谟先生在法国极知名，尤其是在《百科词典》一班作者的心目中。他对于商业及政治甚有研究，而他的《施端的历史》[1]更为杰作。我曾在译文看到一二段，对于查尔第一[2]的评论实在确切，并使我信仰他的德行与天才。到瑞士时，他请布灰夫人转递我一信，请我到英国去，他与友人当为我寻一最愉快的社交生活。凯德爵士又为我说谦谟先生一件轶事。当滑拉须写一书攻击谦谟，正在印刷时，适有事他去，谦谟先生遂代他校对。这件事与我的行为相合。因我也曾代人校正一本乐谱专为攻击我者。因此种种关系，故当卫特林夫人来谈及他时，我已极愿与此人订交。可是我实在不喜欢英国，只留为到极点被迫时才去。所以虽经她的勉强，我终未与他写信，只请她顺便为我代候而已。

及她去后，此地掌教者暗中阴谋益形活动，而居民更加放肆无忌惮。但此不能吓我照常不去散步并研究植物的兴趣。他们见我的镇静，不免恼羞成怒而愈起劲与作对头。此时又有一本无作者姓名的小册子，专在诬蔑我的人格，诬我将小孩丢在路上，诬我跟妓女四处跑，诬我染了满面梅毒，以及其他种种可笑的事情。我想作者必是自道其小史也。若论我见平常女子，已经腼腆，安有去寻求素所厌恶的娼女？至于梅毒，医生告我生成就不会被染及的。我想既不能阻止此书的流传，唯有将它按语后，请友人在我多年居住的地方印刷，并分给一班相熟的友人。

我离开莫帝亚之时候已到了，经过二年半的住居与八个月的摧

---

〔1〕 今译《斯图亚特王朝》。这是休谟所著《英国史》六卷本中的第五部。
〔2〕 指英格兰国王查理一世（1600—1649，1625—1649年在位），于1649年以叛国罪被处死。

残，到此时实在不能再住下去了。

日来攻击我者更加大胆，在路上已向我丢石子了。一晚上已在夜半时，在屋后边忽听一阵猛烈声音，许多石子已向窗及大门打击。守门之狗惊惶而遁。我闻声起床，到厨房来，适一石来势甚猛，破窗而穿厨房进我寝室而落在睡床前。若我前进一步，势必打在腹上。缔玲似闻声，全身颤动而来。我们紧靠墙边以避石击。幸有老媪住在屋下，遂往求救于近邻而住的县主。他与其用人同来，见到那样多石子，吓得面如死人。及考察到大门也已动摇，那班凶人想拟从大门进来。明日，本地要人，均来慰视，并劝我暂时他去以避其锋。

我此时固然有许多地方可去，但我极爱瑞士，故拟搬到前已看过而使我神往的圣彼得岛[1]。此岛乃属于伯尔尼[2]而在滨湖中央。经过此地官厅允许后，我以为可以安居而无恐了。

圣彼得岛，周围约有五里，但岛内一切俱足。有田可耕，有野可牧，有花苑树林之胜与葡萄园及一切生活之供给。而且地不平衍，山阜起伏与湖沿之地高低纠错以成趣。聚观之，岛形极其宽大，与实在的面积迥不相符。西边矗峙一高台可望格丽与都美的雪峰[3]。台之上，两行大树，剪成为大道的屏障。在林内中心辟出一空地以为露天游戏之场。每当沿岛人民葡萄收后，携群来此跳舞燕宴以祝酒神成功，并为水仙献寿。全岛仅有一屋，但极宽大与合用，收税官居住此，让我分得利益。此屋乃在洼处以避风波。

圣彼得岛之南有五六百步远，又有一岛比较狭小为一不毛之地，荒湾野水，气象古朴，高林翠阜，互相回环，另具有一种天然风景。

这就是我要幽闭的地方。此地僻静与我性极相宜。我将于其中过了梦想的生活，独自一人与世相忘，免受世人的是非，而得专心

---

[1] 今译圣皮埃尔岛（Île de Saint-Pierre），位于瑞士比埃纳湖（Lac de Bienne，即译文中所说的滨湖）的西端。

[2] 此处的伯尔尼应该指伯尔尼州。第十一书中提到的伯纳（今译伯尔尼）应为伯尔尼市。

[3] 今译格勒莱斯和博纳维尔，比埃纳湖边小镇。

致志于大自然美丽的鉴赏。我将长此与世相辞了,世界实在也不需要我了。

我将从此偷闲度生,有如古诗所说"无事可做,以乐我生"[1]了。但我的偷闲,不是如懒人的一事不做;乃是如小孩子一样终日活动,而实无做一事;又如好说话者的终日叫号而实手足未曾一动。我将一日做百事,但无一件事做得成。来往蹀躞,随与所之,时时改易我的方针。跟随一蝇到天涯,钻敲一石看它脚下有什么东西。做时极热心,好似有十年营谋,但放下去,十分钟后便就忘却。终日茫无头绪,时时刻刻不知后头尚有什么事情发生。

植物研究,渐成我此时独一的嗜好。我终日奔波于树林及田野之间,采此取彼,有时一花,有时一叶,嚼草啮根,观瓣辨色。对一件植物,千万回去观察,而回回得到趣味,永未起了讨厌的心情。不知此道者以为花花一样,叶叶一律。而深知此中状况者则知于相同中而有显明的差异,而于差异中,又有互相关系之所在。此岛虽小,但植物的种类甚繁庶,已足供我研究了。我想将所得者编成一书,名为《岛的植物》。

我对水,常有无穷的情感,一看见它,就使我起了梦想,虽有时并无梦想一定的目标。当天晴时,一早起身,即到沿岸去饱吸卫生与新鲜的水气。同时张开我的眼光到湖尽头与天云连接处,远远见到山色与陆容的冶态,使我觉得大自然的美丽全在这个无声无臭中表示出来。城居者所见的只有墙与路及罪恶,所以不识自然的信仰。可是乡间人,尤其是隐居者,则对此不能无情。他们每日不知多少回提高其心灵与这个伟大的创造者相接触。例如我,于晨上一见湖光,即时心情膨胀借了水力扩充到全宇宙去,自己口中恍如乡下婆的祈祷,别不

---

[1] 卢梭在此将圣皮埃尔岛比喻成帕比玛尼岛,即法国作家拉伯雷(约1493—1553)的长篇小说《巨人传》中假想的一个乐园,人们在此无所事事,可以安睡无恙。法国寓言诗人拉封丹(1621—1695)在其叙事诗《帕卜菲基埃尔德魔鬼》中提到了这一乐园,并写了这句诗,卢梭所引的这句诗为原诗中的第7句。

能说，只念：呵！呵！

每日午后，独自划一小艇到小岛去，放下桨后，一任水与风的打击，艇不自由地随了浪而作东西南北流。最乐是晚上，水风相激成怒号之声音，我在沙碛上静听脚下种种不平之鸣。我太爱水了，祝愿终身囚禁在此岛内，一想出此地，无异失了我最可靠托的水家乡。可是，我到此不久，又被其地方官厅强迫出此岛了。我最悲伤是不能在此地领赏冬天的水色湖光。

出此时，有请往哥些岛去者。因在《民约论》，我曾称此地为最有希望者[1]。今其地代表来请我往代起《宪法》及《立国大纲》。可惜此地远，而又须带种种物件，使我不能去。本拟到柏林，卒又不果。如我能写以后的《忏悔录》，读者就可知道我怎样被布灰及卫特林二夫人摆布到她们的友人谦谟先生家去了。

应当赘及的是我曾将此书念给翼蒙侯爵夫人一班人听，并作如下的宣言：

> 我所说的是真实。若有人说我所写的不忠实，则其人必善于欺骗撒谎。如有以我所说者不明白而又不肯在我生前互相讨论，则其人必不爱公道与真理。至于我敢大声说，纵有人未读过此《忏悔录》，唯从他眼中观察我的天性、脾气、行为、倾向、嗜好、习惯后，而又敢说我是坏人，则其人必可杀。

如此说后，全数无言。唯翼蒙夫人稍为感动，旋也如别个听者一样状极安静。这就是我念此书及宣言之结果。

---

[1] 今译科西嘉岛。卢梭在《社会契约论》（译文中的《民约论》）中说："在欧洲有一个国家是有立法的能力的，这个国家就是科西嘉岛。勇敢的科西嘉人民在恢复和保卫自由方面所表现的英勇气概和坚韧不拔的毅力，是值得一位智者去教导他们如何保护他们的自由的。我有某种预感：这个小岛将来总有一天将震撼全欧洲。"（《社会契约论》第2卷第10章）

卢骚小传

今日国际联盟会所在地——瑞士的日内瓦城——即昔时卢骚（Jean-Jacques Rousseau，一七一二～一七七八，小名约翰若克，卢骚是姓）的家乡。瑞士好风景。日内瓦临大湖，周围都美丽。山光水色，名花与美人相映红。并且政和事理，人民极重自由与民主精神。这些都与卢骚后来的造就有关系。他的先祖为法国种。日内瓦说法国话，卢骚都用法文写书。故说他为瑞士派可；为法国派也可。

他生于一千七百十二年，死于一千七百七十八年，占了十八世纪之中坚时代位置。这个世纪因经济、政治、文化之变迁，欧洲各国君主统治权已极动摇，民权正在预备接替。卢骚与福禄特尔[1]及孟德斯鸠比，更是一个宣传民权最着力之人。

他生时，母亲死去，由其姑母抚养，中年极得滑浪夫人之助力，使他的情感与理智格外发展。

一个伟大人物，受了时代的影响当然极多，但靠自己创造者更不少。一个伟大人物的构造成分大概如下：一部分，对于现时代起反抗；一部分，从诸家学说中组织成为自家的学说；一部分，则于反抗与组织之中向了未来的理想时代着想，重新创造他的系统学问与事业。一个伟大人物，就是能反抗，同时能建设又能创造的人物。

若用这个标准来观察卢骚，也有极符合者。

---

[1] 今译伏尔泰。

他初年主张"自然主义"。在一千七百四十九年之夏,他应了法国底冗翰林院之征文,题目为《科学与艺术的振兴,是败坏风俗?抑改良人心?》。在这篇主张中,他以自然主义为根据,竟否认科学与艺术之价值,竟以它们是败坏风俗之媒介!他的文名由此出头;他的奇怪思想也从此播扬。

"归返自然",在希腊时,苦天派已有这样系统的主张。卢骚生长于瑞士,少年时代流落于瑞士邻壤之法国与意大利之间,满身饱赏这个地方自然之美丽、山光水色之风趣、乡村生活之诚实,与他壮年在里昂、巴黎等大城市的生活,虚伪罪恶的渊薮,相比之下,愈使他坚信其自然主义。

从自然说,人性均善,一入社会,才变为恶。故应提倡自然教育,自然宗教,自然道德与自然文学。这是卢骚初年对于自然主义之努力,而于晚年又能竭力完成这个大贡献之成绩。

在一千七百五十三年,底冗翰林院又出了征文,题为《人类不平等的来由》。卢骚对此次主文,曾有自己的记录如下:

> 为要使我便于对此大问题深沉的思维,乃一连七八日从巴黎步行到圣日耳曼大森林去。同行者有缔玲姒(他的情妇)及我们的女客店主与其一位女友,这样散步可以算我生平中郊游最快乐之一。天气佳丽。这些好妇人管理一切与同玩耍。我则毫无牵挂,只在餐时与她们欢聚之外,其余光阴则独自埋伏于深林之中探求初民的情状而常为之崇拜其自然朴实的生活不置,而更使我攻击后来人类的欺诈不遗余力。我先将人类的本性赤裸裸地揭开,又将时间及环境之所以败坏人性者一同罗列起来。然后将'自然人'与'文明人'之不同处互相比较,使人们知道文明之骄夸,也是痛苦之源泉。我的心灵由这样的鉴赏,一直升到上天,俯视同类之陷于迷途、错误、痛苦与罪恶。我用极微弱的声音叫醒他们,可惜他们听不到。但我仍然用微弱的声音继续叫他们听:"傻子,

你们咒骂大自然不休,请来听吧,当知一切痛苦皆由你们自取。"

由这样的寻思而成这本《不平等的讨论》。狄鲁特看后,甚见满足,并常为我指点。可是全欧之人当然不能懂与不愿懂此种论文。因为系应征文而作,故也照例送去,明知是不能得该翰林院之赞同。"(卢骚《忏悔录》第八书)

这是卢骚在十八世纪虚伪的假文明社会,提出一个"自然人"之反抗。他不但在文字去宣传,而且自己实行起来:脱去一切时装,不再佩剑,并将表卖去,同时极快乐说:"感谢上天,从今后,我不用再知道是什么时候。"

可是,只会反抗,只知革命,而不能对社会有所组织与建设,仍然是一个摇旗呐喊的革命小卒,终久不能当大首领。凡首领人物,会革命,同时又会组织,会破坏同时又会建设。

例如卢骚提出一个自然人之后,并不是要人全去离开社会,而复返于四只脚爬地的猴子时代。这是不可能的,他于是组织一个新社会,即建设他的《民约论》之理想与事实社会。

《民约论》(*De Contrat social*)于一千七百六十一年写成。这部书,大部分乃从他不能成书之《政治的制度》一文移入的。在此书上,他用了几乎二十年工夫。其文字上也极谨慎,好似几何式一样准确。

这本书就是"人权"的《圣经》。卢骚想到自然人的充分自由与权能。不幸,这个"天赋的人权"一到社会便成剥削。所以社会只有变成为一班强权与一班弱小的世界。这样社会所以成为万恶。

今要把这个旧社会改造成为一个新的好的社会,只有把这个"天赋的人权"保存与发展起来。所谓"民约",就是各人互相约好:各人就把自然的自由与权力加入于公众之团体,但这个团体当尊重与保护各人的权利。这样,各人所失时为自然的部分,而所得的为社会的给与。故一个社会所有的政治、法律与经济当以全部人民的权利为依归,这样社会,虽然不是自然,而尚不失为好的。若社会不遵守这个约法，则人民就有权利去解散，成自己宣告脱离。

这就是《民约论》的大意。至实行上，卢骚主张人民当"直接"加入政治运动，不可授权于他人。

到此，卢骚学说，从自然主义与其矛盾的社会，组合成为一个新的社会——自然与人为的社会。故以今日的眼光来判断，卢骚不失为初期的社会学家——一个社会政治的改革家。

人权！人权！这是法国革命的口号，十八九世纪的福音。卢骚在法国革命时（一七八九年起）受法人的热烈崇拜，一如今日苏俄对于马克斯[1]一样。但到今日止，世界名人最多受人论及者——毁与誉——不是马克斯，而仍是卢骚与耶稣两个人。

在这两个——自然与人权——大成功之外，卢骚尚有第三个大贡献，就是"烂漫主义"[2]的提倡。烂漫主义，又是自然与人权的组合者：因为人不自然与无自由，便不能成为烂漫派。

可是，这个烂漫主义，乃由卢骚个性与其创造力所促成者。他自少就饱赏自然的风趣，自由的意味，法国与意大利文学的修养；又加以他的情感性与许多女性的熏陶，一概来促成他的烂漫文学。

卢骚性极早熟，十一岁时已眷恋了两个成年的女人。但他对于女性，只有羡慕，并未肉体的接触，所以他能将其性欲"升华"而为文学之葩。

看他怎样创成他的著名小说《柔丽》[又名《新哀罗丝》[3]（*Julie ou La Nouvelle-Heloise*，一七六一年写成的]？他说：

> 况是深春天气，疏林放影，春莺乱啼，水声幽咽，感此柔肠百转，愁怀万端。回想少年时，际此春光明媚，与胶铃小姐及其女友同骑之快乐；又有巴氏、拉氏，诸人倩影一同来扰乱心情；以至于卫尼斯那位歌妓，也复时常心潮来涌。劳彼众美的多

---

[1] 即卡尔·马克思。
[2] 即浪漫主义。
[3] 即《新爱洛漪丝》。

娇,一齐来煽拨我的欲火;以致血液燃烧,头脑醉迷,任他白发丝丝。这个日内瓦严重的市民,正经的若克,年近四十五岁的卢骚,竟一变而成为风流的牧童……

然能如何制止与发泄这个剧烈的情欲呢?料想读我前书之人早已料到了。实象的人物既不可得,我唯幻梦于理想之乡。我于是创造理想的人物以自满足。在这样环境当然极宜于创造,而且创造得极迅速。在我幻想之中,我竟醉赏了许多人间所未得到的美情。因为我们所创造的,乃是美备完善的人物。这些天仙似的人物呵!有德且有容,慧心又柔性,忠实且不贰,人间安得此种人物呢?这样周旋于这些有情趣的人物中,使我对于世事一切丢开,虽至于饮食时,也快快吞完一片面包后即时跑到小亭内去梦想。……

空思幻想,尚嫌不足,我于是再从具体上描写了二个我所崇拜的偶像。她们具有厚爱、深情与美容貌。凡我所能想及的美事情无不加入此二人身上去。这两个乃是女友,不是男友。这样安排,事虽稀奇,情较可玩。她们彼此性情同中有异。她们的美貌不单在容色,而且情态与善意一同衬托上去。她们色泽,一个是金黄,一个是玉白。其表情呢,一个活泼,一个乃是柔靡。此外,是一个智慧兼刚毅;一个薄弱,乃是有情感的薄弱而可变成为有德行者。她们仅有一个情男,而其中一个为他的情妇,一个是女友而几几也为情妇。她们对此情男同心拥戴,无争竞,不妒忌。总之,一切恶行为,她们俱没有。我暗中以这个情男自居,当然这个"我"是少年,可爱,及有德行之人,虽然免不了有一些弱点。

人物已有了,又当再有美环境来烘托,又须要在名山水之区。在寻许多地方之后:于水,我取素所鉴赏的瑞士湖;于山,我取"妈妈"家乡的卫伟名邦。此地有起伏协调的形势与繁丽及生动的风景,它有的是伟大的自然足以提高人的心灵。因此我决定此地为这三个可人住处之场。于湖,则为迸游行乐之所。此书的大意如是,其余的则在后来临时添上。(卢骚《忏悔录》第九书内)

以上所说，固然是分析此本书最好的材料，但我们能从此去判定《柔丽》之价值吗？故分析只能说及轮廓，而一书之精粹全在其著者个性与创造之内容。

此外卢骚名著有《野美儿》（*Émile*）（一七六二年出版），此书虽是自然主义的教育小说，但同时也是烂漫文学最纯净之文汇。特好的在此书之第五书中。他在晚年又写成《忏悔录》（*Les Confessions*）及《闲散老人之梦》（*Les Rêveries du promeneur solitaire*）。（这后二书已由张竞生译出在世界书局出版）

总之，他的文学，都是富于情感，热烈，与梦幻，和迷醉的魔力。这个也是烂漫派的精髓。情感——热烈的情感。自由——极端自由的表现。非此便不是文学，也便非烂漫派文学。故文学虽有各派不同，而以烂漫派为总汇。这是说，著名文学家都有或带上——烂漫派的色彩。

自卢骚后，烂漫文学家更加发展，要知较详细的，可看张竞生著的《伟大怪恶的艺术》，与《烂漫派概论》两书。（均由世界书局出版）

此外，卢骚尚写有许多剧本，最著名的为《乡卜》（*Le devin du village*）。他对于音乐大有研究，曾写了一本《音乐字典》。他的通讯，如《山上通讯》，与《大浪伯通讯》，与《巴黎大主教通讯》，均极著名。

若论卢骚的个性甚强，他与"哲学的朋友"都合不来。对女性，因"性胆"怯弱之故，也大多数失败。他把所有五个子女放入育婴院，自视如此为柏拉图理想国的父亲！他轻视理智而着重情愫。"情愫不会骗人的"，这是他最新的发现。他爱人时爱得极坚固，不会仇恨。口舌笨拙，思想迟缓，但观察人甚深刻，内省功夫甚高强。

这样就是伟大的人物：又伟大，又怪恶，矛盾，抵抗，在众说纷纭中能组织成为一个自己的系统。在个性与天才之下，他能创造出许多新事物。就卢骚说，他是情感的伟大人物。在他，一切俱情感化：哲学、文学、政治、宗教、艺术等都以情感为中心。

（原刊于《读书中学》1933年第1卷第3期）

哥德自传

张竞生译述

译者导言

《哥德自传》[1]原有四书：一名《诗与事实》，共二十书，即我们在下文所译的；其他为《意大利游记》《法国的战场》与《年表》，因其稍涉专门，现暂不译。

《诗与事实》一传，乃哥德应朋友之请求，将他生平与其诗文互相关系之处描写出来，这是一种传记，也是他对于自己的书籍的一番注解。

我于下文译后，觉得有二事应为读者告的：

第一，哥德虽是诗人，但于各种学问均有深长的研究，而且有许多的贡献，尤其是关于"颜色"一项。凡一切学问均有互相关联。治学者于所学当专治之外，又应旁及于各科。哥德自说，他于研究图画及建筑术之后，于所作诗文极有裨助。岂但如是，凡治文学者于科学有助益；也如治科学者于文学有助进。甚且，公孙大娘舞剑器，谁知与张旭的草书及杜甫的诗思均有影响。以是而知学贵博，博而后能专，不是如一班小诗人，普通数学尚不知，只能播弄几句"嗳呀呀"，便沾沾自足了。

第二，又有一事，想哥德自己也不深知道的，即他的诗思，有一

---

[1] 今译歌德（Johann Wolfgang von Goethe，1749—1832），德国著名思想家、作家。《歌德自传》（*Dichtung und Wahrheit*）通行译名为《诗与真》，写于1811—1814年。

紧要的部分乃为女子所激发。由格丽倩[1]而有《浮士德》,由莎绿[2]而有《卫德》[3],他一生名著不出此二书,而他一生的真感情,恐也不能过于对此二妇人。但他因与此二妇人,只有情意接触,并无肉欲发泄,以致情致缠绵,遂发而为动人的诗文。我曾譬两性接触,如阴阳电之现象:太离开则电流不通,太接触则发泄而为光。故要增长其阴阳自己的气力,当使其不接不离。两性关系也当如是。太无社交则情思消灭;太有肉欲则精力衰萎。文人而要有好情思与美文者,当求与异性有接近的机会,但同时又不可太易于肉欲,最好是全无肉欲,而使精神爱的需求充分迫切,由是而望有"升华"的可能。

民国十八年十月 巴黎 张竞生序

---

[1] 今译格丽琴(Gretchen),玛格丽特(Margaret)的昵称。
[2] 莎绿,即夏绿蒂,《少年维特之烦恼》中的女主人公。
[3] 《卫德》,正文中译为《卫特》,即《少年维特之烦恼》。

第一书

(哥德生至七岁)

一千七百四十九年八月二十八日,钟鸣午刻,我于佛郎坊[1](德国沿孟河[2]大城)出世。此时,星缠[3]恰在好位置:太阳高拱于处女座次;天王与爱星向他表示一团和气,水星不扬波,土与金各逍遥自得。只有月亮,一团热气,正和日头争执,待到她的失败,我始能乘时而出。

因此,后来星士,说得我命好如天花乱坠,殊不知我命苦已与生俱至。因收产妇的愚蠢,害得我几于奄气,经过许多救治,才恢复了一点微息。这个恶结果竟给予本地人一个大福利:我外大父,为此城宰,因鉴我生之艰难,知收产学之重要也,遂命开办产科学校。

当我们说及自己在小孩时事,每将他人所告诉与自己所记得的混掺一起。我今所说的也约略与此相似。我家住在一间老屋,其间房子互不相属。小孩子们,为免上下楼之不便,则住在地下向街的大厅。此屋属我大母,她给我们种种游戏,而玩耍方法也层出不穷。一日,她提起皮做的影戏人子上场后,变幻成了一桩一桩的悲剧,引起了我们幼稚的创想;尤其是我对此项的观感,一生受用无穷尽。

及后,这个慈爱的大母亲,把影戏人子给我们自己演。我们凭仗

---

[1] 今译法兰克福(Frankfurt)。
[2] 今译美因河(Main)。
[3] 星缠,如列星环绕。

自己的聪明添上了这些死人物各种的生气。可惜她不久就死了，而使我们愈加宝重这件最好的纪念品。到如今在我思忆中，尚深深保存了她的印象：高拐的身材，温柔兼慈善，长时穿了白色的衣服。

在屋的第二楼上，有一房的窗间满布了花木，如此聊以当做我们所欠缺的花园。由窗望去，可见他人的园林及城外的肥畴。此屋，乃我夏天读书之所，由此而观赏那暴雨东来，与夕阳西斜，及呼吸了田间的好空气。凡邻人在其园中散步、浴花，与及各项的玩耍，都一律地收入我眼帘。多少回，球与棒坠地之声，远远听去，引起了与我严重的天性相宜的静居嗜好。屋且广大又在荒区，适足养成此倾向。尤其甚者：父母为要自少时养成我们不怕鬼怪的习惯，强迫我们自己独睡。如此更足成我好孤独的癖性。有时，我们不能自制，偷偷往与用人同睡，父亲穿起反面的寝衣以阻住我们的去路，因此而加起我们一层的惊恐。母亲性素和善，对待我们别有方法：她许我们能在夜间独睡者，晨上可得好点心。久后，我们为利益起见，不觉而战胜了夜间惊怕的观念。

我父于大厅上挂上许多罗马建筑及风景的图画，使我每日得以观赏这个伟人的城市。父亲见我高兴，虽性好寡默，每每为我高谈阔论。他于意大利独具巨眼而又有特别的嗜好。他费了许多光阴，整理到此地游历所得的文件及收藏了不少的云母石雕刻物及古玩。他甚至于爱唱意大利曲。我母于其唱时则为之按琴相和。自结婚时起，他已经教其少妇一嘴好意大利话。

当大母生时，我父对于旧屋保存原贯。自她死后，遂即改易。佛郎坊及许多德国城市，因住户占地，以致街道狭窄。政府有鉴此弊，新立法律以为防制。我父为图屋内广大，不管外间美奂，并未遵守法律。此番改造，于我们一班小孩关系更大。旧居在工作之下，父母使我们到学校去。我从最规矩的家庭出来，忽与一班卑鄙、粗暴而且下等的小学生相接触，不免被其多少的传染。但因别离家庭，遂得自由到各处玩耍，使我得知本城乃由许多区所合成，而且有旧时的堡塞，虽已改为工厂,然其旧状尚可约略想象得之。凡此地方的常识及人情的接洽,于我又甚有利者。

此中最使我注意是市政府。我们不但在外间观光,有时且入其会议室。此室极大但极朴素。除墙上从脚下钳上几尺长的木板外,所有的只用石灰粉饰。既无地毡,也无图画。唯在墙的中间,写上下头有韵语的老德文:

Eines Mannes Rede

Ist keines Mannes Rede,

man soll sie billig hören beede.

若要译为今文,则是:

"一人之言,等于无言;要求公道,当听两造。"

说及教育,凡为父者多望其子继承其未了的志愿。可以说:父视其子为其第二性命,用为足成其第一性命所未实现者。因此,父对其子个人的志趣才能常予干涉要其如己,致其结果则甚恶劣。今就我个人说,其自然的倾向,本非我父及诸教师所能改易者。我不喜文法,觉其规律繁重,令人生厌。于对于语句的组织及其意义的包涵则极了然于心中。不幸每因字句的差误,以致考时常列后头。所以一切学习,在我均极容易,遂使我父以为我这样几岁少孩便可入大学了。他常对我说应入法科大学,以后则往各国游历,最后始到意大利。因为此地乃最美丽,到此后,他处则觉为无味矣。凡此预言,不意在后来竟能一一实现。

为要助进我用功,父母请了许多邻右的小孩伴读。因教习敷衍与同学粗率,以致我的功课愈糟。当《圣经》读得烦厌时,我们则做韵文以消遣。每逢星期日聚会,各人就咏其所作的文字,在我则觉得自己为最好。到后,众人也均赞同。而使我骇异者,即那个小朋友暗中请他教师枪替的,众人也都说比我的尚差,这次连我自也不能相信了。及后,各人父兄聚集起来亲面命题考试,到此,我的诗才始行确定。此时,本城已有"儿童图书馆",我从其中得读古代的历史,寓言及神话。这样固然经过一个不讨厌的时期,但这些虚幻的书籍之遗患不少。幸而同时又读了许多有益的小说如 Télémaque[1]的译本,《鲁滨逊飘流记》《菲参堡岛》[2]等。而最得益是 Anson 爵士的《环球游历记》[3],因为目视书而手循地图,如此学习有趣而且易记得的地理。

同时,本城又给予儿童们一个好教育的机会。所有中世纪的寓言传说,在后来汇成为《民间故事》者,到此陆续而出。且书贾图多卖,故价钱极便宜,我们甚快乐地仅用几文钱就可购得一本《赫蒙的四孩》[4],或《美丽倩娘传》[5],或《奥打氓[6]帝》,与及《飘流的犹太人》等。

好似良辰之后,便有狂风一样。当我正在快乐时代,忽然满身发了天花痘。经过许多困苦之后,面上与眼边的痂皮固然落去,但痘迹依稀,令爱我的一姑母见面之下,大叫:"神呵,可爱的侄儿,你竟变得这样丑!"她以后常如这样叹惜。可怜我们人类极少于能够保存十足的美丽啊。以后,所以磨难小孩的病患,一一都到我身上袭击,而且每次病得极利害。在我则全忍受之不怨。我前已喜欢苦天派的学说,而今则全见于实践了。

家运实在不好,兄妹继续病亡,只剩我与一个可爱的姊[7]。我父因我多病失学,故当好时加倍督责功课,迫得我不能不常往外大父处规避。此老寡言而深沉,当其从市场回家时即换穿家居的长衣,头上

---

[1] Télémaque,指 Les Aventures de Télémaque(《特列马克历险记》),法国僧侣文学家芬伦(François Fénelon,1651—1715)所作的教育小说。

[2] 今译《斐尔逊堡孤岛》(Insel Felsenburg),德国作家施纳贝尔(J. G. Schnabel)模仿《鲁滨逊飘流记》所作。

[3] 今译《世界环游记》,英国人安森勋爵(Lord Anson,1697—1762)著。

[4] 今译《海蒙的四个儿子》。

[5] 今译《美丽的美卢塞纳》。

[6] 今译屋大维,即盖维斯·屋大维·奥古斯都(Gaius Octavius Augustus,公元前63—公元14),罗马帝国的第一位元首。

[7] 应指歌德的妹妹科尼丽亚·弗里德里柯·克里斯蒂娜(Cornelia Friederike Christiane),生于1750年,比歌德小一岁。

戴了一顶折叠的软绒帽，极与古人相似。凡与他亲近的都觉有一种和平亲善之气。他喜种花，又善于预言未来事。

宗教问题，在我们教育内，也曾许多谈及。以我孩童所见，真的天主是爱世界上所有一切物件的。因为不止人类，凡动、植、矿，以及尘埃星辰都为所造，故在他眼中，都是一视同仁。由此见解，我想将世所有物件聚合一块以代表神的全体。恰合我父的博物室，诸物俱备足以应付。我于是在众物之中，放了一书架，焚香于其间，意为香即表示人的灵魂，可以上升与天神想通。不幸香竟烧毁了架上的镶饰，到此，使我再无勇气去如此供奉；并以觉察如此代表神意，结果实无益而有损。

第二书

（哥德时为七岁至十岁）

和平时代，诸业昌盛，而尤以独立能自治的城市为最，所以佛郎坊比德国别处之得于升平福利者尤较大。不幸于一千七百五十七年，历史有名的"七年战争"从此开始。普鲁士王弗得烈[1]带了六万士卒侵入萨逊[2]，他事前并未宣战，而仅用一纸公文以自圆其说。欧洲诸国对此举是非参半。我家意见也极纷歧。外大父因得奥帝力而宰此城，所以说奥国对。我父则因德帝援引而为皇家顾问，遂以德军此行为义战。我小孩子，也以弗得烈帝为是，因我甚敬重其人。舆论则对他甚不好。这个使我咒骂舆论之盲断，遂使我以后极看舆论不起，后来经过多少评判之后，始把这个极端性逐渐改正。

战争愈引愈长，而战区也愈延而愈大，不久，各处风传法国加入战线，意在进军占取佛郎坊。父母辈因此均有戒心，不敢放小孩到学校，只禁住在家与邻右小孩一起玩耍。我则部勒小朋友们俨如两国之军队互相攻击，并且为之制造各种旌旗器械。此时，这样少孩的我，不但是战神的代表，而且是寓言家之代身。幸而我自少就知说谎不过为取悦的一种艺术，原与事实不相关。否则，如此养成夸大荒唐的习惯，于我前途至有关系。今将下头的一段寓言由我幻想出来者写出，以示一斑。

---

〔1〕 即腓特烈二世（Friedrich II，1712—1786），普鲁士王国国王。
〔2〕 今译萨克森自由州（Freistaat Sachsen）。

《新柏里[1]》

（小孩所讲的故事）

在复活节之星期六夜，我梦见在镜前穿起父母为我所制的夏装：新鞋、赤袜、黑绒裤、青外衣，坎肩是丝质而钮是金饰的。说及后这一件，乃从我父结婚时所用的坎肩改造的。因此，穿得甚不称身；左边安排得妥帖时，右边又不觉自然。正在愁闷之际，忽见一美少年向我鞠躬，其貌甚温存。我遂向他还礼后，并说：

"欢迎。"

他答：

"你认得我吗？"

"或者，我常见您面：您是财神。"

"是的，我来乃承众神之命，向你有一重要任务。请看，这个。"

他说时，将三个美苹果给我看：一个是红的，一个是黄的，第三个是青色。可以说是由美玉所雕刻的水果。我举手要去拿时，神即阻止，并向我这样说：

"总之，我先当向你说及这些苹果之用法。选择此城中三个最美的少年，各人给予一个苹果，他们将来自能得其心中所喜欢的妻室。今请你取此，但当好好照此吩咐做去。"他给我后，就即不见。即时，这些苹果变长，忽幻成为三个小女郎，从我指中逃去而向天飞升。正在骇异之际，骤觉我手尚有物件蠕动者，这见别有一个小女郎，在我指上翻跹跳舞。她比那三个较活泼又巧倩。我一时兴起，正要举手去拿她时，头上觉得受了许多打击，不免昏迷过去，及其醒时，原是人来叫我起床穿衣。我在教堂及食时，念念此梦不忘。食完后，遂出去会几位友人。适逢他们外出。我于是一人独行向那"恶墙"的那条路走去，意在撞见所望

---

[1] 柏里，即帕利斯（Paris），特洛伊的王子，得爱神维纳斯之助，赐以苹果而诱拐希腊美女海伦。

会晤的友人。你们已知道"恶墙"命名之意义，因为此处常见神仙降临的。我此时一路行，一路想，若得再见那三位仙女，尤其是那位神妃，我此番定要心儿温存，手儿上擎，不再如前次那样容易放过。正想间，举眼忽见"恶墙"有一老门。门开时，忽见一个似犹太种的老人向我极和气问道：

"你来此何干？我的少郎。"

"我极鉴赏此门的工作美丽。"

"你既然喜欢美术，请入来，试看此面，尤更令人愉快。"

我初时胆怯，觉得墙内老树婆娑，阴气令人可怕。继想到此地步，虽贵如王侯，也当冒险以探究其胜景。况且我身上不曾佩剑以备万一吗？于是振气而入。脚一入内，门已关上。然而使我乐者，门内美术比外面确较美丽。而且环墙之内是 广大的花园，种种胜景难以描述。此中有云母石的喷水池。名花奇兽，随处均有。中有神鹊向我叠叫："柏里，柏里！水仙，水仙！"老人看我听此有无惊异。在我则觉毫不为意。从墙到此园则有铁栅围住。我问老者能否入此栅内，彼则答须将我帽及佩剑脱去始可。

我们入此栅后，又见有别一栅，两栅之间，一泓清流隔绝。我又问老者愿到那栅去。他说须更换一种特别的服装。于是他导我入一更衣室，其间东方式的美装甚多，我择其最合我意者穿上后，对镜而视，觉得实比前的装饰为佳。当他行在我前带引时，我正想怎样能过这一道水之方法。忽然两栅合成为一桥。过桥后，树林蔚荫，上不见天日；细草如毡，下不见地土。穿林而过则见一美奂无比的夏宫屹立于眼前。又闻琴箫之音互唱，令人听之要醉。老者一举手，宫门洞开，向我面而扑来者即那前时在我指上跳舞的小美人。她向我行礼如旧曾相识一样。并请我入去，我当欢然跟后，此时带引的老人已不知去向。宫内构造极尽美备。经过一长走廊，而进到广厅，其中已有三位少女席地而坐。地上满铺了各种的花蕊。这三个女郎所穿者一是黄，一为红，而一乃青色者,各人各执乐器,即是我未入时所听得的。

那个穿红的女郎先向我说:

"欢迎欢迎,请靠阿丽坐吧,如您喜音乐,则请听呢。"

阿丽即引我到一长椅和我坐下。并执了琵琶与那三位少女对弹。她们美丽都如天人,但我不敢妄想,一心只望代为求得好丈夫。至于对阿丽则大不同。我不但要她在我指上跳舞,并且愿紧紧握在我臂中呢。乐声大奏之后,那三位放下乐器,只让阿丽一人独唱独舞。舞态轻盈几于飞去。我们一时神为所摄,也与她一块合舞。舞罢,阿丽引我入一室,享我水果,醉我美酒。并导我参观其各种宝贵的首饰屋。及后,她向我说:

"此间有棋,我们二人可以同玩。"

彼此遂各出好手段以争胜。初时尚守规矩。到后,她见败负,遂将我的棋子推翻。我一时性起,也将她的打倒。她怒了,给我一个巴掌。我常听人说,如遇被妇人打时,男子们最好对付的方法就是将她们亲吻。我于是将阿丽频频亲吻。果然,她忍受不住,大喊起来。一时花园动摇,桥忽变成为栅,将我丢出园外,又复丢落水中。我因被水浸冷之下,怒气已消,正想再与那美人和合时,忽见那老人在我面前,势甚凶猛,执起鞭来,向我要打。

我即时叫起来:

"停住!不然,我教你及你们女子一同丧命。"

他答道:

"你怎敢这样大胆,和夸口?"

我说:

"神告诉我,她们全靠我得丈夫,无我,她们将终身寡死。"

"谁告诉你这个秘密?"

"三个苹果,也可说是三个宝石。"

"你对我将有何求?"

"只愿得那个可人。"

那老人假为答应。他一路引带指给我看那层枥树[1]，其枝垂于墙外；那个石做的桌子；与那个喷水池；但乘我不意间，将我推出，关门而去。

　　这不必说，我为此刺激了若干日夜。一遇空暇，我即到那恶墙去，然物是而人已非，只有徘徊惆怅而已。如我能再逢此境，定有较好的成绩，但恐那时又不能为你们道破了。

　　那班小朋友们极信这个故事。他们由此每日去恶墙观光。每次同来，都说枥树，与石桌及喷水池相离的位置时时不相同：有时较近，有时则较远。我虽少孩，但从此时起就已经觉得，人性喜欢荒唐，每将至平常的事夸张到神奇鬼怪。

　　我虽然喜谈寓言小说，但立身则极严正。而且要养成十足的苦天派起见，故对于教师的鞭打与及同学的侵凌，均忍受之而不怨恨。然当同学看我可欺而横加摧残时，我也不客气地报以相当的手段。今举一事以为例。一日教师未来，但不能不等待。三个欺负惯我的同学，拉起一把扫柄向我腿上打得流血。我恐教师快到，一味忍受。及到时候已过，教师尚未至，我遂揪一人的发，将其身放倒在地，用我膝头压住；同时，又将一个人的颈扼在我腕中；我手中尚有余力，将第三人的衣服一挽，他即倒下，我就将他们三人之头互撞并将其撞地，如此闹得他人来解散始休。

　　因此次闹学之结果，我遂离开学校，在家单与我姊同读。在此少孩时期尚有一件趣事应提及者：那班小孩们嫉视我家高贵，遂向我说我父乃是大母与一贵族偷情的私生子。我闻此不怒反乐，私幸为大贵族的后裔。这个新闻使我相信者，因为诸叔伯间，我父独富；并且，他常念其母而极少说其父；又在我大母房中，只挂上一贵族的像，并未有她丈夫的影子。其实，这不过一种谣言。但我因为虚荣之故，竟

---

[1] 即胡桃树。

至于愿承认起来这件不名誉的事情。

过此,我将不复提起少孩的时事了。而且谁能将少孩描写得好?小孩的天真烂漫,乖巧伶俐,规矩和气,本来不用学习,苟能随其性以利导,则自然能成为最好的人才,与养成为天才。可惜社会的制度与不好的教育将人性改变成为蠢歹。

在我少孩时期,未有一事影响我再过深刻者,即是战争。但也未有一事比留我印象再长远者,即是文学。此中最使我嗜好者乃格绿施笃[1]的新诗。

初闻时,都不免纳罕,怎样这位温存谐和的诗人,他的名字叫做"打棍"(Klopstock)[2],这样粗率。我父所好的乃是有韵的旧诗,及格氏的 *Messiade* [3]出,乃属散文无韵的诗,他遂不肯买;无论此书怎样著名,他终不准我们看。适他的好友偷带给我们。我和姊暗中喜欢得能够背念许多篇。有一星期六晚,我父正在预备剃胡子,我们在火炉后低音对诵。恰到那段亚特郎手执鬼王时,我姊将其美手放在我肩上,颤声而又极感动念道:

"——救我,鬼王!呵!救我!……我跪下求你了!……如你愿意,我愿奉你如神明!……我受罚够了!……至今,真无勇气再如前一样仇恨你!……呵,可恨的地狱!我又恨你,又要求助于你!……"

到末,她得意忘形,忽惊喊道:"我命完了!"

那剃发者听此不觉一惊,竟将烧水倒在父亲胸前,全家人一时慌恐,到底,始知祸乃从我们读格氏的鬼诗而起。我父因此始不敢再仇视此书。

由此可见少孩与群众们竟能有奇特伟大的思想。但到他们自以为有智识时这样伟大的思想便无勇气再去扶持培养。

---

[1] 今译克洛普斯托克(Friedrich Gottlieb Klopstock,1724—1803),德国诗人。
[2] Klopstock 在德文中的意思是指用来拍打衣服上尘土的棍子。
[3] *Messiade*(《救世主》),宗教叙事长诗,模仿弥尔顿的《失乐园》而作。

第三书

（哥德十至十三岁）

一千七百五十九年的新正也如往年一样，于少孩们甚有趣味。可是城塔上的巡查已经迭吹警号报告法国军队将取佛郎坊。正月二号，法军已到城驻扎。虽则我父怎样不悦，但不能阻止法军到其新屋借居。幸而来者乃法干御卫名郎伯爵。他身瘦损，面上被天花痘痕所侵蚀；但其黑且大的眼神及其高贵的表示足以补偿其缺点。当其入门时，他闻有房满藏图书者，甚为喜悦，以后就命许多画家为他工作，将所得的运回法国。他虽严肃，然极慷爽。对待我们甚有恩意：常常把好点心送来。可是我父并不因此而减少其仇恨。我母因恐以此酿祸，曾请邻人向他达其夫丈之意。他因此更加细心，甚至于不敢钉地图于墙上，恐怕损害其裱饰。

我们初极怀疑多郎伯爵怎样有的日子关起房门毫不见客，虽既要务，也不办公。及后，听得他的亲近人说，始知他有些时不好脾气，易发怒，而且得罪人。在其少时，常因此而犯罪过。所以他现在每遇这些脾气发作时，即摒绝人事以便于自敛。

在他所请来工作的画家，施家思的山水画得甚好。可惜其中点缀的人物，老人小孩尚过得去，但其妇人，特别是少女，则其丑态难以形容。后来听知施夫人，不准其丈夫，除她外，别有他妇女为模型；可是她生来怪丑，以致其丈夫所学得的也一样不美术。

这些在我家为伯爵绘画的美术家，都是我的熟人。当伯爵与他们讨论怎样作图时，我常在其中出意见，而常又被采纳。这个在我仅十岁的少孩当然觉得非常荣幸。但此时又有一事于我为最羞辱者：一日入图画室，见有一匣关得甚密，然因我的努力，终于打开，见到那些确实不能公开的小影。（春图？）忽然间，伯爵进来，表出他大将军的态度，向我极严厉诘问道：

"谁准你看此匣？"

在我难以对答之下，他罚我八日不能到此房来，我当然承受其命令。

自法军到此城三月以来，普鲁士王联邦之兵，即来驱逐，我父得此消息，不胜欢喜，以为法军必定失败。不幸所得成绩恰相反，他怒得关起房门终日不食。到晚，我母恳得他的同意与家人聚餐，谁不想此好消息中竟埋伏了滔天的大祸。当他下楼时恰多郎伯爵出来相值，于理不能不周旋，而且伯爵多情先开口道：

"先生，我希望您和我们庆祝这次的胜仗，若敌人得志此城必定遭殃。"

我父闻此怒形于色，喊声道：

"毫无同情，并且我愿联军把你们拿去祭鬼，虽则我方面怎样至于牺牲。"

伯爵一时气得声塞，愤愤道：

"您当懊悔这样的侮辱。"

可是我父甚高兴入食厅来，一家人见他快乐，彼此也快乐。但当席将完时，邻人为伯爵翻译者进来示意我母同出去，我们即就睡，到明晨始知昨夜险事之经过。

伯爵在一时盛怒之下，下令将我父拿去监禁。但他手下知他与我家人感情甚好，所以未肯即时履行命令，以冀后来或有转圜。邻人以他翻译资格，闻此，遂即时到伯爵的私居讨情。当他入时，伯爵怒问道：

"你来何事？此间只有房佣不用我叫而能来。"

"那么，伯爵先生，设您就认我为房佣。"

他答道：

"我不能如此幻想，出去吧，我请你。"

"伯爵先生，您天生成一种好气质，所以我敢来讨好。"

"不必谄媚，你终无成事。"

"您的好气质，就在于盛怒之下，尚能接受他人的意见。"

"他人意见，我太易接受了，所以养成这班富豪全数反对我们。"

"非全数，伯爵先生。"

"大多数都如是。他们自认为自由邦的市民，但听他邦的侵入而不抵抗；甚且对待我们这样仗义的军队而加仇视。因我的忍辱，所以得到此家主人的放肆，现当将他惩罚以为他人警戒。"

"这是正当的办法，但在他人出之甚合，然不是多郎伯爵之所为，您比此更有超一层的好办法者，所以我敢代犯罪者来说情。"

"他有何意思？"

"他请我对您说：伯爵先生，您素来和善，忍受一切。我诚罪过，但请你宽恕，您的令名当留诸万世不朽。"

"我不管身后的毁誉如何，只求能尽眼前应尽的责任就好。就此事说，话已说得太多。我不受他的人情，就请你代我领受吧。"

邻人得此感激难状，于退出亲吻伯爵的手时至于流泪。这就是他后来常向我们所说的经过。或者，他为讨好我父起见，故意说得好些。然伯爵之为人确实难得，类此事者，我所听的甚多，现恕不在此说出。

第四书

(哥德十三四岁时)

当多郎伯爵搬到别处住时,我们一班小孩觉得甚无聊。不久,有莫利先生来住我家。其弟也常来,并教我算学。我得此学问而助进建筑学及图画不少。说及图画一门,教者只照死法:先教我们怎样画目、耳、鼻之后,聚合起来而成面孔。至于画山水,也是照死法点抹,以致毫无成绩。虽则我怎样喜欢自然;怎样将花蕊摘去以看花萼如何与花房一块;怎样将鸟毛掇去以便知道其翼膀如何构造,但他们不准我们少孩如博物学家一样向自然上考求,而迫住我们只从死物描写。

一粒包在红绒内的吸铁石,极引起我的注意,我将绒揭去,意在寻得其秘窍,但放置不对,竟把先前吸引的现象丢失。电学一门更使我提起全神。因听友人怎样将药品与纺机一行组合便可生电,我也照样去做,但完全无效。我父此时又命我与姊,全个春季天代他养蚕。我们见到许多奇象及不可说的事。(蚕交?)他并命我们为他洗刷从罗马带来的模型。此事未免使我们为难,因要洗刷,须经过许多繁难手续,实与我们少小年纪不相合。

说及我此时学习英文的方法饶有趣味。有一英人来此授课,声言能使学者于一个月内成功。我们就请他为师。他极喜欢我们的进步。我们也极喜欢他的方法。一个月后,我们虽然不晓得英文,但能够自己学习。我于是就假定六个兄弟与一姊互相通讯,以便于练习。在此小说中,假定大兄有游历,将所见的写为德文。其女弟在家,则将家事报告于诸兄弟。她所写的也为德文,但属女人之笔:即是句法短促,简捷而常有未尽之意思。这个文笔,乃为后来施洼(Siegwart)所写著名小说的模本。[1]有一兄弟的信所写的为拉丁,而常加入希腊文。其写英文的,乃住在汉堡经商。有一位在马赛者乃写法文。第五兄弟,系住意大利学音乐,其通讯中当然用此地之文字。至于最少那一位,在家,并无专长,但极有心思与诙谐,常写些使人发笑的犹太文。因为要识此后头的文字,所以我就学起犹太文,并以便于研究原本的《圣经》。

在读《圣经》时,我不但得知上古人民的风俗人情,而且可见此中之诗意。前所说的格氏著名散诗,即是能将此等古代的诗意写出,而又不妨害其简古朴陋之性格者。因此影响,我此时就写起宗教的诗歌,我父见之甚为满足。但这些种种功课,并未搅乱我的主要工作,即是法律。我父给我一本《法律入门》(Hopp 之书)[2]。此书,我能背念得出。他又给我许多法律书,但在我总觉得与此道不相入。

我此时也如一班小孩一样,应该学习剑术,然因教者不好,致于不能引起我的兴趣。骑马一道,于我有特嗜,我常愿终日骑在马上不致厌弃。

---

[1] 这一句译文与原文意思稍有出入,原意应该是:这个文笔,有点像那本著名小说《西格瓦尔特》(Siegwart)所写的模本。《西格瓦尔特》(全名 Siegwart, eine Klostergeschichte)是德国作家米勒(Johann Martin Miller,1750—1814)于 1777 年出版的以兄妹通信形式写成的关于修道院故事的小说。
[2] 今译《小法律书》,为德国耶拿大学法学教授斯特鲁威(Struve)所著。

第五书

(哥德十五岁，表示初次的爱情)

　　一种鸟，自有一种鸟牢；一种人，也有一种上当的方法。譬如我，粗陋的社会，不能引诱；然在工人里头，我极喜加入，意望可得点工艺智识，殊不知常因此而被其利用。现有一遭，其危险尤大。有一小朋友名比拉特者，虽其门阀太低不能与我们相往来，但当我们相遇时，情意比任何人为惬洽。一日，我正在散步，他赶来对我道：
　　"我望你继续用功作诗。最近你给我那一首，我于聚会时念出来，无一个人肯相信是你所作的。"
　　我答说：
　　"这与我不相干。我喜欢作，你喜欢读，已经足了。至于他人相信与否，并非什么重要。"
　　说时，适有一少年来，比拉特向他指后，即向我道：
　　"这就是一个不相信者。"
　　那少年继他话头道：
　　"这非骇异。以他这样少年而能作出这样好诗，人之怀疑，正见其不可及处。"
　　比拉特复道：
　　"你就出一题试试他的才能。"
　　那少年问我能否作一情诗，假做是少女口气向她的爱人表示者。我答这不难事。即时借他的铅笔及纸，一挥而成。他们二人惊叹不置，尤其是那位新相知，于其行时，约我与一班少年后会。

这班少年类多贫贱，不愿工作，只充作家庭教师，或为公事房帮忙以糊口。当我们在路上聚合后向那会地去时，这时有一少年笑向我说他有一友爱一少女，他们就将我诗假是少女作给他者，他高兴到要作诗复她，但苦不能做。这班少年就向他说请我代为。如此诙谐，于少年脾气至合，故我也就答应。

此会散后，又有一会，乃那位请我作情诗给其少女，要为我酬劳者。席中所谈论的不过是一位少年初不信我能作诗，到后始行信服的那些鬼话，在我听得正讨厌时，适逢无酒，有叫女佣来者。谁知来的乃是一个美丽无伦而简净难描的少女，她向我们极风韵地点首后，娇滴滴道：

"女佣有病，已经就睡，你们有何事？"

一位少年说我们酒已完，请她代购。

少女取了几樽空瓶出去，我眼睛里见出她极艳羡。她戴了一顶软帽与她小头极称合：帽的垂围恰对其弱颈轻肩表现一段的温柔。一切在她的均生得好。当她从我前过时，她眼神的幽静和顺，给我无限的风韵。我正在埋怨他们太缓为我介绍认识此天仙时，格丽倩（少女名字）已回来。她将酒瓶放桌上后，即饮一杯为我们祝福，遂即入去，并请其表兄弟勿太搅乱，因其姑母在床有病。

从此时起，格丽倩的娇影随时随处均在我心目中。我不敢到其家会她，只往其地的教堂以冀一遇，果见她在，唯有此次，宗教的仪典不会使我觉得迟久。礼终人散，我并无勇气去在她跟前问候，只遥遥向她行礼，她答以首略一低而已。

那个托我代作情诗的少年累来催我交稿。比拉特等则嘱我好好用心作出。我看此是一个极好借口去见格丽倩的机会，所以我就日日去她家作诗。但我所写的，全在描拟此少女的口吻。及约定交稿的时候已到，我到她家时，她正在窗下纺绩，其姑母则往来躞蹀；只有她一位表兄在，他就请我读给他们听。我读时声极颤动。她也极感动，面上且浮现一阵羞红之色。那位表兄向我称赞一番后，为我指出些不妥的句法。因我所作的乃照格丽倩的口吻,而竟忘却应为一位有身份的少年而作者。我于是提笔修改,但因心神太注在格丽倩,以致愈改愈不好。我一时怒起喊道:

"这个做得不好!"

格丽倩掺口道:

"何必如此焦急。最好你勿管及此事。"

她说时声极温柔镇静。随后,她放下纺车,来在我旁坐下,并极恳切道:

"您以为此不过玩戏,实属误想。许多回,我表兄弟,已为此等细事受祸。相信我吧,将诗稿放入袋中,回家去,您友人们当原谅,我当为您道情。表兄弟们并非凶恶,只因贪利及玩乐,常至于冒危险。我虽附属他们,但并未听命而抄誊您的那篇爱情诗。一位富贵独立的人如您,何必作此无聊而且贾祸的事?"

我听此喜之不尽,到后,情不自禁,答她道:

"我并不怎样独立。若说富贵,又何足道,但恐我所爱的宝贝永未得到。"

她取我诗低声念后,遂向我说:

"诗甚佳妙,可惜不去作好题目。"

我答:

"您说得有理。假设一少年爱您,将此诗要求您签名于下,您将何以对答?"

她微笑,沉思一晌,提起笔签名于我诗后。我起身,将她紧靠于臂中,她微微推开说:

"不要抚摩,此太俗套。如您能够,就讲爱情吧。现在请离开此,表兄弟们不久就来。"

我不肯离开,她执我手轻轻推去。我眼泪将流下,她眼也似红湿。遂将我面贴她手后,我极慌张逃出。在一个少年清净的心坎,而遇第一次讲爱情,自然上似乎要使男女中各看其对方人是一个美且善的理想物。因此，我得此次与格丽倩谈心后，在我别生一个天地：所有环境于我者，均成为可以鉴赏与亲爱。自此会后，我想即刻再见她，但又怕她表兄弟以失约相责。待到下星期日，我于散步中会到他们。他们对我甚和气，只要求我作一葬诗与一新婚诗以了事。

到夜会时，那些少年各言其未来致富的希望。到我时，比拉特说：

"不必谈你未来的大前程以贬损我们。最好就请你讲一寓言，假设你怎样贫穷，也如我们一样可怜。"

到此，格丽倩，从窗下放了纺车，来到桌角坐下，两只肘膀交叉，靠于桌上，支颐之态，美倩难描。终席间她未改状，若有意思表示时，只用头一点而已。各人饮酒醺醉之下，我起始讲我的生活，别无所有，只靠卖诗文以自给。当我说时，眼不转睛拿住她看，一似我所说的生存方法全为她而假设。此时连我自己也信能如此贫穷，得与我爱结婚，也为计之得者。比拉特一意在娶妻，转问我能跟他样做。我答：

"一定的。谁不要一个良妻，使我们所得财产得在家庭费用，不致如今日一样在外花费。"

随后，我将所要娶的妇人什么情状描写出来，谁都知道专为格丽倩而说的。那篇葬诗所得的款已经在此夜会用尽。剩下那篇新婚诗未做。然我们每晚在格氏家有盛会。我每晚非见她不可。她也甚喜欢相遇。比拉特则带其未婚妻来，极尽其和穆之状。至于格丽倩对我甚有分寸。她永未与人接手，连我也无此幸福。然当我写或念文件时，她即来坐在我旁，将手放在我肩，目则注视我纸或书上。这个美态，常如此做，极少改变，但她出得甚坦正与风韵。我记得她似乎永未和他人这样表示的。当我也要将手放在她肩时，她即时起去，必待许久的时候才行回来。

此时，尚有一件趣味事者，即我与这些少年们到邻近各处游历。

在某一次游行中而用午餐时，忽来一少年比我大五六岁，状甚可爱，经过格氏的表兄弟们介绍后，我们谈得甚惬洽。当分别时，他向我恳情，希望代他寻一位置。那些表兄弟竭力怂恿，谓只要我向外大父说一声无不准者。我初则推辞，继因众情难却，遂即答应。心想我母及姨母每向他求情而得允许。我今这样大，论理也可邀准。一星期日，适我与他一人同在花园，我提起胆量向他恳求。他将履历一阅，问我是否识其人，我遂将表兄弟们所说及他的，代为说出。外大父道：

"如果其人格好，我就给他所望的位置，即为我宠爱你之表示。"

他并未说别话。待到后头，始知这个结果的悲哀。

在这夏季将尽时，我见格丽倩，不事纺绩，而专心于针工，当然所做的甚精致。但在日间我到她家时，永未见到。问及他人也不知其踪迹。这个使我甚忧虑。偶然间，我竟得到其秘密。我姊为要些假花插在跳舞衣上，命我到时装店买。当我入一间常去的店时，见一少女，头戴美帽，丝条垂肩，美丽精致，难以名状；审视之下，觉得与格丽倩甚相似。因此，那店妇给我一匣假花选择时，我灵魂已到她旁；她则作势嘱我不可说出一样。到此她是格氏已经显然。我一时痴癫到不能择货，呆呆地只看格氏比平常尤更美丽。到后，那卖花者忍耐不住，将盒关起，命一女佣带给我姊自择。如此无异辞客，在势我不能不出店。回家时，我父因德国联邦选举皇帝在即，要我知道此中重要的事实，命我将前二次选举的情状念给他听；如此一夜不能离家。直待明晚，功课一完，我即时奔到格丽倩家去。她见我微笑后，向其表兄弟们说她实不应该为这件小事瞒我。同时向我说那晚各人谈及前程时，使她也觉得非自己寻一职业不可。她想以她所擅长的针工到时装店去，既得高薪，又得好衣饰，终比在其姑母家坐食为好。这些解释，更加上我的忧闷。我想以她这样美女，而乃在这些广众中与一班时髦人相周旋，终不免使我妒忌的。

当一千七百六十四年，德王举出之时，佛郎坊盛行大典，我答应格丽倩将所见的告知。她一日听我解释甚高兴，并向我说她愿变成男子能够与我到大学去伴读，得悉一切的智慧。实在说，世间最快乐的莫过于男子对所爱的女人教导！因为由此，女视男为其智慧的领引人，男则可得其理想中所要成就的女子。这个互相满足的方法，乃为世间最温柔与最艳福者。

当盛典完时，我即跑到格丽倩家。此中已有一些人在玩牌，只她与其最少的表弟和我伴谈。她极感谢我给她各种的请帖，言谈笑貌间，无一件不令人销魂。不觉已经是夜半。正要辞行时，我始觉得忘带门匙，于势断不能入家内。格丽倩请我在此过夜。她表兄弟们也因其玩牌的朋友不能归去，只好一同与我在此消遣。他们于是请格丽倩烧咖啡。此饮料，给我们几点钟兴奋后，到底睡神将我们一个一个催眠。我则坐在窗下，她靠近我旁边。我们初则低音谈笑，终于敌不过困乏，她的美头伏在我肩而睡去。只有我一人在此良宵脉脉中鉴赏美人与静象。一下子，我也不觉睡去，及醒时，已见日头射窗，格丽倩正在镜前修装整帽。她此时对我情意浓厚无比。当我行时，她极情感地紧紧握我双手道别。在我则静悄悄归家，幸得我母之助力，安稳瞒过了父亲昨夜外宿的事情。

又有一夜，全城张灯挂彩，我有艳福得与格丽倩和比拉特及其未婚妻一路观光。我与她交臂而行。后则在一极幽静的餐店夜膳。如此，一宵过得甚亲密。到后，比拉特带其未婚妻归家；我则送格丽倩到她住寓。及门时，她向我额上深深一吻而入。这是她头一次给我的恩典，在我尚不知从此后，我们之缘分已尽呢！

翌晨，我尚在睡床，我母极慌张入来向我道：

"起来，振起勇气，一些麻烦事情正在待你：人说你交了匪类，做了一件极不好的事。你父怒得不知怎样对付。我所能得到他的，只求他请别人考问你，不必亲身生气。现在蔡顾问代替，并且他也是代表法官而来，是非不难即时明白。"

当她出时，蔡顾问已垂泪而入，向我这样说：

"我真不幸，为这事来问你；我终未想到你这样少年好教育而犯罪！"

我极不平而叫道：

"我并未犯罪！"

"不必辩驳，我特来取你口供。"

"请你考问，你对我有何说？"

"你不曾为某人向你外大父请求位置？"

"有的。"

"何处认识此人？"

"在乡下旅行间。"

"又与谁一同旅行？"

我恐拖累格氏的表兄弟们，所以我对此并不答复。他于是再进一步说：

"你的静默是无用的。这些人的姓名，我均知道。他们通同一气，假造字据，假造遗嘱以及别种非法之事。你则为他们作情诗，互相交纳，代写信件等。我为你及你家名誉，所以特来设法为你超脱，但只望你从实供招。"

我愈听愈不懂。此中许多人名听也未曾听及。诚然我近来回家常晚，所交的乃一班下等社会，但歹事永未有做。我只好从实说道：

"我自己持身极正。如那班相识为非作歹，其过在他们。在我实不知他们有这些不当的事情。"

蔡顾问见我不肯全说，遂说出格丽倩家及其表兄弟们的住寓均是这班匪类聚集之所。我听此跳起来，极力辩白这些人无罪。但我也无法代为洗白，一时急起来哭倒在地。如此不知若干时，待到我姊入来说刚才有二法官与我父说此事甚不重要，并竭力安慰我而后止。可是我并不如此放心。因为恐怕格丽倩犯罪，刺激我得了大病不能起床。及我听到其表兄弟们虽则无罪，但押送归故乡以示薄惩。至于格丽倩也回其家。我得到这消息后，幻想成了一本悲惨而极离奇的小说。但此种幻想,并不能回转我实在的病痛。

  译者按:哥德最著名悲剧本的《浮士德》(Faust)内的女主人翁即格丽倩的变相。他描写她为一个天真烂漫而不识不知,但极多情的女子。其间事情当然不全本于事实。例如格丽倩与浮士德私爱之后,至于毒母溺子,以至于上断头台而不辞,这不是真的格丽倩所有者。以是而知凡创作家,只将事实作底本,其余的佳妙处全靠其个人的才力心思。若必执定死见,斤斤于事实为依归,如今日一些人至谓曹雪芹全以事实作《红楼梦》,则太不知创作家之价值了。

第六书

(哥德十五至十六岁)

我病正在缠绵,又有不如意事来打击,凡我所有行动以至于写字通讯均受严重的监视。在我以为必是格丽倩对我有所表示而被阻隔者,以是我的幻想愈形复杂。幸而请来的监视人对我甚好,我也极敬重他。他为我劝解一切,并说那个嘱我向外大父寻求位置之人乃一匪徒,意在借地位以行恶。因为我代请求,所以人也疑其同谋。

我因监视者与我甚表同情,所以将我对格丽倩的爱情全行说出,并问她的近状。他微笑道:

"不用挂心。她毫无错失。她回家,全出其本意。此间且给她极好的证书。至于你与她的关系,现都知极正经。我曾看到她所签字的此项文件。"

我喊道:

"她说的什么?"

"她说实在常见你而且极喜欢见你;不过你乃一个可爱的小孩,她视你仅如小弟弟一样,她常给你好教训以免你陷入于罪累。"

我的监视人说完后,看她是一个好教师。可是我并不作此看法。我想她在公事的文件中,竟敢看我是小孩,未免使我难堪。从此时起,我的情感已失,永久不提起她的名字;然而时不时不能不想她。我回想她不过比我大二三岁,而乃视我为小孩,未免太放肆。又转想她从前种种对我的温柔,恐是出于假意。至于她静静地到时装店做工,在我此时想起来,其中必有许多暧昧。凡此种种使我觉得应把她忘却。可是她的倩影永久在我眼中未曾消灭。因为她看我是小孩，故所有小孩的表现，我均避之如仇敌。例如我起始不哭，及如大人一样发挥那极端的本能。因此我终夜刺激愤懑，致成喉炎不能吞食。胸膈尤觉不舒服。及后转思为这个待我如保姆一样的女子憔悴，未免太失价值，由此痛念渐减。适监视人与我谈哲学，这个有趣的辩论，医治我病更有效力。

春天已到，我觉得本城的游散无聊。一因格丽倩的纪念，随处触起令我伤心；一因我似见他人在批评我，讥刺我者。我因此与监视人喜欢到城外的树林。此林虽不大，但足以遮蔽一个人的伤痕。我最喜欢的地方乃在老橡荫之下，各处有生青苔的石头，清流从石里涓涓然流到林中去。我这样好野性，想是日耳曼民性所禀受，故对于自然如宗教一样的崇仰。向往自然，我即时别有兴奋的性情，而非可以用语言形谷得出。只有少年人与初民始能感受自然的壮观。要得壮观的感受，须要外物的伟大，超出人类的官骸。就林中说，夜间看去，似乎轮廓广大无垠，如此，壮观（或名"壮美"，sublime）自然而然就发生。若在日间，太阳射入，肉眼已能看出一切的树林狭小，即时，壮观的景象也消减。推而论之，人到老年，太多经验，又如太老的民族一样太孜孜计较于实质，以致不能如少年及初民时代的浑然无着边际，较能接受伟大的观念。然而在实质经验时代，凡事能以"美"为中心，则亦有可得壮观之期望。

以言少年的教育法，一个男子教导，终不如一个女子能够给男人们的愉快。格丽倩于我，本是最好的教师，而能给我关于"美"的观念者。不幸，她的倩影已经远离。我有时只能在橡身之幻想中，仿佛求得万一的相似。然此终未副我所望。我唯有再设法去追慕其较真象者，这个使我有意于画图。论我自少已得与诸画师亲藉，故绘画一道已有根底。但我喜欢对真物描摹，可惜此种技术从未研究，故入手时成绩甚劣。况且我作画与作诗一样脾气，只能从整个处着想，不能从支节上凑集，如此于入手时更加困难。然以我的努力，到后，我对所画的极满足,为的不是画得好,乃因是我自己出主意与心裁。

我父甚喜欢我直接向自然描摹。又因我不再会在外交接歹人,于是家人对我极放心,任我自由到外处游历。我在莱茵河之旁边,虽然不敢绘出大的山水画,但其废垣败堡,在在均能引我入胜,随手描摹。可是,这些游历虽使我快乐,但不能使我留恋。我的留恋别有所在,即在家中的姊姊。我们两少相依,为状至形密切。我父恐我们情感发展,一味在压抑摧残。可是我母童性尚存,我们姊弟当然依附母亲,任其自然的本性发挥。我与姊同玩同读,手足之情愈长愈大。及到春情发育,同时智识也扩大,我们遇到这个新局面,真是茫茫前途不知如何对付而后可。我们为此春情所蒙蔽,自然做错了许多事,但因姊弟家人之关系,故虽彼此怎样相爱,终而不至于乱。可恨,这个手足之情不能长久保存发达,以致我不能写成为一本好诗。一读李莎逊(Richardson)所作的名小说,其中描写的情感,恍惚与我们的相似。至于我今所写的,只有一点皮相而已。

她甚高大,而且精致,其气魄极其自然与高贵,故其风韵与情感也称丰富。她的面貌并不美与出色,和其性情似不相配。她眼中表示一个极深厚的心思:当她有所感动,两只睛孔则映映生光。她的表情并不温柔。因其天资雄伟,她的情感宁可于给予而不愿于承受。此时,修发的时装乃向后靠拢而使额愈发现愈好。我姊的额未免太向下生,若将其太向上露出,则与其浓黑的眉毛和突出的眼睛形成为极丑的相貌。她固知道,所以年渐大而感痛渐多。可是她于丑陋中别有安慰之方法。凡与她相好的女友均她极诚挚。在她的社会,也有许多青年男子。所有女友均能得到一个男伴,独我姊孤单无依。这不仅她的外貌不足动人;即其高贵的性格,也足拒人不能亲近。她因此顾影自怜,向我苦诉。我也向她供招前此对格丽倩的爱情。她对我与格氏的绝交甚满意,而我则甚满足听到我姊说唯我能够知道她的价值与能爱惜她。

当我们举行"成人典礼"那一日,在我则悲痛失爱;在她则哀怨未曾得到爱情。我们二人如此极形凄惨，尤其是我们因血胤的阻碍而不能将这对知心人变成为情人。幸而爱神，快来救她。一位英国少年，为我英文的教师者，垂爱我姊，她也报以温柔的情思。他高大精致一如我姊，面貌虽不扬，然极可爱，可恨是天花痘痕太多。他的表象静默，有时未免过于冷淡严肃，但其心中满含爱情，而其心灵尤极高尚。这对严重干燥的伴侣，在那些活动青年的社会中，形成了一种极不相称的情趣。

在这个少年社会中，我们男子虽然不得真称意的女子，然得一个玩耍的方法，到底，各人也能暂时满足其所望。这个方法乃社友名"吹角"者所发明：将社中男人们的名写在纸卷中，请女人们各抽一卷，而限于八日中，女人当与所抽到的男子相周旋。如此周转，男子中即时形成极亲密的社交。说及这个"吹角"的小朋友，甚有趣味。他在社中年最少，恰好是生成一副丑脸，他发言未有不使人笑者。在我记忆中，他占了一个大位置。因他对我极亲爱而且忠诚到底不衰。

是年九月之末，我承父命到黎支大学（Leipzig）[1]去。一路雨下，行到某山脚，天色已黑，恐陷入于深坑，所以下轿步行。我行得落后，忽然见到深坑内如一广厅一样，其间光焰射眼，而且有些光线向四方发散；有些则在坑底不动。因行前头的叫声，使我不能久住观察。我遂赶上去，向同行者叙述此事的经过。那些轿夫不肯相信，据说此坑底乃有积水。这个我想或者是磷火，或者是群聚的小虫所发之光焰。

此时，黎支大学虽有著名的法律与宗教教授，但与我所好的诗文、拉丁，及古代史等的希望不相副。我因父命，只好一面敷衍，一面自己用功。

---

[1] 黎支大学，即莱比锡大学。

第七书

（哥德十六至十八岁）

在此时期（一千七百六十五年）德国的文人甚多，所作书籍当然不少。今就我个人所受的影响而言，则莫过于讥刺派与批评派。升平时代，一班富裕之家所喜欢者乃温柔和顺的文字。及讥刺派一出，这班富裕的读者不安。及批评派出，所有的作家又受了大打击。讥刺派以李斯哥（Liscow）[1]为首。他死得早，故其名比实际更显扬。他的文字并非苛刻，不过于嬉笑中能活画出人生的真相而已。

说及批评派则以柏丁格（Breitinger）[2]为最著名。他探取法英派对于图画的意见而为诗文的主张。依他意，诗人应将思想变成为印象，好似画家将眼光幻成为印象一样。这是说：诗的好处，就在于字句间表示思想的影子；也如画的佳处，能于图象中托现眼所见的真相。他再说，图画常取真象于自然；诗文也当从自然中得到其印象。可是，人们不能全数采用自然，为的，自然的现象不是全好，故此应有选择。怎样选择？依他意（他也是代表瑞士派者），只有天真为可取，与只有奇特为高贵。经过几番斟酌之后，他说，所谓奇特者，须与人类的道德有借助。这个结论，在今日看来，实足骇异，因为诗文不但要好而且要有道德性，这是忘记了诗乃艺术之作用的主旨了。但

---

[1] 今译李斯科（Christian Ludwig Liscow，1701—1760），德国讽刺作家，著有《讽刺与庄重的论文集》。
[2] 今译布莱丁格（Johann Jakob Breitinger，1701—1776），瑞士美学家，著有《批评的诗学论》。

在当时，一班文人均信之不敢违背。

在我意见，所谓好文学，不在其萎靡拖沓，而在其切实斩截。此时一班新文人也均与我同意。今举其重名者则有 Haller[1]，Ramler[2]，Wieland[3]，Lessing[4]，Gleim[5]。

在一千七百六十五年之冬，黎支大学的教授们提倡"散步"，他们举格黎施的名句说："我的散步，不是偷闲，乃在猎取好印象。"我在树林间也学猎取的方法，即于每树身刻上我的名字。此时我又在猎取一少女名安呢，也把她的名刻在我的上头。春天一到，树汁流出，我见从安呢之刻痕流到我的名上许多好似泪痕的汁液，一见之下，使我回想对待这个少女的许多苛刻处，心中着实不安，即时赶到她跟前讨饶。为此事，我曾作了一诗，每次再阅之下，未曾不柔情婉转呢。

当一班诗人正在咏叹普鲁士皇帝及七年战争，而引起群众的欢迎与自己得了盛名之际，我则徜徉于黎支河边，好似牧童的天真烂漫，而表示我自己的主张。我此时与大学校、社会，及爱情接触之下，就将自己所感触。不管是悲是乐，一概寄托于诗歌。故我的诗文，可说是我个人的心事，与忏悔录。

我的头一次爱情为格丽倩者，今一转移而爱上安呢。她极少年、美丽、活泼与风韵。我可以每日见她，因她帮助用人进菜及常与我们谈论玩耍。因其太温柔与诚实，所以我对她太苛虐，意在得其泪痕为我的消遣：男性的残忍，常把温柔的女子为牺牲，其罪诚不足宽恕。可是她忍受的程度出乎意表，及终则难于挨挨，遂对我极形冷淡。到此时，我才觉对她的爱情浓厚；因此又和她不知闹出多少的悲剧。及后，自己见得非她不能生存，遂用尽温柔的手段以博取她的欢心。但

---

[1] 哈勒（Albrecht von Haller，1708—1777），德国解剖学家、医生和诗人。
[2] 兰姆勒（Karl Wilhelm Ramler，1725—1798），德国诗人。
[3] 威兰（Christoph Martin Wieland，1733—1813），德国诗人和公法学者。
[4] 莱辛（Gotthold Ephraim Lessing，1729—1781），德国启蒙运动时期剧作家、美学家、文艺批评家。
[5] 格莱姆（Johann Wilhelm Ludwig Gleim，1719—1803），德国诗人。

到此挽救已太迟，她终于离我而去了。我的悲惨难以描述。若非用诗文以自遣，我必因失恋而丧生。我知我对她的错失，遂写了一悲剧的诗篇题为《情男的轻狂》，也即用此以自责自怨。

自我入世以来，观察社会之现象，觉得外表与内象完全不相同。所谓宗教、风俗、法律、门阀、礼貌等不过是表面的粉饰。外间看去，广道巨厦，其家内则如野蛮的无秩序。少小时，我已知道多少的家庭，父母离婚，女儿被奸，男孩成为凶手、盗贼。在这些经验之下，因郁积在心中太久了不免生起痛苦，我遂发泄于诗歌而写成一本悲剧名《帮凶》[1]者，乃在形容家庭的黑幕。此剧虽极笑乐，但底里则极伤心。此外，尚有许多短篇的诗歌，都是为描写情感的变迁、人事的无定，与人生的哑谜而作者。

---

[1] 今译《共犯者》(*Die Mitschuldigen*)，1787年出版，1805年搬上舞台。

第八书

（哥德十八九岁）

读了 Argentville[1] 的画家传记，我真高兴到将黎支的美术院所有的画图肆意研究。但所得的结果不在图画，而乃在引出我的诗才。我想精神上的快乐有二种：一从眼见，一从思想而来。眼见的快乐，全靠外物的美畅而足以摄取我们者，这些当然不易得到。因为美物不易得，而有些人无相当的教育，则虽有美物，也不能摄取。思想之快乐，在其思想自身与在能鉴赏外物的价值。自黎信（Lessing）的《画与诗的分界》[2] 一书出，他将我们从眼中的快乐引到精神界中。由此，人们始知图画及那些以形象表示的艺术（如雕刻等）则当以纯美为依归。因为他所重的在引起五官的感触，故只有"美"的一道能使官骸得到满足。至于诗，则不必有此限定，因为他乃从幻象着意，故人们也能从"丑"处得到其风味。但此须留意是：美乃主位而丑恶不过为副衬。例如古代之画"死神"其状俨如"睡神"，故人觉得不丑。到了十六世纪，死神则画成为一把至丑恶的骷髅了。总之，自然上美丑并出。但美术家，当将丑的化成为诙谐奇怪之状，但不能存他的本相。为要研究这个意见是否为艺术家所采用，我遂往特里丁（Dresden）[3] 参观艺术博览会。

---

[1] 今译达根维尔（Antoine-Joseph Dezallier d'Argentville, 1680—1765），法国作家，著有《名画家传》。
[2] 即莱辛的名著《拉奥孔》（*Laokoön*, 1767）。
[3] 今译德累斯顿，德国萨克森州的首府。

回黎支后，因心思淆乱与饮食及起居不留意，以至于某夜中，吐出许多血。虽即得名医的调治，但过了几日的危险后，始庆安全，此中得力于良友的安慰者尤多。到了一千七百六十八年之九月，我遂回家，得到我姊的安慰与我母所得于某炼丹家的良药而后病始全除。

第九书

（哥德二十岁）

我在黎支大学，所学习的全不副我父所希望。归家之下春，我父送我到斯拉堡（Strasbourg）[1]大学去考法律博士。同时，我也研究博物、解剖学及医学。

因为病初好，神经尚易受刺激，故初时登此地著名的大教堂，头即昏眩，以至于不能往下边看落。为要战胜此种头眩，我在教堂之一小塔上，为状似孤悬在空中，故意静立若干时，初则甚觉不快，久后习惯成自然，反觉其登临的胜趣。因为愈高则所见愈广，而眼界愈宽则心地愈大。又在后来，研究地质学之时，常极喜欢俯临深坑，此其乐趣与登高的具有同概。又此时我极不喜欢声音，而我则故意打鼓以为耳朵的习惯，到后，则听到声音已不如先前的病态。又从解剖学研究之后，使我见病人与伤者也不如先前的厌恶。由此推广其胆量，以至于黑暗恐怖之景：坟地，以及于僻壤穷荒，均不如先前的危惧。如此练习，到后来，虽则我故意要如少时对于此种环境起了颤栗之作用，可是终不能成功。

于各种工作之余，我不免为了此地盛行的跳舞所摄引。我父曾教我与姊跳舞，但太过于严重拘束，以致兴味消然。凡我所见的跳舞，最愉快的莫过于法国戏台上的表演，故我也会请我父为我奏此种舞乐，以便我于学习。这些奇怪的跳舞法，我姊为我故，也同我跳，而

---

[1] 今译斯特拉斯堡，法国东北部城市。

使我父甚乐。有时,他也教其猴子这样步骤。

自从我与格丽倩及她表兄弟们散失之后,我对于此种奇怪的跳舞法已不感兴趣。在佛郎坊与黎支均未再用我肢体。但到斯拉堡忽然前兴重振。夏天则在公众之地或乡间游戏;冬天则盛行假装的跳舞。在此群众共乐之社会,一个少年而不会跳舞,则其人不能立足,势必为人所鄙弃。因此之故,一位朋友引我到其著名的跳舞师学习。此教师乃法国人,礼貌甚好,且其二女年均廿余为跳舞之助教,以是我学得极满足。她们甚美丽,我恐被羞笑,故极努力用功,所以进步甚速。她们住寓在僻区,于功课完时,常请我暂住与其倾谈,在我当然求之不得。其少的名耶美丽,尤使我倾倒。其大姊名黎珊,生得比妹还好,而对我特别留意。当我与大的跳舞永久不会停辍,但与少的一跳,即被其姊叫去,必要如此多少次被叫去而后始能完成一桩。此少妹虽对我甚好,但不免幽闷与表出一点冷淡。到底,一日,我要和她跳舞,她姊告诉我此中的缘故。据她说:

"她不能来跳舞,因为她正在用纸牌卜占其所思的人。此人现外出,但她甚爱他,希望前途能成夫妇。至于我尚未爱过人,可恨我也尚未得人之爱惜。"

我听此,也请她去用牌占卜。可是我向她说自己并不相信。她怨不肯诚心,因为纸牌占卦是极效验的。她说后,引我到她妹旁边。耶美丽此时甚高兴,纸牌恰好告诉她所望的志愿能够达到。黎珊也占起牌,但其预言是她不能得到爱情,此中有人为阻碍。她于是痛哭而逃到别间房。耶美丽恳我去安慰她。但我怎样能满足其希望?我实在爱她妹,于她只有抱歉而已。我只好请耶美丽同去。可是任我们怎样劝解,她终不肯开房门。当我们退回客厅时,耶美丽告诉我她心专为我是否爱她而占牌的。我听此后,明日不敢去上课。是晚得到耶美丽之信,约定后日非去不可。届时,我遵约而往。与耶美丽跳舞得极和谐后,她告我其姊已抱病在床,并告我道:

"她的病不过是假造。她常喜假病以解除心中的烦闷。例如昨夜她告我此遭必死，但在未死前，她要人带那无情的男子到她面前以数其罪。"

我听此叫道：

"我对她并无罪过。我并未向她表爱情，这是你所知道的。"

耶美丽说：

"我甚知您心情。若非我执定意见，我们一齐都受烦恼。常闻我父说，您不是要靠跳舞为生者，如今您跳得已经这样好，我请您以后就勿来此间。"

我答：

"这就是您给我的意见么？"

她道：

"不错。我实被迫。昨日您去后，我又问卦，牌告诉我您的地位比我们太高。又我有爱友已经彼此订有婚约。故如您不离开，您使我姊灰心，又使我以爱情痛苦，结果，彼此又无益。"

她说时，握我手以示别。我还在怀疑中，她已引我到大门，并向我这样说：

"为表示我们今后永不能再会，所以我给您一种特别的表示。"

她说时，手抱我头，向我亲了一个长久又和柔的吻。同时，门开，黎珊跑到我们来，大叫道：

"我也要与他作一断绝的别礼。"

黎珊此时将我夹紧在她的心窝，又把我脸深深盖在她黑发之下，稍停，放开我，极严重地注视我一下子。当我正要向她劝慰时，她并不听，大踏步在房中踱后，即向长椅的一角倒去。耶美丽虽竭力向她劝解，但她表出一种如剧台上的悲剧状态，至今我想起来尚极难过。她一面推开耶美丽，一面大叫道：

"这不是头一次，你将我爱人夺去。你未婚夫先行爱我，后被你占去，也如此少年为你所占取一样。你要同时得了许多爱人。我因率直，以致不如你的谄媚得人爱。他人以为你有什么好性质，实则你只是一个冷淡自私的妇人。"

她愈说愈凶，到后并说她妹的秽行。耶美丽示意我离开，其姊已觉得，一时醋性愈利害，向前一步，严重视我一下后，将手揪我发，其面恰与我面相近。一边向我唇上亲了几个极热烈的吻，一边狠狠然喊道：

"后来如有人再亲此少年的唇上者，必至于天诛地灭！"

她转向其妹说：

"你尚敢与此人再往来吗！……上天必听我誓而惩罚你！"

她又转向我叫喊速速离开。我急下楼梯，决定以后再不踏此地一步。

第十书

（哥德二十岁）

自从德国诗家无一致合作之后，各文人只好听命运去安排。一个青年而有诗的天才，若不向富贵者求一位置，势必为生活所困迫而至于无成就。幸而到此时，局势又一变，新诗派大家格绿施笃一出，诗人已经得到独立的位置。此时文人中影响我最大者乃在认识著名的赫特（Herder）[1]。此人面圆，额广爽，两只黑眼炯炯生光，善吸引人，但脾气不好，常至于得罪人。自我与他长久相习之后，觉得其人具有种种的价值。至于好骂人，发脾气，乃其至小事而不足计较者。凡我所喜欢的书籍，他都说不好；凡我所鉴赏的美术，他都批评为浅薄。在各方面，他对我虽稍缺乏引导之力，但极多于启发及助进之功。当他在斯拉堡治病时，我曾代他借到一笔款，但他去后永未提及。及我家赀到后，始能清还。但在他，只给我一篇诙谐的诗以讥笑我。这件事使我想起"知恩"与"忘义"二问题。依我意，这两件之中间，尚有一个问题叫为"混忘"，因为人类所受于外物的济助者至多，如日光，月亮，风云雨露的滋荫，祖宗父母的鞠养，以至于自然所供给人类的材料，与夫朋友们相助的事情，若要一一去答恩，人类只有用全力去还情，而自己毫无余力去谋生存。但人类是生物之一，所最重者在生存，所以他对于上所说的善事只有"混忘"之一法，这非知恩，

---

[1] 全名为约翰·哥特弗雷德·赫尔德（Johann Gottfried Herder, 1744—1803），德国哲学家、路德派神学家、诗人。

也非忘义，乃是一种自求生存的方法。至于我，每当得到一物，则深思他是恩典，或是交换品，或是我所应得的，如此各照其来源以行其报答之道。故终不成为负义之人。

赫特每有奇论而又切中于道理者，如说"语言"乃人类的精灵，然不是受于天，而乃全靠人类自己的努力所发展。又如说：一切诗均无真实的意义，只靠诗人的幻想。此中幻想虽从先前所听到、见到、做到者为根底，但当幻成为诗后，则与事实完全不相同。我师其意而作成二本诗剧；一为《哥而》(*Goetz von Berlichingen*)[1]，一为《浮士德》(*Faust*)。也曾将这二诗本给他看，并未得他大赞扬，然我并不因此而减少对他的信仰。

为与友人卫郎到深山中访开矿矿者，于归程时，越过茂林而到谢仁巷（Sesenheini）得与一位可爱可敬的妇人相识。

未介绍她之前，先说一件事与我对她的爱情极有助进者。赫特于新出书都看过，一日为我读德文译本名为《范家菲的教士》(*Vicar of Wakefield*)[2]一书。这是描写一位善行多情的乡间新教士。我今所要说的，便是一位实在生存的这样人，即为我爱人之父。他为谢仁巷的教士，为人仁蔼，其妻甚和善，二位女儿更得人宠爱。这家乃我友卫郎所深识，他常为我夸张，所以此次于归程时顺便为我介绍。我此回穿得服装甚奇怪，好似是假装者。到此地后，在旅店卸马，遂步行往探。所见教士，人甚小，但极仁爱，只他在家。他未待我友客套话说完，即出门去唤其妻与其二女。主妇见我，多方审察，诸极留意。我则见她甚出众，少年时必极美丽。大的女儿，才到门时，便问其妹是否回家。人答未曾，她即跑去。不久又回来，而其妹久无踪，人正在埋怨时，忽见少女已在门前。这是一粒明星在乡间的天空辉耀的。两位少女所穿均为德国装：极短的白裙而缀以花辫，上衣也白色，围上一条黑的围腰。这些

---

[1] 即歌德的戏剧《葛兹·冯·伯里欣根》。
[2] 今译《威克菲牧师传》，英国作家奥利佛·哥尔斯密（Oliver Goldsmith，1730—1774）的小说。

服装，似是专为表现菲的砾（最少的那位女郎之名）美足与轻腰而制成者。她的轻巧，好似空中一抹云霞，其一丛黄金发，压得她柔嫩的头颈似不胜担当；最愉快的是她那双大蓝眼睛，射出了仁爱的光，凡周围被其盼到的便成为光明世界。她那玉琢的高尖鼻梁，凡空气被其吸到的，即变为至温柔和谐的环境。当她见我时，将其草辫帽摘落挂在其腕上，即时给我表现一位至能吸引爱情的女郎。

他们一家人雍容和顺，使我自检之下，未免自惭形秽。我极埋怨自己何必假装，穿上这样怪恶的衣服。正在惶惑中，适见琴上放有音乐书，我就往视，这个给可爱而乖巧的菲娘与我谈话的机会。她父亲请她鼓一操以表示欢迎我，她弹得融融然极为动听。此时，我脑中发现上所说的那本小说的实在事情。教士虽不及此书中主人翁柏尼（Primerose），但世间哪里寻到十足完善的人物？但其妻恰有此等理想人物之一部分性格。凡见她的未有不起崇仰。其大女虽无柏尼的大女那样美，然其活泼，生气与多情则恐超过。至于我的宝贝菲娘，恰好是书中的苏菲。当晚餐时，我所见的一些情景，又好与此书所说的相似。及见他们那位少男就桌时，我心内几乎喊起来："你，莫思[1]，也在此！"及我们只二人时，卫郎先讥笑我骇异到了书中所说的家庭。后则叫道：

"实在，小说俨然成为事实。至于你，你假装得恰似不信，至于我，也当上台，充作佢儿，但望比那位佢儿更演得好。"

我即截断其话头，问他是否欺骗我？是否菲娘曾经爱过人？现时又是否爱人？是否她已经与人定婚约？他均答未曾。此时我极感满意。明晨，天一光，我即起身，见到自己穿这样怪装，实在不好意思见菲娘，我友也以我怪状相讥笑。他的笑声未完，即时我已到客店骑上马向斯拉堡跑去，拟换上新装后，于午餐，至迟在晚餐必定赶回。跑到特鲁逊巷时，我忆起此处有一店佣，年纪和身材与我甚相似，我想假他装束以博得菲娘一笑。于是我遂向此僮道意。他因爱重谢仁巷

---

〔1〕 今译摩西，《威克菲牧师传》中威克菲牧师的幼子。

教士，故极为乐从以取悦。为要助实店佣何以来访起见，他给我一点心，即说此乃店主为儿命名的敬物。我即换起佣装及等了两点钟之久而后从炉内得到点心，包在一条极美的白巾内，一路癫狂而来。将到谢仁巷不远时，遥见我友与二位女郎正在游玩，隔得尚远，他们也已睇及。菲娘先开口道：

"你为何来此，惹斯，你拿的是什么？"

我假声音说时，并将帽盖住面上似怕太阳光者。

"这是少孩命名的点心。"

大的女郎接声道：

"拿到家去，稍待一下，我们就回来。"

我就遵命而到教士之家，但仅在其门前的长椅上坐下。女佣下来取点心，问我许多话，见我遮其面默不作声，遂笑说：

"你今日为什么这样，惹斯？我想必是你未婚妻，忘记向你眼上亲吻，当别人向她看时。呵！食醋汉！将来必定有好家庭。"

这些话引出教士到其窗中，以我是惹斯极温柔招呼我。其妻在我前过，请我入厨房，食些物品，然后回店。但我不受命，而向花园去，她也跟我后，然我不知，遂忘将帽盖脸，致她即时认出我而叫道：

"是您，我的少郎，您有多少面孔呵？"

我答道：

"实在，我只有一个面孔，但为您及为您家人玩笑起见，我则可变成为无数的花样。"

她复微笑道：

"既然是玩耍，我助您成完全。出花园去到那片草场散步，当您听到午钟时，您始回来，一切俱备。"

我即到草地去。此中有一林，于阜上可以见到极美的景致。靠于木中有一椅，其背有字为"菲娘的乐地"。我即时心中起了无限的惶惑，恐怕她的安静生活从今后为我所破坏。正在这样乱思时，忽见有步音，乃是菲娘。她一见即叫道：

"你到此何干，惹斯？"

我一面跑到她前，一面答道：

"这不是惹斯，这是一个有罪者向您讨饶。"

她惊异之下，向我说：

"无良心！您使我怕。"

她的颊上本是憔悴，到此忽起了一阵红晕的颜色，她的双膝摇摇颤动迫住她不能不坐下椅去。我也坐在她旁，一路亲吻她的美手，一路听她说我友已经告诉他们我是什么人，并为什么今晨出去之缘故。如此我们一块不知若干久，忽闻其大姊叫菲娘。我们站起时，菲娘手尚握在我手中，当其姊见此以为在梦中，一时狂喊道：

"你在此合惹斯一块，互相造手！"

菲娘极安静地答道：

"小幸！他向我讨饶，我已饶他了。他今要向你一样的求情。想你也必允许。"

我向她表出哀求之状。她终于认出后，大喊一声，继之以长久的大笑。在午餐上，主妇本已先知，不成问题，只有主人，其少孩用人等不知，大家就将我向他们搅乱取笑。当席终时，因为我穿这样装束，不好外出，大家，尤其是女人们请我说笑话。我遂说一故事，叫做《新美丽》。我的故事，得了大家的称扬。它实在能引起人注意，其中离奇怪幻，愈出愈妙。我自少就得我父的好逻辑，说话甚有道理，但人类不喜欢这样理性。又一方面，我得于母氏的善于幻想之授予。故我于故事，能愈说愈奇妙：一路创造新的意思，一路能引听者步步入胜。

在社会中交接之后，我更善于将所得于父母的二种性格，临时相机施用。德国头脑名相家胶尔[1]说我长于在群众演说。其实我在众人前，说得极坏。然听我自己创想，则往往得到意外的妙趣。

---

[1] 今译加尔（Franz Joseph Gall，1758—1828），德国著名神经解剖学家、生理学家，率先提出了颅相学的概念，根据人的头骨外部形状来确定人精神道德的个性和发展的方法。歌德曾于 1805 年听过他相关的讲话。

第十一书

（哥德二十二岁间）

凡聪明活泼之人，大都喜欢搅事与乱用心力。必待其精神与体力两俱亏损时，然后觉得平素用功之过度。就我此时说：既用全力于法律，并治医学，与及各种社交的玩乐与应酬。此外，更使我憔悴者，乃为菲娘的爱情，几至于甘为情死而无法以解脱。以是体力甚觉不支。每于饭后，或在餐时，我的咽喉，常常锁闭不能吞物。一日，喉痛甚剧，但不因此阻碍我去上医课。忽教授[1]对我们道：

"应好好换新思想，到好地方去游行，可以鉴赏好风景及得到卫生。用功时固当注全神，但消遣与锻炼身体，实为用功不可少之预备。"

我听此如得天籁一样，回思骑马去寻菲娘，不是一种至好卫生吗？适友不在，我就自己独行。当到谢仁巷时，天已黑暗，但又不愿待到明天始见她。我遂问客栈主人，此时尚能到教士家去？他说：

"尚可，那边正待一位客到呢。"

我听尚有客到，心甚不快。我想除我外，怎样尚有客。于是急足行去，意在争取先到。那两位女郎正坐在门前，当见我时，菲娘向她姊耳边故意大声给我听到道：

"我错吗？断定他必来，这就是他了。"

---

[1] 指老爱尔曼教授，1749年起任感化院医生。在原著第九书中，歌德曾说他听过爱尔曼医生的临床讲义，还听过他的儿子小爱尔曼（1740—1800）的课。

她们引我到食厅,此中已预备了好酒菜,我始知所待客人便是我。明天为礼拜日,我一早起身,就与菲娘散步。她家午餐本请有许多客,当午回时,客人已先到对我们表示大欢迎。一个女人可爱处,就在看她能使其亲近她的都欢喜。当我们散步时,见到许多乡民向菲娘那样敬爱,可知她极得人心。凡近她者,不但终不会起厌烦,而且一种快乐之情感不觉油然而生。午后,因天热到树荫乘凉,并且玩耍,其后,我们互相深深亲吻。晚餐之后,彼此跳舞,菲娘兴奋如狂风飘突,其父母恐她肺弱迫她停止。我们只好出去夜行,彼此又亲了不知多少吻,并表示互相亲爱的热度。夜睡不着时,我起始懊悔日间的亲吻。这因我唇自被黎珊亲吻及咒诅之后,我有迷信是:有人亲吻我者必应她的咒语,今我不应将此祸移在最亲爱的菲娘身上。又因我极骄傲自己唇这样受咒诅后,必定能祸福人,今一旦破戒,这样魔力已经消失,心中甚为懊丧。如此思维不能成寐,心中至为痛苦。幸而挨到天光,我即速起床,晨间冷气把血管压静,加以初次的日光一来,将夜间黑暗的思想稍为扫除。于其别时,又得到可爱的菲娘那样热情,给我充分的保障,故当我回时甚觉快乐与安慰。

因功课之紧迫,我不能常到谢仁巷,只好与菲娘多通讯。她的信文与其谈话一样有其跳舞与行动的韵节:她的文笔流畅,独往独来,飘忽风韵一如其人。此后,我见她的时间渐多,而对她的感情越加浓厚。每次见她,总觉得她每次再添上有一段好处。她父母甚放我们自由,我们得以游玩各处胜境。我心中虽甚悲此种聚会不能长久,但被其可爱的环境所吸引,以致尚能尽量快乐,而且所快乐的乃是至清洁的鉴赏,完全未涉及于肉欲。

我和她离别时,给她是礼物。她会见我时,给我的是新鲜的快乐。因爱情的挑动,而使我乘兴为她作了许多诗,聚合可成为一巨册。其后被删去不少,剩余的可从我诗集中见到。

此时,法律界中起了改良的运动,尤其是刑律一门。我的博士论文乃在分析国家与教会争执的权限。依我意见,只有国家能够定法律，并能管辖教会，因一切宗教的起源，均由有势力的酋长或君王所提倡。基督教的成立也不外此律。我主张此义后，明知必定起了许多争论，所以不愿将"论文"印刷，以免受监察官之非难。大学学长对我的主张赞成与非难参半，终于在一千七百七十一年八月六号通过法律博士考试。照旧俗，考试后，大家开了盛宴。

此时，法国文学及各种学问在德国极有势力，尤其是得了福禄特尔（法国大文豪及批评家，曾为德帝座上客者）宣传之力。可是我们一班青年并不喜欢。说及艺术一门，如戏剧之类，法国甚负盛名，然缺乏人生事实而太偏重于空想，所以觉得其剧本不能入时与感动人。幸而赫特的《德国天才与艺术》一书出，大家才知道莎士比亚剧本的价值。至于兴而 Lenz[1] 更主张以莎氏为宗，一切剧本均应照此为法。这位少年文学家，与我相识不久，但彼此已成为好朋友。我们一同在郊外旅行的时间甚多。因为好久来，我明知与菲娘不能长相守，所以不敢去见她，而移情到这位新知己。然当我将离斯拉堡时，于势不能不与菲娘辞别，她对我的少会固已忍受之不怨，然在此离别时，我在马上行礼中，她已满眼含泪了。

当我此遭来时，马上似恍惚见到自己，所穿服装是灰色而缀以金辫，但一留神，觉得不过是幻象。同时又见得在后头如这样骑装来探访我爱人一样。因此，我与她别时，虽极凄凉，然一想及有后会的可能，未免宽慰许多。而事又极奇者，八年后，无意中，我竟然穿起这样服装与骑马来谢仁巷会菲娘。这是一件极可研究的"前知"。

译者按："底意识"发现之作用？

---

〔1〕 雅各布·米歇尔·莱茵霍尔德·伦茨（Jakob Michael Reinhold Lenz, 1751—1792），德国狂飙突进时代的诗人，著有《剧场评论》，在斯特拉斯堡当家庭教师时与歌德相识。

第十二书

（哥德二十二三岁）

此次回家，我极神快体健。先前所着手的《浮士德》及《哥而》二书，陆续用功。同时又研究十五六世纪的文章典故，而尤致力于此时代的建筑术。我见到此时的建筑，乃属德国式，并非世所说的"高第"式[1]。同时，也与希腊、罗马的不一样。希腊与罗马，因天气晴明，只将屋瓦盖在柱上，便成开敞之建筑。至于我们北方住居，最要在抵御寒气，故其建筑重在坚固着实而不注意于外观。

我性本激烈严肃，但每为菲娘的纪念所感化，以致渐成为温柔宽容。她对我辞别的答书，凄怆哀艳，我心为之摧折。格丽倩自己逃走，安呢自愿离开，对这二位女子，我诚无愧。但对我菲娘，罪诚在我，这是我生平第一次的良心上觉得不安。为我忏悔起见，我常代别人结合成为夫妇，而自己则独行于深山大谷之中聊以解除烦闷。日日奔波，常在外间食住，好似我是行客而非佛郎坊的居民。偶有一次，在路行上遇了大风暴雨，我于是作一诗名为《旅客的狂音》。因菲娘为我悴憔而死，虽则不是我之罪，但我怜悯感动之心，与日俱增。此时竭力规避与妇人接触，而唯以作诗自遣。在《哥而》及《加拉微哥》（Clavigo）[2]，我均曾插入一篇《双美丽》，而于其中描写她们的薄幸情人，完全与多情而且高贵的她们性格不相配。即此聊为我的自责。

---

[1] 今译哥特式。
[2] 今译《克拉维戈》，歌德于1774年创作完成的一部五幕悲剧。

我现应说及《卫特》（Werther）一书的起源。我在慰齐拉相识友人中，有一位少年，今就叫他花名为"未婚夫"。他状态静密厚重，见识精邃，言语与文学确切妥当，其精力甚足而且勤苦作事，因此，他在此间得了一好位置。他有爱人名莎绿（Charlottie），相爱已久，到此时，他有好职业，所以始与她定婚。说及她的德行：自她母中年死后，上奉父亲，下顾妹弟。她甚风韵活泼；身子矫捷乖巧；十分康健，故脾气因此极好，和悦而且温柔。这个天生成的好人物，不用许多读书，自能晓畅世事，洞达人情。"未婚夫"信她甚笃，常愿友人引带她游行或到乡间散步借以解闷；因他为职务所迫，不能日间相伴。他不久介绍我与她相识。她打扮得朴素不华，但极清洁动人。可以说她要向情人眼中夸张，她不用费钱与时间，自能邀得他的鉴赏的。初见时，我看她毫不矫作，顺任自然。对待何人都一样礼貌并不专对一人有特别招呼。此中最使人敬重者，乃在看她以姊的资格而尽其母的责任。凡为母亲对于子女的热诚，已经令人赞叹。可是她乃出于自然及社会所强迫。至于姊代母职，完全出于个人所愿意，此尤足使人更加赞赏了。相识之初，我与这个少女，名分上乃朋友的未婚妻，彼此甚为惬洽无猜。但逐渐觉得我有些跷蹊幻想，似是我的幸福全在她一身之上。她极喜欢与我散步，到那田园或青草场监督工人。其未婚夫有暇时就来与我们一气游玩。我们如此形成极亲密的社会。春天同听莺声，朝露尚湿，我们已踏其上而过。如天公不作美，风雷交加时，我们挨挤得更紧密。这样互相亲爱，故其家中少孩们的嘈闹，并未阻止我们日日的高兴。读者当记得卢骚在《柔丽》小说中有几句话恰与我此时极相似的："坐在我爱人之脚下，代她沤麻，这样已觉得满足，并不想再有他求，但愿如此一样下去，今日、明日、明后日，以至于我一生。"

如果幸福是在"希冀"而不在"事实"之话是对的，我此时可说是人类之最幸福者了。我爱了朋友的未婚妻。这种艳事，不但留存在我的文字上，而且我绘为图画，刻为人物以留纪念。

并且，此时英国文学在德国宣播之力量颇大。米东、杨格、马非，尤其是莎士比亚在 Hamlet 一剧，凡此所有的诗文，全以表示人生苦闷毫无意义为宗旨。我们一班少年，受此影响已经不少。况且年少精力富强，但苦于无处发泄，只好困守家园，以是觉得人生实在无谓，最好就在于自残其生。这个倾向，及《卫特》一书出，更形发展，四方少年群相仿效去自杀。他的响应所以极好之缘故，乃在能描写此时少年时的病态。

自杀，乃人性的必有现象，自来谈者甚多。在我们此时期说，也当有谈及之必要。孟德斯鸠准一班著名人物自杀。依他说：他们一生尽力甚多，所受苦恼已到极点，到头来，他们尽可自由以了此生。但我在此说的，不是为国尽力而牺牲，也不是为主义而自尽；乃全为一班安富乐居之人，饱食而无事事以至于厌生者而说。我个人即患此病，故愿在此一说，而使同病者可得救治的方法。要自杀须用方法。希腊的亚惹斯伏剑全靠其身力的撞碰。妇人只好去跳水。用枪，死得甚快，而用力也不多。在德国，多不愿上吊，因视缢死为最蠢；若在英国，则上吊并非视为最不名誉。毒药与剖腹，死得太苦又太迟缓。若如埃及女后，终生享尽骄奢荣华，而终用毒蛇噬毙，虽死得苦，但死的极速与痛快。凡此自杀的方法，可以任人选择其最佳者。

若我所好，则当以罗马皇帝奥东[1]的自杀为最高尚。他不愿为自己一人的尊荣而牺牲千万的军士与人民，所以他愿自杀。当他主意决定时，他与朋友极愉快地一同晚餐。到明晨，人已见他将利刃刺入心坎。我见这个自死，最可效法。若无奥东的勇气就不配去自杀。我有一把利刃，每夜放在床旁。有一夜，未灭灯前，我想向心窝刺入。卒之，勇气不足，只好自己笑自己的诙谐，并断定此后忍受悲痛再生存下去。我自身上虽对自杀不能成为事实，但极想幻成为诗文，初因无

---

〔1〕 今译玛尔库斯·撒尔维乌斯·奥托（Marcus Salvius Otho，32—69），罗马帝国的皇帝之一。

相当的材料而至于迟迟成稿。忽而得到我相识的少年友人耶路撒冷自杀的惨状，而且是为爱他友人的妻而自戕的，这个与我的事实及幻想恰恰相合，我于是就将《卫特》一书的大纲先行成就。又有一事来催促我完全此书。友人罗斯夫人嫁其大女不久，极怨婚事之错误。因她女孩的丈夫虽是佛郎坊富商，但她从少与我相识，我对她如少妹一样，每给予种种的智识。自她嫁后，商人环境确与她不相宜，而且强迫为其丈夫前妻子女做母亲的责务，以是她郁闷不乐。我与她丈夫家常相往来，见此状态，甚难为情，可是无法为她解脱。有时代她说项或抱不平，因此又不免使其丈夫疑忌，而我又无法辩白，如此使我几乎要为耶路撒冷之续。在四个星期之久，我不出门，也不接客，凡所思想全贯注于《卫特》一书，故在此时间，全书能告成功。凡我与他人的错误，一概在此书发泄出去，如此忏悔之后，我的自杀之念已不存在。最奇特是：在我则将事实变为诗文；而在读者，则将诗文看为事实，常把手枪向自己头上打破。

在我姊与施罗谢结婚那日，黎支书商向我讨《卫特》稿印刷，我得其稿费甚多，而且恰好在需用之时。然此书一出，此书于我甚有利益者而在他人则成为危险物。许多德国青年正在愁闷之际，忽得此书，如狂疯一样，好似火药接触着火线，星星之火已成燎原。故此书结果之危险，不是书的本身之罪，而乃少年本有悲观的倾向，遂至于一触而成为自杀。世人不察，每看一书必要含有道德性，遂使此书被人更视为危险品。不知一书的价值，全在照事实写出，不涉褒贬，而唯将情感与事实托出以观其互相关系，唯此事情的表示，足以给予读者的引导。本来许多批评，在我全不为意。他们各有主观的偏见，以为他人必要与他一样然后可。最可笑的，有的人，竟要将卫特于自杀时，装成手执手枪，一身全是血，这个未免丑秽与可鄙。有的，则要将莎绿与卫特团圆成为有情的眷属。

批评家，实则，比欢迎者更不讨厌。他们欢迎者，必要知道此书实在的人物。为要解释他们的误会，势必告诉其诗文与事实不相同之道理，可是我无时候去做此分析的功夫。他们好奇本是自然之性。因为耶路撒冷的自杀，社会上多知，及《卫特》出，人遂疑他为此书的主人翁。实则除这段小事实可以附会外，此中许多情感及境遇，乃完全是我个人心中所领略，他人看后终有莫名其妙者。

至于女主人莎绿的写法更奇特。有如画家画"情神"，他将所有的美女，各取其最美的部分合成为"情神"的一体。我的莎绿，乃将我所喜欢的许多女子之性格缀合成为她的化身。故人看莎绿后，无论对哪一种好妇人，觉得有些相似处，但终不能与我这个理想的美人等量齐观。这个"多化身"的女人，于我实在不利。他人终要知道我这个情人住在何处与对我怎样。虽在十五年后，我易姓名旅行，而尚不能阻止他们好奇者的侦察。

译者按：第十三、十四、十五书，因其特写宗教及别人事实，所以删去。

第十六书

(哥德二十五岁)

谚说:"祸不单行",实则"福也不单行"。以我此时说,家中母亲为我收拾洞房以备我花烛之喜。在社会上,我又受各方的推崇。如此也可说是内外交相庆福了。适偶然在书架中看了一本批评侮辱荷兰大哲学家斯宾挪塞(Spinoza)[1]之书,我对此哲学家向来极为崇拜。他的学说最足贵处,乃视世间一切万物,均是神的一体。神不能超出于万物之外。万物的形状即是神的形状:也如万物的表示即是神的表示一样。可是万物有差等,故所得于神的精髓者各有不同。就人类说,当然他所得于神者最多。可恨是,社会、风俗、习惯、学说、宗教,与及一切的成见,全将人类的心灵拘束到不能发展,而且将其自然的好处改变为坏。此中有些特出之人,则出其心力、勇气与强毅和社会宣战。然因其把持不定,往往又复堕落为骄夸、浮荡。只有一些人不为虚荣与名利所移动,完全保存其天真,又能扩充其心思才力,直到上通于天而下穷于地,可以说与神同化而幻成为宇宙的伟大而后已。若从群众俗眼而观,这些伟大的人物,乃是怪物与异类,彼此都出全力向他们扑灭。

我的信仰斯宾挪塞的"泛神论",无论他人怎样诬蔑,终不能减少我的分量。可是我对他所说的也不能全行崇拜。这不是我不晓得算学与犹太思想,以致不能了解他的学说。可是我与他不同处,就

---

[1] 今译斯宾诺莎(Baruch de Spinoza,1632—1677)。

在看一切物虽细至于一叶一花均有其自然的道理主宰于其间。外界力量，虽能改易与助进，但全看靠其本性自己发展，然后始能成为最美善的结果。这样本性，发展最好的时候是在夜间。我仿效一位先生，做了一件皮的内衣，如此可以抵御寒气，容我夜间不睡可以深思梦想。我常想得一好诗句，未曾写上，忽已忘却。此后，每有所得，辄书于纸，而且用铅笔写上。因在夜间，若用墨笔，着纸成崒嵺之声，未免将我诗意消灭。又我想，我的诗才乃由自然所给予，故当充分发展，不是为钱所能收买。曾记有一回，书贾因我书多销，拟将我作的合成为丛书。可是他未得我同意，已经付诸印刷。随后送我一份，夹来一信夸张他宣传的功劳，同时又送我许多茶具的磁器。我见此甚不满意，复他一诗，中有一句说："呕尽我心血，换得一杯茶！"

少年处境顺者，心中毫无挂碍，看世事都可唾手而得。一切与他俱表善意；他对一切俱是如自己事，愿意放心做去，不管舆论的如何。我今写出二事，可以知道我此时的烂漫。一日见犹太区起了大火烛，我未待易装，即时跑去。见到救火者，各人手持水桶，从井取水，后则到火烧地方泼去。我想如此费时而效用又少。遂即组织一队人，从井边到烧处，各各站好，从手中取水后，互相交递，以至于目的地。到明日，全城吼传我———一个少年诗人，穿了短裤与丝袜混在众人中一同救火。可恶是一班犹太富翁拿了钱袋自顾己事。又有一班朋友，看火烧为乐。当我问他们站队接水桶时，都答以一笑散去。

又一冬天，孟河已冻，群众在其上滑水。我于晨上穿了薄装，即去加入。我母为看游玩，坐车而来，穿了一件绒外衣，绣以花球，在胸前则缀以金钮。当我见到她时，我即叫："给我此衣，我甚寒冷。"她即给我穿上。因众人纷乱中，当时并未觉出我穿上妇人衣。但在后则口口相传，以我此举为平生喜欢奇特的一种表示。

一位有思想的法国人说："名人不能出二本好书。"[1]因为他出一本名著后，群众就设法去麻烦他。我此时，确受了这样不便当的束缚。各方面均来宴请，我都不易收受，由是"野熊"，或"野人"之名漫加我身上，而外界要见我的更形紧迫。一晚上，一位朋友请我同到一个富商人之家，因为有极好的音乐会招待之故。主人女儿弹了一谱，手法纯熟而声音和谐，尤其是弹者的姿态风韵难描。弹后，她到我旁攀谈，虽则不过几句客套话，但我觉得全副神情已被这位天真烂漫的少女所摄去。她母来嘱我常到她家去，我遵命而往，每次去，都得有美满的热情。虽则甚正经，但此中有令人销魂处，正不必在肉欲中也。

---

[1] 原著的意思是："如果一个有才能的人曾经以一种有价值的著作引起公众的注意，人们便极力妨害他，不让他第二次有这样好的作品出现。"

第十七书

（哥德二十六岁）

这位少女名为丽丽。丽丽不久对我沥尽胸腹，无所不谈。她谈及自己的身世、社会的际遇，以及其兄弟亲戚朋友；唯对其母亲则默而不言，为状甚恭敬。她并且为我说及她摄引男人的魔力；在我也甚觉得其魔力之伟大。但同时，我也有吸引女子的魔力，这个极形其旗鼓相当。若说我为她憔悴，她也未曾不为我瘦损。到后，我们彼此相爱之殷，无她，我即不乐，无我，她也不安。不幸，她与我的性格完全不相容。故我近她觉苦，离她也觉痛苦。我为此，曾作二诗：

（1）我心，呵我心！为何至此？谁致你悲伤一至于此？到此，我认不出你先前的旧状了。你从前的情爱与悲哀，勤苦与安静，现在已完全消灭！为何至此？怎样至此？你竟为此如花美貌所征服了？你竟为她一双正经的情眼所摄吸了？我设法逃避，而我脚步终不能不向她脚前跪下！

这个魔链，任怎样力量终不能折断，彼美之狡怪，将我缚住，使我靠她为生存。爱情！爱情！请你恢复我的自由。

（2）为何你引我到那繁丽的社会去，无此，你就不曾生存吗？先前我怎样快乐哪！我真爱孤独的生存！

幽闭在我敞轩之中，浸淫在月影之内，我回想到您，风韵的女郎，心中就颤动，深深领略您的温柔，无垢滓的幸福，我心确在您的心中一同呼吸与吹嘘!

  在那满烧红烛的桌前与那些不相识的人玩耍的,即是我吗?这是我吗?而今不欢去游春寻求花卉,而愿屈伏在您的满烧红烛的桌前?这因是您在的地方,可爱的仙女,即是爱情所住居,也即是悲哀的地方!

读此二诗后,细去寻绎,即可知我在幸福中而又不能解脱那无限的凄楚。我见她淡妆轻描,或则盛服粉饰,无论如何,总具一种风韵,使我醺醉。可是在她盛装中,她更能将自然所给予的美点一桩一桩在帽上,颈围中,肩膀处,胸奶之前,下体的折纹、膝下、袜与鞋,各各表现衬托她的轻巧娇柔,她的旖旎,她吸引人的魔力。

春天一到,我的艳福更大。因丽丽常到奥坊堡乡间的叔家,此地俯瞰于孟河,风景胜丽;乡居,社交较少而且极朴素,但我觉得比城内较愉快,我们弹琴玩戏每至深夜始散。日间,我则治诗,而我父又监督我研究法律。我的功课常极使他满意。他常对我说,如我不是他的儿子,他也要认我为养儿。

此中有些日子的爱情尤较浓胜,例如丽丽的生日,其祝贺之情景,写起来甚有趣味。一千七百七十五年六月二十三号,丽丽恰到整个十七岁。她的友人,尤其是我,当然想在她这个生日给她充分快乐。一日前,日才下山,丽丽的小弟到佛郎坊来向我说其姊明日不能按时领受我们欢迎的盛典,只待晚时,始能到会。我请其弟回说一声,如她肯来,晚时也好。我于是想写一剧,名叫《她不来》,这剧事实即在丽丽叔家邻右奥先生家发生。他在盛会中,接到一快信,中说丽丽不能来,一时来宾叫喊之声与混乱之状全屋骚扰震动。这位先生又将手一掀桌布,所有其上物件哗啦哗啦全落地下。

这个末了的表示,别有意义应该在此声叙一下。丽丽有一特别脾气:每当她受不起或有不如意事时,则将手伸出放在与她最近的物件上。一日,有客无礼貌,她将右手放在桌布上,将布上所有物尽行丢落。家人不知她何以有这样举动。但靠近她者始知这是出于她的一种不自然但极具风韵的表示。今在此剧上,我故意装在奥先生的身上,而又别有趣味者,则当他要将所有桌上的物推翻时,他人则尽力阻止,他到底力竭声嘶,尽喊"她不来""她不来",继则又说:"她到晚始来,她到晚始来。"在座者闻此之下又复狂喊起来,待到丽丽的叔到时,来宾始渐归静肃。

晚上一部分的时间,已够足我完成此独剧本,而其中各人的性格恰如其分以描出。一待天明,我即将剧本送到奥坊堡去,我到中午始到,座客对我极表示热烈的欢迎。其中或说我剧本有趣味,有则批评太过于实写,恐伤丽丽的感情。但他们无一人知道我此剧的真用意,乃在下半午女主人不能到之时,来宾得此可以消遣。果然,此剧开演,谁也不埋怨丽丽姗姗而来迟。当她到时,她甚失望众人不以其迟到而焦急。及人告知她的缘故后,她就表出其个人独有的风韵向我感谢。

她所以到晚始来的理由,乃在规避他人对她的揶揄。然而我们两心相爱,并不因外力而消失。下头又有一事,凡有情者读此未有不心醉的:

一晚上,彼此散步到深更,因气候甚好而满天明星把人勾引得不肯归家,但其势又不得不回。我引丽丽回其家后,独自一人不肯就睡,信足而行。一路深思幻想。在静悄悄的深夜中,忽觉有微声从地上来向我耳朵打击。我想这必是小虫,正在找穴,而误认耳孔为地盘。行走间,向那葡萄园的径上,拔阶而升,不觉中坐下竟至于睡眠。当我醒时,晨光已白茫茫,一层薄雾如纱一般罩在孟河之上。不久,太阳上升,在我脚下照现无数的乡村。我爱人的屋,隐约中已在我眼前。振步去寻天堂,到时,那位玉天仙尚在做梦中。

我为博得丽丽欢心起见,遂竭力扩充律师事务,以致不能常见她,彼此甚形焦急,我起始觉得生人当牺牲眼前的幸福而为未来不可知的事情之无谓。幸有一位女友来解我们的困难。爹菲姑娘,乃我家的熟人,素极喜欢为人做媒。她知道我与丽丽的爱情甚浓,一夜间,我正在她家与丽丽个人谈心，她入来大声说："你们两家父母都极愿意，你们就此结合吧。"我们当然从命，在呼吸短促间，彼此拥抱而定情。上天要我这个可怜人一切情感俱尝到，所以我也得到做了未婚夫的滋味。这个情况极可长思。从前一切困难、相思、焦急与羞惭，到了行了定婚之礼后，一齐均不复存。而我对她又加上一层的情感。先前她给我的，乃是美丽、风韵与同情，从此后，我见她又是高贵且与我极相配。这些在我如有两个生命：她的风韵温柔乃是我的；她的性格，固是她的，但同时给我无限的信任，终我生中，我们两人似乎合成一体而难于分离。

可是理想甚佳，而一按事实常至于差池。丽丽需要大交际，故为我与为她结婚后的生活甚见困难。而且两家父母的意见情感太不相合，以是，无论我怎样努力，到底，有情人竟至于不能成为眷属！

第十八书

(哥德年纪与上书相同,二十六岁)

我当说到德国此时文学的情形了。好久以来,德国诗,全有韵。凡成诗家,除好思想、好文字外,同时并要韵,然后始能受读者的欢迎。自格绿施笃出,作诗不用韵。可是后来之人不敢跟他学,因为他被人视为天才。然而此时已盛行一种"散文诗"。在社会上有韵诗尚通行。我们一班诗人。处此时代,不知怎样才好。为要求得一种新材料起见,我们只好向古文学去讨究。

我们看到 Hans Sachs[1] 的诗甚有趣味。他的实写法可称妙手,而用韵与格式俱极轻易自然,甚足给读者效法的利益。凡好著作,需要下大功夫。我们一班新派作家自然不免于草率,故此中所发表的,自然不免于轻佻,但其本意极可取而效力也未可抹煞。在这些新派中,其与先前不同处:新派重在自然、天才、干练,与有主见,一反先前之矫作、模范、衰弱及矜夸。这个作战的结果,五十年后尚见先锋的势力犹存。

在这新派社坛中,我得交施他壁伯爵及一班同类的少年。我们这班人,天真烂漫,无事不可对人言。当他们过佛郎坊时,为我故,停居客栈若干时,但每日都在我家食。有一餐,因饮酒已多,大家叫起"渴饮暴人血"时,我父摇头而笑,我母则下到酒窖,取出她所藏莱

---

[1] 今译汉斯·萨克斯(1494—1576),德国 16 世纪著名的民众诗人、工匠歌手。

茵河好酒数瓶,并说道:

"这是真的暴人的血液,请你们止渴后,不必去做刽子手与凶人。"

我也喊道:

"不错,这真是暴人之血,饮它后,就要受它驱遣。故假如我们要得真自由,须把葡萄园铲除。"

他们一行的人要我同往瑞士游历,我父也敦促,希望我可以由此地继续游历到意大利。在我则想借此可以离开丽丽,试试是否我无她能够生存。行装预备甚快,当启程时,我与她道别;但其倩影印入我脑之深切,好似一路上,我的灵魂常在她旁边。

我与这班旅伴,无论行为上或思想上都合不来。到了加斯鲁[1],即分途,我则往访我姊于亚孟丁坚。她的丈夫乃此地的"都管",但她甚觉痛苦:为因她太聪明而又无性欲以致虽有好丈夫而终合不来。我们从少一块,凡事都极和顺,她想我们如此相爱一生,比嫁人为好。当我外出游历,施罗斯(她丈夫的姓名),取我位置,由兄妹之爱而为夫妻。她因我不在,无法排解,遂答应他为婚姻。若我主意,她最好不嫁人与免为家庭儿女所累,而专心于宗教事业如为宗教学校或会社的监督之类。因为她貌不扬,个性又极强,嫁人终不能得其丈夫的了解。但她有才能,又长于交际。凡她生平所交于,无一人不受其吸引与感化。在她指挥之下,所有男女极守规矩,互相爱惜而无一点邪僻的行为。我个人也因她的教诲,故对待女子虽在极亲爱之中而不至于发生肉体之爱。我见她后,不只她的忧闷令我难过,而且她大不以我与丽丽的婚约为然,劝我与她分离,这个更使我难过。她说她离开我们繁丽的家乡而跟他丈夫到这僻壤挨苦,她要我也学她孤苦之志而决意与丽丽离开。我姊也自有相当的理由:她想这个乐于繁华而富于社交的丽丽,怎样能与我们严肃的父亲与

---

[1] 今译卡尔斯鲁厄(Karlsruhe),德国西南部城市。

勤劳的母亲相合,即与我的好学深思之个性也不能相容。但她虽言之谆谆,我面上虽也稍为答应,然心中对于丽丽终放不下。于临别时,理智与情感一路上交攻未分胜负。这位"情神"本来性甚坚持,非战输到底是不肯卸甲的。

第十九书

（哥德二十六岁）

我别姊后，与友人仍在瑞士漫游。此中山水幽胜，所以助长诗意与情思者甚多。我友秉承父意，暗中想由瑞士引我入意大利国界。可是我胸前暗中悬有丽丽在盛情时送我金质小心形一颗，时时我向此物亲吻并曾因此作了一诗：

好纪念，在幸福消失中，你尚能锁住我们的心灵吗？你能延长这个如水流去的爱情吗？

丽丽，我逃开你了！可是你的倩影步步跟我在这异乡荒山丛林中奔走。可惜你的心不是我的心长久在我胸腔内。

我似在笼中逃走的小鸟，脚上尚戴有锁链，我心不能自由，须要听他人主宰！

我因想念丽丽之故，遂于瑞意交界间，未肯跟友人入意大利，而从小径中转回瑞士。及后，又回父家。我父甚怨我不去意大利。依他说，瑞士纵有云雾罩盖的湖沼与如龙窝样的洞穴，若比了意国的胜景，又何足一看。他说：凡人未到纳波[1]（意大利口岸大城）夫者，等于一世白生。

我这回游历不是必要，丽丽心中未必不知我借此想逃开她的用

---

[1] 今译那不勒斯。

意。她的社会与我的不相同，所以回后，见面不常，但一见面时，旧情又不免重发。友人告我说丽丽甚知我家人难以相处，想把她现在好地位弃去，与我一同到美洲。这个计划更促我与她分离，因为我不愿离开父家。我终不愿离开这样大屋子到那海外去寻不可知的福利。然我一见她面，即时心就摇惑。我姊常来信说："如你不能解脱，则当结婚。由此提起勇气奋斗；常有些事情不由人选择，但当好好对付，则虽有困难，到底自足取胜。"

一切均来反对我们的婚姻，但我极佩服丽丽自有战胜的方法。

凡情人对于所爱的女子，务必使其专心爱己而后才放手。故女子战胜的方法，就在能引起其情人时时刻刻不肯放手的法术。我对丽丽起始的用爱，因她周围许多少年与我竞争之缘故。就此时说，我已拟与她脱离，但适逢市集佳会（"市集"乃每年在一定时期开一万物赛会，既可比较物品而促其进化，又可畅行贸易，地方各项事业也得起色，此乃市政之最要者），四方来客甚众，少者老者均以能亲炙丽丽一面为幸。如是又引起我对她注意与留心；虽则她对我的情感与对别人格外不同，每逢他人亲吻其额或执其手与她行礼时，她同时对我总是表示格外的亲昵。可是我并不肯因此而对她放松。

我为她闹得要离不能，要亲近又不能，这样进退两难，心中生起了无限的苦楚，故只好向诗中陶遣。曾因此事作了一小诗集，名为《丽丽的花园》，将我心中痛苦发泄出来。以下一节，可见一斑。

你已衰萎了，温香的玫瑰花！这不是我的爱情催促你花开。不管怎样，你为我失恋而开，更增我心悲哀。

在悲哀中，想起前情当我全属于你时，不觉欣幸我于早晨到花园采此花苞。蕾苞、花瓣，与果实，我全放在你脚前，冀你一顾，以恢复我心中无限的希望。

你已衰萎了，温香的玫瑰花！这不是我的爱情催促你花开。不管怎样，你为我失恋而开，更增我心悲哀。

这诗乃寄托丽丽而作的，也可见我无聊赖中，并为她悲哀了。

我父甚忧愁一旦娶到这个如花的媳妇，到家后，我母不免与她周旋，而使他无我母亲可以谈心。可是他甚留心扩充我的律师事务，同时又极喜欢我的诗文。如此使他不至于太苦闷。

至于我，此时正在作一悲剧《哑梦》(*Egmond*)[1]，得我父的催促，进行甚快。

---

[1] 今译《埃格蒙特》或《爱格蒙特》。

第二十书

（哥德二十七岁）

我与丽丽的爱情比前又较浓厚。凡男子既喜欢一女子而有意与她结婚时，则其情感坚持到底。但女子则不然。她只会吸引人到其跟前，随意选择一人，其所选择的，又常是出于偶然。我游瑞士的目标，乃在借此以忘却丽丽，殊知结果竟相反。此遭回来，得见她面如到天堂，不见她时如在地狱。在此佛郎坊社会，我实在无勇气离开她。到此只有一法，即在再远出以忘情。

适逢此时威马[1]公爵及其新夫人从佛郎坊经过，邀我同到威马。他们为我素所敬重的人，又遇这时，恰好我要脱离这个环境，所以我一闻他要派车来迎接之命，即时拼挡行装，道别亲友。

可是时间继续流去，一日复一日，终久不见车来。在烦闷焦急之下，我只好藏起来足成《哑梦》一剧，并念给我父听。他说甚好，促我印刷以博得声名。他总想威马公爵有意播弄，非出于诚心相邀。但我则相信到底。因为日久深闭一室与大用功之后，精力觉甚萎顿。一晚，我披起极大的外衣，暗静到我友人家的外边探望。行过丽丽家时，见窗幔垂垂，灯光红晕，她正在弹琴并唱我新近给她所作的小调，其起句是："我真无勇力抵抗你的吸引。"她此晚，唱得比平常更兴奋。从窗幔看去，依稀间，她的影无聊赖地正在房内踱来踱去。我

---

[1] 今译魏玛（Weimar）。1775年，26岁的歌德应魏玛公国奥古斯特公爵之邀来到这里并被委以重任。直到他83岁去世，一直生活在这里。如今魏玛市中心仍保存有歌德故居。

因决意与她离绝,所以提起勇气掉头而远飏。

  因等待威马使命不来,我父催我到意大利。初日启程,路过那前为我与丽丽缀合的爹菲姑娘家,我就停步与她谈及不能和丽丽结合之缘由。她听及甚平常,并说我去意大利深攻文学美术之后,回来时,她当为我与某小姐缀合。是晚,我在她家住宿,彼此谈到一点钟。及我刚要就睡时,她又持烛来手执一信,乃威马公差请我到其公爵处去。我虽想往意大利深造,但命运所关,我即时雇车回佛郎坊见此专使。从此颠簸于世事政潮,有如此夜车的奔驰于黑暗的道路间,此撞一石,彼有一坑,前途崎岖,从何而去?为何而来?人生之谜,不是数语就可道破了。

  译者按:哥德在一八三二年去世,他一生文章功业甚多,上书不过为一鳞爪。又因为各种事故,所译乃系节录,合应叙明。

哥德随军笔记[1]

张竞生 译

---

[1] 今译《随军征法记》(*Kampagne in Frankreich*, 1792)。

节译《哥德随军记》后一点话

我译此时，适日本占"满洲"后，又在打上海并威吓汕头。有一老友军官者来信说我不应此时埋首于潮的深山。我答语是：当拿破仑打劫德国时，德国一班学问家孜孜以学问为事，终于报复旧仇而创新邦。哥德对此有下段的记事："我当记载我的一种特别性格。每遇政潮一番大掀动，我即从事于最远地及最古事的描想。例如本年说（一八一三年哥德在年表中话。——译者）当黎支（德国内地。——译者）正在预备作战场时，我则研究'支那'帝国的源流及其构造。当此地战争发现时，我则写成耶些斯的尾歌。"不错，哥德这个态度，凡学问家都应效法的。因为救国之道，武人用枪，文人用笔，虽不相同，其实则一。有些武人去火拼，有些文人用冷静头脑观察世变之来去，这样才可以救国。

至于我甚懊恼译此书。著者此作对于法德战史上固然有些贡献，但为我们说则极薄弱，故虽被我节删又节删，仅得这点效果。若译他的《意大利游记》，成绩必定好多少倍。我译此书的动机，乃在力趋此遭中日战争的时髦。谁知时髦误人到此地步，可笑又可怜也。

民国廿一年二月于固庐

一七九二年八月廿九日

……（上略）到底这班德人、奥人，与那些法国贵族来法国打这次的败仗，系用何种名义出兵？德、奥本与法世仇，任用何种名义均可。但此次，他偏要假说与法王同盟乃应他召而来保护他与打法国革命党呵。

他们入法地后，表面虽未强迫法人捐输，但硬使用军用纸币。他们印了许多纸张，随时由军官任意签定银数若干，就向民间使用。票上只说由法王鲁意十六负责归还。除却百郎司密公爵之檄文外，无一件事比这样票更能动起法人公郁了。我在军中见了许多关于滥用纸币的惨状，今在下聊举一例。

法国农民为求安全起见，统将家畜藏在离开我军经过路线远远的山林内。不幸，竟被我军侦缉队所发现，就把人畜带到营里，使农人报出真名，并使其将一部分家畜卖为军用。那班业主一听，面都变成黄色，但终不免手拿废币，眼看自己活活的牲畜被德军所宰割。

我永未见到这些人民当时惨苦的状态，除非在希腊悲剧中。

九月三日

凡尔登城已被我军攻下。入城时，我们才知共和党人的忠诚与勇气。当此城人民知道如驻军继续坚持,势必全城变成灰土时,遂竭力劝驻军指挥官布尔贝献城给敌人。在最末次的市会时,这位指挥官,一面应允,一面拿手枪向自己头脑打破。

这个迅速的取得,给我军无限的希望,希望饮此间美酒后,不久就可恢复一切的疲劳。

在这个胜利之下,还有一件不如意事,应在此叙及者:

当普鲁士兵排列于广场时,忽从观众中来一枪声,幸而并未伤人。正在查察,忽有一法国手榴弹兵出来自认为凶手。

我于营中,见此被扣留之人甚年少、美丽与漂亮,表情甚厚重与沉静。从眼神中见出其果敢的性格。当军事裁判官正在会议如何处置他时,他乘在散步之便,一跃从桥上跳入莫思河内,及待提出,他已绝气。

这两个共和党伟大的自杀,竟激起了德军官的愤怒,下令不准这位英勇的军人与上说那位忠义的指挥官入葬。

可是,凡尔登人民对于普鲁士王热烈的欢迎,尽够抹煞这两个不好的印象。

这城炮台所藏存许多的食粮,已经分散净尽。军械局亦被军人劫取。我们一行人给了守兵点酒钱,也得入内随意取物,我用人拿了一枝粗大手棍,其中包藏一把剑肉。

多少日子,就这样在秩序与混乱、保护与摧残、抢掠与征收之间流去。

或者,军人的性格也就这样养成。他们生存于有时仗义,有时破坏,有时和平,有时凶残,有时则极讲人道,有时又如禽兽一般之横暴。总之,他们的生命时时在极失望中而常常又具有极大的希望。以是养成军人们一种奸险假伪的性质,他们这个恶性格,虽与佞人及教士们不相同,但终不失为一种人类的巨蠹。

九月四日

听说法王已被人民监禁,且视他为奸贼,我们联邦兵想速到巴黎。

九月十三至十七日

在路上,我以行营秘书资格,得读我军所截得法将军拉发耶(这位将军,后来来到美国,助美成独立。——译者)的文件及孟尼特报纸。在此报上,其主笔在一段中说得极滑稽:

"普鲁士军入巴黎易,出巴黎难。"

至于我们,只求能入巴黎,并不想怎样不能出的难题。

且幸此时,我军已在前进。而且幸我得与联邦的高级军官、外交官同行,一路上诸军官服饰辉煌,大为一路风景生色。虽有许多民村被兵焚烧,在烟火漫天之下,那些军服并未减少其排场的架子。

九月十九日夜至二十日昼

炮声连环不绝,把黑天打成光亮,到午炮响稍停,午后更加轰动。两军阵地虽并未丝毫变动,但谁也不知怎样结果。

我常听及"炮疟"这个名词,心中极愿自己去体验。这个好奇心引出我的大胆量,不觉纵马到我军所占住的地方名叫"月形阵"者的左边山顶去。

一班军官与参谋来劝我回去,我答自己有点计划。他们知我常发生一种特别脾气，只好听我个人去冒险。我放马行到一个炮弹密集的地方。那些炮声好似由各种螺旋钉的转动声、水流的激动声与鸟的叫声所聚合成就的。因为土湿，炮弹下落时入地不爆发，我遂免却许多危险。

可是我甚觉有一种奇感，我今只好用譬喻始能说出一二。

似乎我在一个甚热的地方，这个热气把我融化与它成为一体，眼光仍然有力量，所见尚清楚，但全世界似已染上火红的颜色。因我全身已在火炉内，所以血液中并未觉得热气的增加。故人给它"发疟"的花名，不过在此应知道的这个疟比普通的疟病尚觉难挨。因为这个疟乃从耳朵而起。耳朵好似被炮弹所轰动打击与骚扰一样。

当我离开此地时，这个奇怪的热气也即时消灭。身上的疟病亦即时不复存留，这恰是好处。任怎样久习战阵的军人，谁也惧怕这个恶感触。

九月廿四日

我们不独不能到巴黎，而且须退回故国，并且要退军也不是易事。

已经双方同意停战，但敌人保存他们自由移阵的权利，如他们愿意，就可将我们包住。至对我军则不许有一步移动。

我们先锋队尚希望得到风雨的帮助可以转败为胜。彼此支持不久，法军知我军粮食不足，不但送给我们有益身体的食物并且供给许多有益精神的印刷品。在这项印刷品，德、法二国字俱写，大向我们鼓吹自由平等的好处。他们效法我军主帅檄文的宣传法。可是法国更进一步，对我辈不仇恨，而且表示如朋友般的亲爱。

这个亲热的宣传法，结果，他们人数日见增多。我们不免日形涣散。

十月五日

我军已退至西弗里,我军兵士劫尽菜蔬,存留的也被践踏。我幸在此地认识法国田野间有情感的家庭。

当我们到了借住人家的门时,我进了一间铺砖的屋里,其间已烧起大火炉。我与主人见礼后即在其炉旁坐下,同时已先有家人团团围住,陆续又来了一班认识的军官。火炉上正在熬煎法国的"国菜"名叫火锅者。其做法引起我极大的兴趣。先已将牛肉熬得烂熟,就把红萝卜、白萝卜、蒜、白菜及其他各菜蔬一齐放下去。又用缓火好好炖熟。此家古朴美致的家具与食具也使我鉴赏不置。

女主人安静地也坐在火旁,手就一男孩放在膝头上,左右身边尚缠随了两个小孩。其女佣(或即其妹)将桌布安好,把一个大烧的汤钵放在桌上;先把面包切成碎条放入钵内,继用火锅之汤透入,就用为汤料。各人都被请食。汤后又把火锅内的肉及菜用为盘餐。这样简单富有野味的晚膳,谁也觉得满意快乐。

餐后,那两个小孩极温柔地向他们妈说:"好夜安,妈妈。"又向其父亲说:"好夜安,爸爸。"他们就这样平和安静去睡眠。外边则有了如狼如虎的军人随处骚扰抢掠。

十月廿五日

我们军已退到吕森堡国界去了。所得到是满军的传染病。我也不免为病夫之一。经过数日的静养,病已告愈,我遂继续研究光学,一位少年小学教员与我极好,每日带给我报纸,他甚骇异我不多作诗而分心于自然的学问。在长久谈话之后,我始知道他治康德的哲学。我就有意于引导他与我一起工作。

依我见解，康德对于人类智慧一问题研究的结果，见得美感与神感同出于一源。于是他见自然上有艺术，艺术中有自然。虽则自然与艺术各有特别的所在，学者应就此中的特性去研究。我的见解，给了这位少年许多有益的问题。

法军已节节进攻，除我军退出其境地不算外，尚占取我们许多地方。我在此危急之下，接到母亲一信，说叔父已去世，问我是否愿继死者为上院议员之职。

我想到了威马邦已有十年久。邦主对我那样隆厚，使我得尽心力于科学及艺术之研究。今弃去于心不安，我母亦知此意，故在信中并未坚持其主意。

（原载于《读书杂志》1932年第2卷第4期）